本书系国家社科基金重点项目"传播全球化背景下我国网络文化建设与发展战略研究"(13AXW013)成果

网络消费、社交与文化变奏

蒋建国 | 著

中国社会科学出版社

图书在版编目（CIP）数据

网络消费、社交与文化变奏/蒋建国著. —北京：中国社会科学出版社，2019.3

ISBN 978-7-5203-4058-8

Ⅰ.①网… Ⅱ.①蒋… Ⅲ.①网络文化—建设—研究—中国 Ⅳ.①G122

中国版本图书馆 CIP 数据核字（2019）第 027254 号

出 版 人	赵剑英	
责任编辑	郭晓鸿	
特约编辑	王　潇	
责任校对	杨　林	
责任印制	戴　宽	

出　　版	中国社会科学出版社
社　　址	北京鼓楼西大街甲 158 号
邮　　编	100720
网　　址	http://www.csspw.cn
发 行 部	010-84083685
门 市 部	010-84029450
经　　销	新华书店及其他书店

印　　刷	北京明恒达印务有限公司
装　　订	廊坊市广阳区广增装订厂
版　　次	2019 年 3 月第 1 版
印　　次	2019 年 3 月第 1 次印刷

开　　本	710×1000　1/16
印　　张	21.25
插　　页	2
字　　数	292 千字
定　　价	88.00 元

凡购买中国社会科学出版社图书，如有质量问题请与本社营销中心联系调换
电话：010-84083683

版权所有　侵权必究

目　录

第一章　传播全球化与中国网络文化的发展历程 ·················· 1

　　第一节　传播全球化与网络文化的传播 ·················· 1

　　第二节　我国网络技术的发展与网络文化的演变 ·················· 7

第二章　消费主义文化传播及其影响 ·················· 27

　　第一节　消费主义文化传播、仪式缺失与社会信仰危机 ·············· 27

　　第二节　景观社会背景下传媒消费主义的传播 ·················· 40

　　第三节　网络消费主义与网络导向型生活 ·················· 50

第三章　网络化生存、日常生活的异化与价值迷失 ·················· 62

　　第一节　网络化生存、网络孤独症蔓延与心理危机 ·················· 62

第二节 网络成瘾与日常生活的异化 ·· 73

第三节 网络炫富：精神贫困与价值迷失 ······································ 84

第四章 网络社交与群体生活的趋向 ·· 97

第一节 网络族群：自我认同、身份区隔与亚文化传播 ················ 97

第二节 网络社交媒体的角色展演、交往报酬与社会规范 ········· 109

第三节 网络社交狂欢、沟通障碍与自我迷失 ·························· 125

第五章 微信社交与朋友圈的魅惑 ·· 137

第一节 微信朋友圈泛化：交往疲劳与情感疏离 ······················· 137

第二节 微信群：议题、身份与权力话语 ································· 150

第三节 微信成瘾：社交幻化与自我迷失 ································· 162

第六章 网络流行文化的传播 ·· 175

第一节 网晒成瘾：身份焦虑、装饰性消费与自恋主义文化传播 ··· 175

第二节 网络"小清新"亚文化的展演与魅惑 ···························· 190

第三节 网络涂鸦表情包与亚文化传播 ···································· 201

第四节 金钱游戏与社交幻象：微信群抢红包乱象的
伦理反思 ·· 213

第五节 "佛系"亚文化的动向、样态与社会观照 ······················ 226

第六节 油腻中年男的网络呈现、认知标签与社会化戏谑 ········· 240

第七章　网络价值观与文化导向 ········· 251
第一节　网络社会的价值迷思 ········· 251
第二节　地方空间与网络文化的地方性建构 ········· 265
第三节　价值观引领与网络文化的时代意涵 ········· 276

第八章　协同治理与网络文化建设 ········· 288
第一节　协同治理与网络文化管理创新 ········· 288
第二节　网络文化建设的现实路径 ········· 303

参考文献 ········· 316

后　记 ········· 334

第一章　传播全球化与中国网络文化的发展历程

第一节　传播全球化与网络文化的传播

全球化是较为复杂的概念，从媒介地理的角度看，全球化意味着全球空间联系的加强，早在15世纪的地理大发现过程中就已经开始拓展这一概念。但是，学界对全球化理论的讨论一般集中在20世纪80年代之后，西方人文社会科学的诸多领域都对全球化理论较为关注，然而要对其作一个准确的定义却非常困难。美国学者罗兰·罗伯森（Roland Robertson）认为，全球化既指的是世界的压缩（compression），又指的是一个整体的意识的增强。[①] 显然，全球化涉及时空延伸和社会事件的联系问题。吉登斯（Giddens）认为，现代社会的时空延伸水平远远超出了任何前现代时期，不同情境或不同的地域之间的连接方式，成了跨越作为整体的地表的全球性网络。因此，全球化是世界范围内的社会关系的强化，这种关系以这样一种方式将彼此相距遥远的地

---

① ［美］罗兰·罗伯森：《全球化：社会理论和全球文化》，梁光严译，上海人民出版社2000年版，第11页。

域连接起来，即此地所发生的事件可能是由许多英里以外的异地事件而引起。而时空和事件的影响和延伸需要媒介的传播。……如果不是铺天盖地而来的由"新闻"所传达的共享知识的话，现代性制度的全球性扩张本来是不可能的。①吉登斯所讲的"新闻"，应包括宽泛意义上的信息。可见，媒介技术是导致全球信息扩张和膨胀的根本动力。

在某种意义上看，大众传媒在全球化进程中起着关键作用。从15世纪开始，印刷资本主义的普及，有利于学校教育的发展和读者阅读水平的提高，到17世纪初期，随着新式报刊的发展，新闻拉近了地理空间之间的距离，让读者了解到远距离发生的事件。"西方"的概念已经跨越了国界，成为读者想象世界的有机组成部分。而在18世纪之后，随着工业革命的发展，无线电技术改变了信息传播的方式，跨越时空的对话成为可能。马克·迪由泽（Mark Deuze）认为，世界从19世纪的印刷文化过渡到20世纪的电力文化。②20世纪初期之后，随着电力资本主义的发展，电力技术极大地推动了全球化进程，强化了人的全球化认知。正如麦克卢汉（Marshall Mcluhan）所言，电力技术使我们的感官膨胀，仿佛一夜之间就在全球罩上了一张硕大无朋的宇宙薄膜。③汤姆林森（John Tomlinson）进而认为，全球化指的就是快速发展、不断密集的相互联系和互相依存的网络系统。④而电子传播技术的进步，尤其是电话、广播、电视技术的普及，使跨越国界的信息传播变得容易。大众传媒进一步丰富了个体、民族和国家的内涵和外延，扩展了新的公共空间。"在这些空间中，迁移和大众媒介共同为全球性作为现代现象，现代性作为全球现

---

① [英] 安尼东·吉登斯：《现代性的后果》，田禾译，译林出版社2000年版，第56、68页。
② Mark Deuze, "Participation, Remediation, Bricolage: Considering Principal Components of a Digital Culture", The Information Society, Vol. 22, 2006, pp. 63–75.
③ [加] 埃里克·麦克卢汉、弗兰克·秦格龙编：《麦克卢汉精粹》，何道宽译，南京大学出版社2000年版，第127页。
④ [英] 约翰·汤姆林森：《全球化与文化》，郭英剑译，南京大学出版社2002年版，第2页。

象建造了新的意涵。"①

正如汤普森（John B. Thompson）所言，当今之世几乎没有什么社会不受到大众传播机构和机制所触及，因此几乎没有什么社会不向大众媒介的象征形式的流通开放。② 史蒂文森（Stevenson）也认为，我们的文化被媒介化的程度，比起历史上存在过的任何文化被媒介化的程度都要深远。③ 因此，现代文化的传媒化已成为不可遏制的趋势。阿帕杜莱（Arjun Appadurai）将媒体景观视为全球文化流动的五个维度之一。他认为，媒体景观为全世界的观众提供着丰富而繁杂的影像、叙事及族群景观，商品世界与新闻政治的世界在此混杂一团无从辨认。这意味着，对全世界许多观众来说，媒体成为一个复杂而相互关联的大杂烩。④ 因此，全球化使整个世界相互依存的关系得到明显加强，而传播全球化则是形成"地球村"的媒介基础，也是形成全球空间亲近感的前提。传播全球化最为突出的特征就是全球传播的网络化和传播媒介的数字化。传播全球化就是信息能够在地球上的任何地方跨越时间、空间、地域和边界的限制，进行及时、广泛的传播或交流。⑤ 显然，互联网、数字电视、手机等新媒介在传播全球化过程中扮演着极为重要的角色。可以说，没有新媒体的发展和普及，全球化的时空新特征就无法得以体现。

正如汤姆林森所认为的那样，文化实践（cultural practice）处于全球化的中心地位。我们这个时代所经历的由全球化所描绘的巨大的转型式进程，除非从文化性词汇着手，否则就很难得到恰如其分的理解；同样，这些转型所

---

① ［美］阿尔君·阿帕杜莱：《消散的现代性：全球化的文化维度》，刘冉译，上海三联书店2012年版，第14页。
② ［英］约翰·B. 汤普森：《意识形态与现代文化》，高铦译，译林出版社2005年版，第1页。
③ ［英］尼克·史蒂文森：《媒介的转型——全球化、道德与伦理》，顾宜凡等译，北京大学出版社2006年版，第1页。
④ ［美］阿尔君·阿帕杜莱：《消散的现代性：全球化的文化维度》，刘冉译，上海三联书店2012年版，第46页。
⑤ 明安香：《传媒全球化与中国崛起》，社会科学文献出版社2008年版，第1、5页。

改变的恰恰是文化体验的构造。[1] 传播全球化在很大层面上就是通过西方主导的传媒将资本主义文化传播到世界各地。"在西方社会，非物质货品在经济和消费中，扮演着前所未有的重要角色。"[2] 商品的非物质化和去差异化为媒体传播消费文化提供了得天独厚的条件。费瑟斯通（Mike Featherston）认为，通过广告、大众传媒和商品展陈技巧，消费文化动摇了原来商品的使用或产品意义的观念，并赋予其新的影像与记号，全面激发人们广泛的感觉联想和欲望。[3] 消费文化作为西方后现代主义符号的象征，通过新媒体的跨地域、跨国界传播，成为文化全球化的重要内容。

在网络时代，网络建构了我们社会的新形态，形成了一种新的文化秩序。[4] 而网络化逻辑扩散性地改变了生产、经验、权利和文化过程中的操作和结果。[5] 网络是实现文化全球化和传播全球化的基本途径和载体。尼葛洛庞蒂（Negroponte）认为数字化生存的四大特质是：分散权利、全球化、追求和谐和赋予权利。[6] 由于网络技术在本质上是全球性的，任何个人拥有一台电脑、手机和网络，就会与世界连接，进入全球的信息空间。因此，网络使时空"脱域"，赋予个人极大的信息消费自由，也使传统的时空观念被颠覆。而个体对于集体、社群、阶级的依附关系也产生了极大的改变。在网络社会，个体的自我创造、分享、合作的机会也是全球性的。在很大程度上看，当代社会的全球化进程是以网络传播的全球化为前提的。没有网络技术的普及，数

---

[1] ［英］约翰·汤姆林森：《全球化与文化》，郭英剑译，南京大学出版社2002年版，第1页。

[2] ［英］Don Slater：《消费文化与现代性》，林佑圣、叶欣怡译，台北弘智文化事业有限公司2003年版，第340页。

[3] ［英］迈克·费瑟斯通：《消费文化与后现代主义》，刘精明译，译林出版社2001年版，第166页。

[4] Arturo Escobar, ed., "Welcome to Cyberia: Notes on the Anthropology of Cyberculture", *Current Anthropology*, Vol. 35, No. 3, pp. 211–231.

[5] ［美］纽曼尔·卡斯特：《网络社会的崛起》，夏铸九、王志弘译，社会科学文献出版社2006年版，第434页。

[6] ［美］尼葛洛庞蒂：《数字化生存》，胡泳、范海燕译，海南出版社1996年版，第269页。

字化生存和数字化传播的全球化就很难实现。

从消费主体的角度看,网络文化的发展与消费者群体有着直接联系,并随着消费者的文化实践和传播技术的发展走向大众化和全球化进程。马斯克(Macek)在分析网络文化叙事的基础上提出了网络文化的新概念。他指出,网络文化是一个乌托邦计划;网络文化是信息社会的文化界面;网络文化是一个文化实践和生活方式;网络文化是新媒体的一个理论。接着他概括了早期网络文化的发展阶段:第一个阶段起源于美国黑客文化并持续到20世纪70年代。这一时期的参与者只是年轻的学生、大型主机的程序员和控制论、计算机科学和信息学的研究者和学者;第二个阶段是1970年至1980年,此时网络文化开始脱离大学和机构,其特征是科技的普及和微型计算机的诞生;第三个阶段是早期网络文化转型的关键时期,主要体现为微型计算机的普及、公共网络的发展和赛博朋克文学运动的形成,在该阶段末期,网络文化开始从专家群体扩散到电脑用户并形成多样化的亚文化;第四个阶段是从1980年至20世纪90年代,其特征是计算机技术和网络的持续扩展并开始成为大众社会的一部分。最后,他提出了网络文化叙事的四个核心:一是技术能促成变革;二是技术能强化控制和权利的机制;三是技术是作为创造一个新型文化空间的工具;四是技术是作为真实的相对来源。[1]

在网络社会,全球文化可以跨越地域、民族和国家的边界,成为具有明显公共性的共享文化。网络文化与传统文化有着明显的区别,网络文化是由不同的工具和选择组成的多层面世界。福音教派文化传统上是书本导向型文化,然而网络文化则是倾向于泛滥地使用图像。传统宗教的世界观需要应对网络文化的挑战。[2] 因此,网络文化表现抽离了历史与地理,变成主要由电子

---

[1] Jakub Macek, *Defining Cyberculture. In Cyberspace 2004 - Normative Frameworks*, 2004, http://macek.czechian.net/defining cyberculture.htm.

[2] Nazzareno Ulfo, *The Challenge of Cyberculture*, EuroJTh, Vol. 17, No. 2, 2008, pp. 138 - 143.

传播网络中介与观众以多样化的符码和价值互动最终汇集于数字化的视听超文本之中。在更深的层次上,社会、空间与时间的物质基础正在转化,并环绕着流动空间和无时间之时间(timeless time)而组织起来。① 网络文化的全球化传播,推动了"电子数码生活与传统有机生活的无缝融合"②,预示了民族社群的衰落,削弱了民族控制的权利,同时导致了信息超载、即时"三分钟"文化以及建立在一致性基础之上的大众文化的毁灭。③

网络文化与商业文化、消费文化有着天然的联系,Web 1.0 的狂妄自大似乎被新的 Web 2.0 宣传、叙述和包括公认的"自由"政治经济基础的网络空间的商业话语所放大。④ 尤其是随着资本、商品和文化全球化的发展,当代西方的消费文化奉行消费至上、享乐主义、利己主义的价值理念,迅速地通过网络向全球扩展。在全球化进程中,跨国公司充当着传播消费主义文化的重要角色。吉登斯探讨了全球化的四个维度,世界资本主义经济便是其中的维度之一。他认为,商业公司,特别是跨国公司,拥有巨大的经济权力,并具有影响本国基地和其他地方的政治决策的能力。今天,最大的跨国公司所拥有的财政预算,除了少数几个国家以外,大于所有国家各自的预算。⑤ 跨国公司利用其资本、技术和资讯优势,向全球各地推广其产品和文化,使全球网络文化形成了较为明显的"话语霸权",网络大众文化与意识形态之间的冲突也日趋明显。当下,互联网"已成为一个由公司和围绕社交产品、平台和服

---

① [美]纽曼·卡斯特:《网络社会的崛起》,夏铸九、王志弘译,社会科学文献出版社 2006 年版,第 439—440 页。
② Margaret A. Yard, "Cyberworld: The Colonization Of Intersubjectivity", *Psychoanalytic Psychology*, Vol. 32, No. 1&2, 2010.
③ [英]尼克·史蒂文森:《媒介的转型——全球化、道德与伦理》,顾宜凡等译,北京大学出版社 2006 年版,第 44—45 页。
④ Kym Thorne, "Cyberpunk - Web 1.0 'egoism' Greets Group - Web 2.0 'Narcissism': Cconvergence, Consumption, and Surveillance in The Digital Divide", *Administrative Theory & Praxis*, Vol. 30, No. 3, 2008, p. 299.
⑤ [英]安尼东·吉登斯:《现代性的后果》,田禾译,译林出版社 2000 年版,第 62 页。

务所设计的技术网络——已经从一个非个人数据库转变成为一个公开播报人类关系意向和个人品位的全球数字大脑。"① 争取全球网络话语主导权和消费主导权已成为欧美大国的国家战略。

对于网络技术所带来的全球传播革命，20世纪90年代，人们普遍认为，互联网会促进全球社群的更好连接，但是，互联网的影响不是按照技术指令的单一方向展开的，相反，其影响经过了社会结果和过程的过滤。② 诸如经济发展、文化差异、语言隔膜、宗教冲突、民族歧视、管理模式等问题，都会对网络文化传播产生诸多不利影响。尤其是网络监视、隐私揭露、军事情报、个人安全等方面的问题，使网络信任成为全球性的难题。所以，从一定程度上看，建构所谓全球统一的网络文化在现实中会遇到诸多困难。因此，传播全球化是一把"双刃剑"，它虽然促进了全球文化的共享与互动，为世界文化交流提供了良好的契机，但也出现文化灌输、话语霸权与价值冲突等问题，弱化了民族国家核心价值体系的社会认同。可见，我们需要全面、客观地认识传播全球化问题。从民族国家自身的状况出发，合理利用先进网络技术和网络资源，建构具有民族特色的网络文化，是文化建设中极为重要的内容。

第二节　我国网络技术的发展与网络文化的演变

尽管技术在引领网络发展过程中起着关键作用，但是，网络文化研究的主体应该是网民。虽然我们对"网民"一词已耳熟能详，但区别于群众、民众、公民等概念，网民是使用和消费网络的人。而网民在运用网络过程中所

---

① ［美］安德鲁·基恩：《数字眩晕》，郑友栋等译，安徽人民出版社2013年版，第40—41页。
② ［英］詹姆斯·柯兰、娜塔莉·芬顿、德斯·弗里德曼：《互联网的误读》，何道宽译，中国人民大学出版社2014年版，第8—9页。

产生的行为、观念和影响，是形成网络文化的基本内容。1994年是中国网络发展的元年。1994年4月20日，中国与国际互联网相连的64K网络开通了，这标志着中国正式加入互联网国际大家庭。[1] 从此，许多人逐步拥有"网民"的身份，而网络空间作为文化生产和消费的新领域，则与时代保持着极为紧密的关系。我们可以从网络技术与网民发展的角度，将20余年的网络文化史分为三个阶段，即Web1.0、Web2.0、Web3.0阶段。

一 Web1.0时代与网络文化发展（1994—2000）

1994年是中国互联网开始起步的一年。年底，网络共连接中国科学院中关村地区约30个研究所及北京大学、清华大学两校的各类工作站及大中型计算机500台、个人机及终端500台。[2] 显然，此时能够使用互联网的人大多是中关村的少数科技精英。而且在1995年之前，国内几乎没有中文网站，网民的交流以英文为主，网络信息资源的共享与交流极为有限。但是，在1995年前后，国家已加大对信息高速公路的投入，网络商业化则是大势所趋。对于最早接触网络的一批网民而言，他们上网的主要目的是科研、学习和信息处理。由于缺乏大众化的信息交流平台，网民之间的互动较少，网络知识也非常欠缺。

值得注意的是，1994年中国处于市场经济发展的最初阶段，但关于姓社姓资问题的争论已日渐平息，新一轮的下海经商潮也正在兴起。王岳川将1993—1995年的经济暴热称为"商品话语与大众媒体的狂欢时期"。其特征为：在经济上商品具有政治话语的权利，横向挪用西方现代经济理论，现代化成为当代中国的新神话；文化上全面张扬欲望，反现代性和反现实主义性，同时，全球眼光与本土意识萌发。[3] 市场经济极大地解放了人的思想和身体，

---

[1] 彭兰：《中国网络媒体的第一个十年》，清华大学出版社2005年版，第18页。
[2] 吴廷俊主编：《科技发展与传播革命》，华中科技大学出版社2001年版，第285页。
[3] 王岳川：《中国镜像：90年代文化研究》，中央编译出版社2001年版，第5页。

挣钱花钱成为生活的主题，一部分先富起来的人将使用无线电话（大哥大）作为身份的象征。信息革命开始影响民众的生活观念，信息的价值在商业活动中得到了极大体现，"消息灵通人士"往往能够抢得先机。网络作为新兴媒体的作用虽然尚未得到充分挖掘，但是其在市场化过程中的价值已初露端倪。

尽管在1995年前后，一些报刊如《中国日报》《中国贸易报》《神州学人》等尝试上网并发布电子版，但是，这些传统媒体提供的内容基本上是印刷版的翻版，传播效果也不明显。1996年10月，随着Chinanet等四大网络开通，网络服务商（ISP）开始出现。这些公司将互联网作为自己的经济增长点，需要积极地进行市场开拓和培养。而其中，一个重要任务就是对普通百姓进行互联网知识的启蒙。[1]

互联网面向公众开放，是网络文化大众化的起点。一批商业网络服务商为公众提供各种资讯，使公众的信息消费出现了新的内容。如瀛海威信息公司善于进行营销，不断制造概念。从"Rose""中国的AOL"到"交换中心""网上延安"，瀛海威充满了真真假假的或婉约动人或激情澎湃的故事。它在品牌上的大力炒作也的确给它带来了显著的回报：知名度的提高以及上网人数的大幅增加，同时使瀛海威品牌的无形资产价值急剧增长。[2] 此后，新浪、搜狐等商业网站在新闻传播方面不遗余力，网络媒体新闻与传统媒体新闻具有互动、互补关系，但网络新闻的即时性传播具有明显的优势，在网络上浏览新闻成为网民信息消费的重要内容。对于网民而言，上网冲浪成为一种时尚。城市里的网络发烧友们自称网虫，把E-mail"电子邮件"称为"伊妹儿"，Java技术取名"娇娃"，上网使用的调制解调器Modem演绎成"猫"。[3] 网络对网民生活的影响日益加深，这不仅体现在网络信息的日益丰富和在线

---

[1] 彭兰：《中国网络媒体的第一个十年》，清华大学出版社2005年版，第36页。
[2] 《瀛海威》，http://baike.so.com/doc/6941814.html。
[3] 方兴东、潘可武、李志敏、张静：《中国互联网20年：三次浪潮和三大创新》，《新闻记者》2014年第4期。

交流形式的日益多样化，而且网络作为一种新的生产和消费方式深深嵌入网民的日常生活之中。

"网上冲浪"作为一种生活体验具有很强的吸引力，上网成为20世纪末的流行语。从1997年11月开始，中国互联网络信息中心（CNNIC）每半年发布一次互联网络发展的最新统计。在1997年10月，我国上网用户62万人，1999年7月上网用户达到400万人。网络创造了新的消费神话，也引发了新的生活体验。网络社区和电子邮件为网民提供了新的社交空间。以1997年的世界杯预选赛为例，网络论坛第一帖《大连金州没有眼泪》迅速传播，引发舆论热潮。"发帖"成为新的公共参与行为，并形成一些舆论热点，引发网民的广泛参与，并由此吸引传统媒体的持续跟进，形成了新闻传播的系统性链条。

从总体上看，20世纪90年代末期中国民众的上网阅读率仍然较低，如1999年的上网阅读率仅为3.7%。[①] 网络消费主要集中在大中城市，网络阅读的主要群体是高级知识分子和大学生。但是，由于网络消费具有明显的从众和扩散效应，通过网民的二次传播，网络新闻很快在社会上扩散，对整个社会文化的发展产生深刻影响。

1998年之后，随着传统媒体的大规模"触网"，尤其是人民网、新华网等中央媒体网站的建设进一步提速，各类地方政府网站、行业网站、企业网站、商业网站百花齐放，网络新闻内容形态多样，各类专题和栏目不断翻新。网络与社会的联系日益广泛，民众对网络的关注度不断提高。到2001年6月30日，我国上网计算机1002万台，上网用户人数2250万。[②] 网络已经快速崛起成为主流传媒，1999年的北约轰炸中国南联盟使馆事件，澳门回归的网络

[①] 中国出版科学研究所课题组：《我国国民阅读与购买倾向又有重要变化——2006年全国国民阅读与购买倾向抽样调查有六大发现》，《出版发行研究》2006年第5期。
[②] 《第七次中国互联网络发展状况统计报告》，www.cnnic.com。

新闻报道，引发网民的高度关注。尤其是《人民日报》网络版"强国论坛"的崛起，使网络论坛成为民意表达和互动交流的新平台。网民对公共议题的参与形式更为多元，网络虚拟社区成为新型集体文化的象征。网络社会与现实社会的互动也更为频繁，网络文化与大众文化融合的趋势更为明显。网络使平民的声音能够发出，使得多元对话成为可能，每个人都可以发出自己的声音，但每个人都不可能成为绝对的声音，而先要学会倾听别人的声音。① 网络创造了平等、多元、共享的平台，让网民能够获得巨大的个人存在感和自主性。通过各种论坛表达个体意见，成为网民公共参与的重要方式。

网络技术推动了"图像"视觉文化的发展。从正面意义上看，图像反应感觉上具有丰满性，它虽扩大了感性的阈限，却萎缩了知性与理性的延伸。同时，一味强调感性的愉悦，还可能萎缩人的价值判断的公正性，使人的心性价值判断变形。② 图像的魅惑使许多网民热衷于浏览，而对图片背后的意义，却不愿意思考。

随着网络的普及，大多数网民开始摆脱手写时代的交流方式。以电子邮件为例，1997年10月，中国网民的电子邮件使用率仅为10.7%；2000年7月，中国网民的电子邮件使用率达到87.65%。③ 电子邮件取代书信成为网民交流的基本工具。显然，电子邮件具有即时性到达的优势，使交流极为方便和快捷。但是，书信存在的因时空距离而产生的情感想象，却被电子邮件的快捷所消解。书信的书写是一种线性的逻辑，具有丰富的情感体验。因为一封封的书信总是唯一的，它所携带的情感也是独一无二的，而书信中被泪水打湿的文字似乎让感情变得有形有色而可感可触了。④ 电子书写方式的流行，

---

① 王岳川：《网络文化的价值定位》，《江苏社会科学》2005年第1期。
② 同上。
③ 《第六次中国互联网络发展状况统计报告》，www.cnnic.com。
④ 赵勇：《大众媒介与文化变迁：中国当代媒介文化的散点透视》，北京大学出版社2010年版，第189页。

使手写方式退却到次要地位，在电脑上写作虽变得轻松愉快，却缺乏一个打腹稿的过程。尤其是一些网络写手的作品，大多是一些粗制滥造的文字游戏。在一定程度上看，网络写作与抽象的哲学思辨有着一定的距离。

二 Web2.0时代与网络文化发展（2001—2008）

Web2.0是相对于Web1.0的新时代。它指的是一个利用Web的平台，由用户主导而生成的互联网内容产品模式，为了区别传统由网站雇员主导生成的内容而定义为第二代互联网，即Web2.0。① 显然，在第二代互联网阶段，用户实现了从"观看"到"参与"的转变，互联网不再由门户网站所主导，而成为网民进行信息生产和消费的主阵地。网民的文化实践可以"在线生成"，其互动性、多元性、分享性、开放性与聚合性的特征较为明显。在Web2.0时代，网民成为网络文化生产、消费与传播的主体。与Web1.0时代以信息呈现为主导方式不同，在Web2.0时代，网民对信息的接受、生产与消费的过程，往往以多元化的方式体现"我"者的存在。在某种程度上，Web2.0时代的文化，是以信息互动与在线创造为特征的文化，体现了大众文化与虚拟文化逐步融合的新趋势。

2001年之后，新浪、搜狐、网易等商业门户网站的商业运营不断加速，其他商业性、行业性网站和政府网站百花齐放，网络产业化步伐不断加快。与之相对应的是，网络消费走向多元化。除了传统的新闻浏览和评论之外，网民对即时通信（IM）网络论坛、网络游戏等交往、娱乐方式更为热衷。"泡吧"成为新世纪初的流行生活方式。2001年初，约有20.5%共计452万网民是通过互联网上网服务营业场所上网的，其中绝大多数是青少年。可以说，互联网上网服务营业场所已成为青少年文化生活的重要场所。② 网吧取代

---

① http://baike.baidu.com/view/733.htm.
② 《2001年的十大网络新闻》，http://www.cnii.com.cn/20020131/ca19930.htm，2002年1月31日。

20世纪90年代的舞厅,成为21世纪最初几年大众文化消费的重要空间。年轻人到网吧上网,除了浏览新闻之外,娱乐和交流成为主要目的。尤其是随着QQ聊天的普及,通过聊天广交朋友成为时尚。对于年轻人而言,如果没有QQ号,会受到别人的嘲讽,而通过QQ交流,带来网络语言和语体的变革,从而对大众文化产生了深远的影响。在2001年,网民边上聊天室边用QQ,希望碰到一个叫"轻舞飞扬"的女孩子!网民还在聊天室里发着"如果有钱也是一种错,那我情愿一错再错""听君一席话,省我十本书"之类的感慨。在2002年,网民不再说"妹妹/姐姐",也不再说"就是/我爱你",而说"MM/JJ"和"94/520",用数字字母代替文字表达迅速成为一种网络时尚。在2003年,"看不懂叫晕!不满叫靠!有钱叫VIP!支持叫顶!网名叫ID!倒霉叫衰!单身叫光棍!发帖叫灌水!聚餐叫FB!"网络流行语往往诙谐、生动,并且贴近生活和现实,容易受到青少年的认同,并得以迅速传播和模仿,成为各类亚文化生产和消费的重要源头。

但是,网吧的商业性运营也带来了诸多问题,尤其是网络色情和网络游戏对青少年网民的负面影响较为严重,许多学生陷入网瘾而不能自拔,由沉溺网络而引发的犯罪现象也较为突出。强化网络文化管理已经成为一个刻不容缓的问题。2002年6月16日凌晨,北京海淀区一家名为"蓝极速网络"的黑网吧燃起冲天大火,3个小时后大火才被完全扑灭。由于网吧老板事先将门反锁,致使25名花季少年丧生。为此,北京市做出全市网吧停业整顿的决定,随后此项行动在全国展开。"蓝极速"上空的大火究竟在多大程度上影响了青少年?而事实上,在一次次的清理整顿、查封之后,表面上一时风平浪静,但过不了多久,黑网吧便死灰复燃。[①]

网络公共舆论的发展,不但为网民提供了公共文化的参与途径,也为推

---

① 《盘点2002年IT十大事件》,http://itlab.idcquan.com/windows/MCSE/4972.html。

动文明进步提供了契机。以 2003 年的孙志刚事件为标志，传统媒体对案件的深入报道很快得到网民的积极响应。网民对不合理制度的质疑，对公平正义的伸张，很快形成了巨大的合力，为政治文明和社会文化传播了较大的"正能量"，网民的力量由此得到了社会的广泛认同。网络舆论也引起了官方的高度重视，推动了官方与民间的意见互动。随着黄静案、刘涌案、孙大午案、李思怡案等事件在网络继续引发关注，有关公民权益、司法公正、人文关怀等议题不断引起网民的思考和回应，网络社群和集体力量的作用得到充分体现。网络公共事件所激发的舆论力量，进一步引起管理层和民众的高度关注。

2002 年兴起的博客，是中国网络传播史上一次重要变革。博客意味着每个人都拥有个人媒体，这场变革的直接结果就是社会传播的力量从机构转向个人。[①] 博客代表了个人媒体的崛起，开个博客，就意味着一个人在网络上拥有无限的传播潜力，对社会产生难以预测的力量。博客是社交化的媒体，"博主"将网络作为自我展示与社会交往的舞台，每个人都可以在此交流思想、引发议题、参与互动、传播新闻等，它延伸了日记的记录功能，同时又利用了新媒体的图像、文字、视频等综合优势。博客具有操作简单、持续更新、开放互动、展示个人的特点，其内容可以随心所欲，无所不包，使网络化的日记具有即时传播效果，将陌生人与熟人进行融合，实现了草根文化的大众化。博客改写了日记的书写方式，使网络写作大行其道。博客日志形式多样，但都面向世界开放，让文字可能产生瞬间传播的效果。正由于此，通过博客而"博名"成为一种流行的自我营销方式。2002 年，方兴东创办了中国第一个博客网站"博客中国"。2003 年，木子美通过"博客中国"成为著名网络写手，在《遗情书》中记录了她与广州某著名摇滚乐手的"一夜情"故事。与以往的写作风格一样，故事以白描的手法，再现了她与这名乐手发生性关

---

① 方兴东、潘可武、李志敏、张静：《中国互联网 20 年：三次浪潮和三大创新》，《新闻记者》2014 年第 4 期。

系时的大量细节。木子美由此"一炮而红",在舆论上迅速形成"木子美现象"。之后,博客写作作为一种流行文化吸引各色人等的关注,一些名人也以开博客为荣。2004年,芙蓉姐姐成为博客时代的一道风景线,她通过日志、照片和发帖成为"网络红人",其名人效应被迅速放大,报刊、电视等传统媒体竞相报道,网络的造星模式颇受关注。2005年的博客可谓热闹异常。作为国内领先的博客门户,博客网获得上千万美元的投资,其发展势头迅猛;而作为传统门户的新浪和搜狐,当然不甘落后,在先后推出了"首届中国博客大赛"和"全球中文博客大赛"后,又相继推出了门户博客。而围绕这次博客大赛兴起的争论、炒作和尔虞我诈,让人充分领教了互联网上的泼妇骂街和钩心斗角。①

"网络红人"的出现,引发了舆论的关注。与之相对应的是,2004年开始的"超女"现象进一步推动了追星浪潮。这一选秀节目的一些颠覆传统的规则,受到了许多观众的喜爱,超女利用博客营销也风行一时。草根明星的大量出现,改变了传统的名人培育模式,许多网民作为这些草根明星的粉丝,体现出粉丝文化"聚合效应"的强大威力。网民对于娱乐节目的喜爱也表现出对精英文化的某种抗拒。娱乐文化与大众文化的结合,进一步推动了博客的发展。"写博客"作为许多网民表达自我价值的重要方式,也是他们进行自我传播的重要手段。博客文化展示了Web2.0时代的诸多特征。"博客"一词成为2005年的网络流行语,而"草根"则成为2006年的网络流行语。这表明网络文化日益大众化与平民化,对大众文化传播起到了极为重要的作用。

博客等社交媒体的发展,促使许多网民在网络上建立自己的交往圈。网络社区成为社群主义发展的重要空间,也推动了网络个体文化向圈子文化转变的跨越。2006年8月,中国博客数量已经达到3400万,阅读人数达到7500

---

① 《2005年中国互联网十大事件》,http://www.china.com.cn/chinese/EC-c/1065917.htm。

万。① 2008年11月，中国博客数量已达到1.07亿，网民拥有博客的比例高达42.3%。② 但是除了少数名人博客之外，大多数博客的访问量并不大，许多博客甚至几个月没有更新，博客写作的热潮也慢慢淡化。对于一些草根而言，坚持写博文和获得"交往报酬"并没有直接的关联。在碎片化时代，注意力成为稀缺的资源，大多数网民也很难持续关注陌生人的博客。

在21世纪的最初几年，随着网民数量的急剧增长，网络社交成为网民生活的重要内容。以豆瓣网为例，其核心用户群是具有良好教育背景的都市青年，包括白领及大学生。他们热爱生活，除了阅读、看电影、听音乐，更活跃于豆瓣小组、小站，对吃、穿、住、用、行等进行热烈的讨论。他们热衷参与各种有趣的线上、线下活动，拥有各种鬼马创意，是互联网上流行风尚的发起者和推动者，豆瓣已渐渐成为他们生活中不可缺少的一部分。③ 而人人网刚建立的时候，限定有特定大学IP地址或者大学电子邮箱的用户注册，这样就保证了注册用户绝大多数是在校大学生。用户注册之后可以粘贴自己的照片，撰写日志、留言等。该网站鼓励大学生用户实名注册，上传真实照片，让大学生在网络上体验到现实生活的乐趣。④ 而一些婚恋交友类网站如珍爱网、世纪佳缘、百合网等，注册用户多达数千万。网络社交对网民的现实生活有着直接影响，尤其是青少年网民喜欢通过网络结识朋友、交流思想、拓展视野。这在很大程度上改变了传统交往方式的时空局限，也改变了传统人际交往的手段与途径。"网友"作为一种普泛性的概念，被社会所接纳和认同。网络虚拟交往所构建的生活方式和精神面貌，使网络文化的内涵更为丰富多彩。

---

① 《中国博客网站数量达到3400万 四年间翻30倍》，http://it.sohu.com/20060927/n245557574.shtml，2006年9月27日。
② 《中国博客数量已达到1.07亿》，《深圳特区报》2008年11月7日。
③ http://baike.baidu.com/view/306024.htm.
④ http://baike.baidu.com/view/2615985.htm.

在Web2.0时代，由于网络互动和网络社交方式的多元化，网络新闻消费观念也产生了深刻变化，网民在对待新闻的观念上由互动进一步转向"共动"。网民可以通过新闻的转发，提升某些新闻的价值，增加某些事件的关注度，也可以通过热烈的讨论，将个人意见汇流为公众意见。[1]"共动"改变了传统新闻的接受观，网民在新闻消费过程中可以实现再生产和再消费，将某些重要新闻事件作为公共性议题，形成强大的社会舆论，从线上到线下，聚合社会力量，体现民众意见和公共精神，从而引起社会的高度关注，推动社会进步和民主化进程。以2008年为例，中国经历了拉萨3·14暴力事件、汶川特大地震、北京奥运会等一系列重大事件，互联网作为新兴媒体，通过及时报道这些热点事件，引发网民的高度关注和热议，充分展示了网民在凝聚民族精神、激发爱国热情、汇集社情民意等方面的重要作用。而周老虎、艳照门、结石宝宝等事件，由于网民的高度关注，也引发了对个人隐私、社会信任、网络伦理、企业责任问题的深度思考和反省。

但是，由于网络消费的门槛较低，网络色情、谣言、欺诈、恶搞等不良现象也较为严重，对网络文化的发展产生了许多负面影响。2005年，网民评出网络十大不文明行为，赫然在列的有：传播谣言、散布虚假信息；制作、传播网络病毒，黑客恶意攻击、骚扰；传播垃圾邮件；论坛、聊天室侮辱、谩骂；网络欺诈行为；网络色情聊天；窥探、传播他人隐私；盗用他人网络账号，假冒他人名义；强制广告、强制下载、强制注册；炒作色情、暴力、怪异等低俗内容。[2]净化网络环境，文明办网，加强网络监管，提高网民素养，抵制网络不文明行为，已成为网络文化建设的当务之急。

---

[1] 彭兰：《中国网络媒体的第一个十年》，清华大学出版社2005年版，第200页。
[2]《网络传播：2005年中国互联网十大新闻》，http://www.cnr.cn/2004news/it/200512/t20051221_504143950.html，2015年12月21日。

三 Web3.0 时代与网络文化发展（2009 年至今）

从 2009 年开始，中国互联网经历了新一轮的技术革新和全面发展。互联网企业的竞争、并购、上市蔚然成风，互联网和移动终端用户快速增长，网络视频、网络游戏内容异彩纷呈，网络购物日益大众化，网络热词不断流行，微博、微信等社交媒体日益繁荣，网络营销广为普及，"微时代"掀起了信息传播的新潮流。总体来看，这一时期互联网文化呈现出以下几个特点：

（一）网络商业化与大众化的趋势日益明显。从 2008 年 3 月开始，中国已超过美国成为网民数量最多的国家。2017 年全球网民数量达到 34 亿以上，而中国网民的数量已超过 7.5 亿。网络的普及为互联网产业的发展提供了难得的机遇，网络资本市场日益发展。2010 年对于中国互联网而言，可谓大获丰收的一年。老一辈的搜房网、麦考林、当当网等实现了上市，中青年的乐视网、优酷网等也实现了上市，新生儿的团购网站、垂直类网站乐淘网、好乐买等也纷纷获得了风险投资，一片热气腾腾的场面。同时，中国网络购物行业获得大批风险资本的注入和支持。随着网络购物诚信、支付、物流等环境的改善，该市场将获得长足的发展。2009 年，中国网购市场有近 400 亿元的交易规模，而且我国电子商务增长，每年差不多翻一番。电子商务行业是属于投资期长、资金需求高的领域，通过上市融资，有助于行业服务水平的整体提升，也有利于上市企业培养自身的核心优势。[1] 随着互联网企业的大量上市，传媒板块在股票市场的影响也不断增强。2014 年 9 月 19 日，阿里巴巴在美国纽交所上市。2018 年 3 月 22 日，其市值达到 5081 亿美元，超过 Facebook、亚马逊等公司，晋升为全球第六大科技公司，仅次于苹果、亚马逊、谷歌、微软和腾讯。[2] 此外，京东商城、新浪微博、途牛旅行网、猎豹移动、

---

[1] 《2010 年中国互联网十大事件》，《证券时报》2010 年 12 月 29 日。
[2] 《阿里巴巴市值超越 Facebook，晋升为全球第六大科技公司》，http://technews.cn/2018/03/22/alibaba-47/，2018 年 3 月 22 日。

乐居、聚美优品、智联招聘、迅雷、创梦天地等十几家公司在海外上市，凸显我国互联网产业日益强大的综合实力。[①] 中国网络企业的国际化视野和影响力明显增强，网络经济与实体经济的关系更为紧密，发展和壮大网络产业已成为国家战略，网络经济将在国民经济发展中占有更大的比重。

在网络高度商业化的背景下，网络消费已成为网络社会的第一主题。以网络购物作为主要方式的网络消费，使在线点击型消费成为主流的消费形态。与传统消费需要在现实的空间实现购买行为不同，消费者在网络中可以任意浏览商品，只要进入任何电商的网站，通过点击即可完成购买行为。这一场消费革命极大地改变了消费者的消费观念，使网络消费与商品世界实现了全面对接，尤其是大量图片、广告的推介，使商品的符号价值进一步显现。网络购物作为流行的消费方式，已深入网民的日常生活，成为网民体现自我价值、满足消费欲望的重要途径。从2009年开始，网购的规模迅速扩张，电商的促销形态多样，民众的消费观念也不断革新。从网购规模看，2010年中国网购规模为4610亿元。2013年网购市场继续快速发展，交易金额达到1.85万亿元，较2012年增长40.9%。2013年网络零售市场交易总额占社会消费品零售总额的7.9%。截至2013年12月，我国网络购物用户规模达到3.02亿，较上年增加5987万，增长率为24.7%，使用率从42.9%提升至48.9%。[②] 2014年上半年，支付应用在整体层面及手机端都成为增长最快的应用。手机支付用户规模半年增长率达63.4%，使用率由2013年底的25.1%增至38.9%。移动网上支付与消费者生活的紧密结合催生了众多应用场景和数据服务功能，也带动了手机端商务应用的迅速发展。相比2013年底，手机购物、手机团购和手机旅行预订的用户规模增长率分别达到了42.0%、25.5%

---

① 《2014中国互联网风云榜"十大新闻"》，http://news.xinhuanet.com/tech/2015-01/06/c_127361338.htm，2015年1月6日。
② 《2013年中国网络购物市场研究报告》，http://www.cnnic.net.cn/hlwfzyj/hlwxzbg/dzswbg/201404/t20140421_46598.htm，2014年4月21日。

和65.4%。① 截至2015年12月，我国网络购物用户规模达到4.13亿，较2014年底增加5183万，增长率为14.3%，我国网络购物市场依然保持着稳健的增长速度。与此同时，我国手机网络购物用户规模增长迅速，达到3.40亿，增长率为43.9%，手机网络购物的使用比例由42.4%提升至54.8%。② 截至2016年6月，我国网络购物用户规模达到4.48亿，较2015年底增加3448万，增长率为8.3%，我国网络购物市场依然保持快速、稳健增长趋势。其中，我国手机网络购物用户规模达到4.01亿，增长率为18.0%，手机网络购物的使用比例由54.8%提升至61.0%。③ 2013—2016年全国网购用户规模不断增长，年均复合增长率为17%，增长十分迅速。2017年中国网购用户将达5.4亿，较2016年的5亿有所增长。据中商产业研究院数据分析及预测，预计2017年中国网络购物用户规模将达到5.4亿。2018年我国网络购物用户规模将进一步突破6亿。2017年全国网络购物零售额71751亿元，比上年增长32.2%。其中，实物商品网络购物零售额54806亿元，增长28.0%，占社会消费品零售总额的比重为15.0%；在实物商品网络购物零售额中，吃、穿和用类商品分别增长28.6%、20.3%和30.8%。④ 可见，网购已成为一种普遍性的消费行为，对网民日常生活有着深刻的影响。

　　随着商业性网站的发展，中国网络广告市场也异常繁荣。尤其是网络营销与网络广告相结合，具有成本低、针对性强、见效快等优势，促进了网络消费市场的繁荣。据福布斯网站报道，市场研究公司eMarketer发表报告称，

---

① 《第34次中国互联网络发展状况统计报告》，http：//www.cnnic.net.cn/hlwfzyj/hlwxzbg/hlwtjbg/201407/t20140721_47437.htm，2014年7月21日。
② 《第37次中国互联网络发展状况统计报告》，http：//cnnic.cn/gywm/xwzx/rdxw/2015/201601/t20160122_53283.htm，2016年12月2日。
③ 《2016年中国网络购物用户规模达到4.48亿》，http：//www.chyxx.com/industry/201609/447058.html，2016年9月9日。
④ 《2018年网络购物用户规模将超6亿（附图表）》，http：//finance.eastmoney.com/news/1355，20180126826229871.html，2018年1月26日。

在 2014 年规模达 1460 亿美元的全球数字广告市场上，以阿里巴巴和百度为代表的中国电商的市场份额将达到近 11%。这两家公司在全球数字广告市场上的份额各约为 4.7%，分列第 3、4 位，远超过微软、IAC、雅虎和 Twitter。[①] 以商品和服务为主要内容的网络广告，是网络媒介景观的重要表现形态，也是引发网民消费欲望的重要内容。网络广告注重新媒体技术的运用，尤其是运用微博、微信等即时传播手段，采用图像、视频、剧本、娱乐等方式，使网络营销、网络娱乐、网络购物等方式有机地结合在一起。如微信公众号营销已成为网络营销的热点，据统计，到 2014 年 9 月，微信公众号达到 580 万个，有些小众号靠几个人在宿舍里折腾出日入过万元的买卖。同时，沉浸于公众号的财大气粗的豪门大户也不乏其人。[②] 2016 年中国微信公众号数量超过 1200 万个，相比 2015 年增长 46.2%。[③] 微博、微信营销对网络消费文化的内容、形式都产生了重要影响。

（二）网络娱乐化的特征进一步呈现。根据 CNNIC 的统计，2009 年网络应用使用率前三甲分别是网络音乐（83.5%）、网络新闻（80.1%）、搜索引擎（73.3%）。[④] 娱乐成为网民上网的最重要的目的。尤其是网络视频和移动终端业务的发展，使网民可以随时随地观看影视节目。2010 年乐视网、优酷网的成功上市对国内视频行业起到一个表率作用，其正版、高清、多屏合一、"收费 + 免费"的模式，为网民提供了丰富多彩的视频节目。近年来，许多商业网站纷纷推出网络电视，对许多重大新闻、体育和娱乐事件进行直播，使网民可以通过 iPad、手机等移动终端观看，在消费方式上摆脱了时空的局限，

[①] 《中国企业在全球网络广告市场所占份额超过 10%》，http://www.techWeb.com.cn/ucWeb/news/id/2107540。

[②] 《微信公号江湖：一夜暴富神话已临界？》，《广州日报》2015 年 1 月 6 日。

[③] 《2016 年微信号数量、微信公众号用途占比及文章阅读量分布情况分析》，http://www.chyxx.com/industry/201612/479002.html。

[④] 《第 25 次中国互联网络发展状况统计报告》，http://www.cnnic.net.cn/hlwfzyj/hlwxzbg/hlwtjbg/201206/t20120612_26716.htm，2012 年 6 月 12 日。

网民的娱乐自主性、选择性进一步增强。

随着第三代互联网技术的发展，网络游戏更为普及。截至2014年6月，我国网络游戏用户规模达到3.68亿，使用率从2013年底的54.7%升至58.2%，扭转了一直下滑的趋势，基本恢复至2012年底的水平。其中，手机网络游戏使用率为47.8%，增长了4.7个百分点，规模增长3648万，成为助推整体网络游戏用户增长的主要动力。① 从整体发展趋势来看，中国的游戏行业已经走出客户端游戏独大的时期。在游戏产品方面，ACT、MOBA以及FPS等强竞技性的客户端游戏开始进入主流游戏市场；轻度、休闲的移动游戏逐渐得到主流玩家们的认可。随着移动互联网的发展，游戏设备也在逐步丰富，除了PC以外，平板电脑、智能手机以及电视机等，均可以成为游戏终端，这些设备提供的新玩儿法与新体验，也对传统网络游戏有效地进行了扩充，进而推动了中国网络游戏市场规模的增长。② 网络游戏节目的丰富，使网民的选择范围更大。随着第五代游戏产品的开发，手机游戏需求极为旺盛。来自易观国际的信息显示，手机游戏是国内移动互联网用户最受欢迎的免费/付费应用。78.4%的移动互联网用户曾玩儿过手机游戏；在付费用户中，有46.9%的用户购买过手机游戏③。

在现有管理体制下，商业网站的新闻原创能力较弱，但是其新闻再生产的能力却十分强大。这表现为网络新闻的娱乐功能被不断放大，尤其是社会新闻的互动，促进了网民作为"生产型消费者"（Posumer）④ 的传播和再生

---

① 《第34次中国互联网络发展状况统计报告》，http://www.cnnic.net.cn/hlwfzyj/hlwxzbg/hlwtjbg/201407/t20140721_47437.htm，2014年7月21日。
② 陈菲菲：《中国网络游戏行业发展趋势分析》，http://bg.qianzhan.com/report/detail/361/140822-ab91ccd2.html。
③ http://baike.baidu.com/subview/3543/9311922.htm。
④ 生产型消费者的概念，由西方学者Negropnte提出。他认为互联网将开启一个文化民主的新时代，自主的消费者——后来所称的生产型消费者（Posumer）将要发号施令，旧的媒体寡头将要腐烂和死亡。见［英］詹姆斯·柯兰等《互联网的误读》，何道宽译，中国人民大学出版社2014年版，第4页。

产能力。纵观近几年的网络流行语，都与网民对新闻娱乐的理解与传播密切关系，如"不差钱""贾君鹏""反正我是信了""你懂的""且行且珍惜""有钱，就是任性"等。这些流行语大多是网民对新闻的娱乐性解读，通过网络互动和人际传播，在社会上产生从众效应，从而达到娱乐大众化的目的。尤其是随着社交媒体的发展，网民运用微博、微信进行休闲娱乐更为普及，网络上各种娱乐八卦也最容易吸引网民的关注。网民们利用各种机会将获取的各种娱乐新闻和生活趣事在朋友圈里转发，使许多娱乐信息广为传播，为网民的日常生活增添了新的乐趣，体现出网络新闻娱乐化的发展趋势。

（三）网络社交化的趋势不断增强。社会化媒体平台的日益普及，不仅意味着网民与媒体的"共动"走向深层，同时意味着整个网络传播模式的变化。其中一个突出的转变，是"大众门户"模式向"个人门户"模式的变革。[①] 随着 SNS 网站的发展和微博、微信的崛起，网民作为个人媒体的地位日益彰显。麦克卢汉所言媒体即人的延伸理论，在社交化媒体时代已演变为人即媒体，甚至手机媒体已成为人体的新"器官"。在纸质媒体阶段，一家报刊是一个媒体单位。在 Web3.0 阶段，每位网民可以同时拥有博客、微博、微信等多种媒体，成为多元的个人媒体。显然，社交化媒体真正实现了人的媒介化，从而推动了传媒文化由传统的内容传播转向人际传播，网民成为网络文化生产与消费的绝对主体。

由于微博、微信的广泛普及，"微时代"的网络文化更多地体现了网络社交文化的内涵，社会文化的发展也体现出"微文化"的作用，这在很大程度上改变了社会交往和大众文化的发展模式。尽管第二代互联网已经扩大了网民社交的空间，但是第三代互联网从根本意义上推动了"草根"文化的发展。

---

① 彭兰：《从网络媒体到网络社会——中国互联网二十年的渐进与扩张》，《新闻记者》2014年第4期。

从对网络流行词的分析可以看到：2009年流行"哥""姐"，2010年流行"给力"，2011年流行"亲"，2012年流行"屌丝"，2013年流行"土豪"，2014年流行"萌萌哒"，2015年流行"主要看气质"，2016年流行"蓝瘦香菇"，2017年流行"扎心""打call"，等等。这些年度流行词充分表现了"文化下移"与普通民众的"话语权"。而微博、微信是传播流行语和大众文化最为重要的载体。通过微博和微信的海量和快速转发，网民对流行文化的感受和偏好，经由社交媒体的广泛互动，远远超过人际传播的速度和范围。尤其是对于草根生活的感受和描述，往往能够激发普通民众的认同感，催生出强大的"协同传播"效果。可以说，个人化媒体的创造力、自主性和即时性，颠覆了传统大众文化的生产和传播模式。

在一定程度上看，微博是社交化的媒体，微信是媒体化的社交，两者的功能有较大区分，在"公开性"方面尤为明显。微博以吸纳"粉丝"关注为重要目的，因此名人微博能够吸引大量网民围观。由于微博的公众化程度很高，在微博上晒"新闻"和日常生活便是常态。由于博主在理论上能够与所有粉丝互动，"博主"的影响力也通过被关注而不断提升。这种个人中心化的社交形式，打破了传统人际交往模式，使每位博主都能够通过简短的140字之内的表述，传达一个"片段"的文本，并通过粉丝的"回复"形成一个"话题"。尽管此类漂移的话题很快被新的主题掩盖，但其一对多的互动方式，为普通网民提供了面向社会的表演舞台。对于许多网民而言，"微博成名"不再是梦想，"博览天下"也成为新闻传播的新形态。

微信使圈子文化得到了迅速发展，并成为网络亚文化流行的重要载体。由于微信的朋友圈局限在"熟悉人社会"，加入朋友圈需要对方的认可，这在一定程度上可以使朋友圈的数量限制在一定范围之内，让交流者产生一定的安全感。与微博的泛化交流不同，微信用户注重培育自己的"圈子"，但它与现实交往的圈子却有很大的差异。在微信朋友圈，每个交往对象都是一个闪烁的符号，他们的"在场"是通过即时连接实现的。这种突破时空的交往方式，推动了交往模式的虚拟化和网络化。值得注意的是，微信的即时传播为网络新闻和个人信息传输提供了"批发"的机会，任何用户都可以通过信息转发让朋友圈"闪烁"，这就意味着微信文化已成为一种"综合文化"，无论新闻、娱乐、商品还是日常生活，只要用户愿意转发，每天可以向朋友圈灌输无数碎片化的文本。随着朋友圈的信息爆炸，用户的双向互动反而在减少。一个用户可能加入了数个"朋友圈"，但他使用微信经常"对话"的朋友却很少。因此，微信社交是一种泛化的圈子交往，对于许多用户而言，加入圈子的象征意义更为重要。然而，微信进一步培育了"低头族"，许多用户每天起床的第一件事是看微信，无论何时何地，随处可见的"低头族"都在全神贯注地看微信。微信所塑造的新型文化，一方面彰显了用户的主动性和创造性，推动了圈子亚文化的发展；另一方面又在一定程度上消解了社交文化的本质，使虚拟社交过度泛滥，淡化了现实社交的情感交流，甚至导致了许多用户陷入微信社交成瘾。

总之，在传播全球化背景下，20余年来，我国网络文化建设取得了一系列成就。在网络文化基础建设方面，形成了以重点新闻网站为骨干，各级政府网站、商业网站和专业文化类网站积极参与、共同推进的网络文化建设体系；在网络文化产业发展方面，网络游戏、网络动漫、网络文学、网络音乐、网络广播、网络影视等网络文化产业发展迅速，网络文化消费逐步扩大；在网络文化公共服务方面，各地积极推动优秀传统文化瑰宝和当代文化精品的数字化、网络化传播，推动网上图书馆、网上博物馆、网上展览馆、网上剧场建设，形成了丰富多彩的网络精神家园；在网络文化管理创新方面，我国形成了各部门齐抓共管的联合管理模式，并探索出了诸如"镇江经验"等网络管理的新方法；在网络文化公共治理方面，从中央到地方，党政官员积极利用网络平台实行"网络问政"和"网络行政"，开展互动交流，了解网络民情，汇聚网民智慧，推进网络舆论监督。

尽管我国网络文化建设取得了一系列成就，但是依然存在一些问题，主要表现在以下方面。一是网络伦理道德问题较为突出。网络文化中拜金主义、享乐主义、个人主义、自由主义思潮的泛滥，扭曲了民众的价值观，腐蚀了网民的思想，败坏了社会风气。二是网络违法犯罪现象较为严重。网络知识产权侵权现象严重，网络色情、暴力、诈骗等不良信息严重影响了社会风气。三是网络媒体社会责任较为缺失。一些网站为追求点击量，肆意传播虚假信息和过度商业化，网络庸俗、低俗、媚俗问题较为突出。四是网络受众媒介素养亟待提高。一些网民难以辨别鱼龙混杂的网络信息，在网上信谣传谣；一些网民因过分沉迷虚拟世界而导致人格扭曲，产生人际交流障碍。五是网络文化产业发展比较滞后。目前，我国网络文化产业结构单一，发展不平衡；市场体系不健全，管理机制不完善；人才培养滞后，缺乏创意团队；核心技术缺失，竞争力难以提升；本土内容匮乏，产业创新不足。六是网络文化霸权主义和文化帝国主义日益严重。网络文化中"西强我弱"的局面长期存在，随着西方意识形态在网络上的渗透，各种无政府主义、自由主义、民族主义、消费主义思潮在网络上不断流传，对社会主义主流价值观形成了巨大冲击。

因此，加强网络文化建设，推动网络文化发展，既是社会主义文化建设的重要内容，也是促进社会主义文化大发展大繁荣的重要战略。网络文化已成为当代文化的基本形态和传播途径，建设科学、健康、文明、理性的网络文化，有助于推动网络公共治理，推进网络民主进程，净化网络文化环境，促进网民身心健康，把握网络舆论导向，构筑公共文化服务平台。不仅如此，网络文化是民族文化和国家软实力的重要体现。发展我国网络文化，建设具有中国特色、中国气派的社会主义网络文化，有助于进一步抵制西方文化帝国主义和文化霸权主义的入侵，维护国家利益和文化安全，提高民族文化的创新力和传播力，提升中华文明的辐射力和影响力。

第二章 消费主义文化传播及其影响

第一节 消费主义文化传播、仪式缺失与社会信仰危机

目前,关于西方消费社会和消费主义方面的理论研究已较为深入,学界运用了大量理论分析中国消费社会的诸多问题。但是,消费主义作为意识形态的影响不仅在消费领域,它与整个社会文化和价值观念都有着直接关联。当下,消费主义导致的社会信任缺失,消费主义与个人主义、犬儒主义结合导致的日常仪式的缺失,以及由此产生的社会信仰危机,值得我们高度重视。

一 消费主义文化传播与社会信任的缺失

改革开放30多年来,随着中国经济发展水平和综合国力的迅速提升,民众消费水平也得到不断提高。尽管在2010年中国的基尼系数已超过0.5,社会贫富悬殊越来越大,但是,由不断壮大的富裕阶层所引导的消费潮流,在社会上具有广泛的传导性和感染力。如2010年,中国的奢侈品消费已居全球第二位。根据《世界奢侈品协会2010—2011年度官方报告》称,中国内地奢侈品市场消费总额已经从2009年的94亿美元攀升到2010年的107亿美元。

中国已成为全球奢侈品消费最快增长国。……中国奢侈品消费者呈现出"低龄化"特征：73%的中国奢侈品消费者不满45岁，45%的奢侈品消费者年龄在18岁至34岁之间。……尽管中国人的奢侈品消费大部分还集中在服饰、香水、珠宝、手表等上面，但私人度假酒店、顶级家私、艺术品投资、豪华游艇也在渐渐受到中国买家的关注。这一变化显示出这一消费群体已经开始由消费奢侈品向消费奢侈生活方式转变。[①] 可见，中国作为一个发展中国家，对奢侈品的追求却反映了当前消费主义文化的流行态势。消费主义强调商品的符号价值，追逐快感、梦想，强调个人主义与及时行乐，片面追求位置消费和炫耀性消费。消费主义文化在市场化的运作和推动下，与大众文化结合在一起，引导着生活潮流和社会价值观，并在大众传媒的操纵下，潜移默化地影响着消费者的意识形态和价值取向，不断促使消费者以"我买故我在"证实身份认同。

随着经济全球化和传播全球化的发展，消费主义日益与当代文化中世俗化的东西互渗而成为特有的文化景观。如果说，在现代社会出现了生产拜物教和消费拜物教，那么，后现代社会则出现了"传媒拜物教"。当代传媒以跨国资本的方式形成全球性的消费意识，其文化霸权话语渐渐进入国家和民族的神经之中。于是，在倡导多元价值、多元社会的文化语境中，大众在多元主体之间，将个体感性差异性推到极致，甚至以个人的绝对差异性为由，割裂个人与他人的同一性。在广告传媒和文化经纪人的操纵下，日益以产品的市场需求取代人们对精神文化的需求。[②] 传媒消费主义表现出强烈的强制性和诱导性，使当代商品拜物教更易于得到接受和认可。在传媒所倡导的身体商品观的影响下，消费者更关注身体，身体的可消费性与被消费性可以说无处

---

① 黄鹤、穆静：《中国奢侈品消费呈"低龄化"》，《人民日报》（海外版）2011年6月2日第2版。

② 王岳川：《全球化消费主义中的当代传媒问题》，http://www.cctv.com/tvguide/tvcomment/tyzj/zjwz/7481.shtml。

不在。在不断塑造身体文化的过程中,消费主义文化得到了广泛的传播和认同。

从 20 世纪 80 年代开始,由于西方国家福利危机以及新自由主义的全球化,社会主义的乌托邦日益被怀疑,人们越来越沉溺于市场和消费之中。在新的全球化时代,社会生活日益虚拟化和仿真化,主体被人们消费的各种形象和仿真物彻底渗透和肢解了。① 这种"主体"的消解,是消费者在重视身体消费的同时,忽视了精神消费的公共价值和文化意义,它进一步推动了个人主义的盛行。鲍曼(Zygmunt Bauman)认为,消费是彻底个别、孤立,而且最终是孤独的活动;这种活动的满足,有赖于抑止与诱发、缓和与刺激欲望,而欲望总是私人的、难以沟通的感觉,没有所谓的"集体消费"这种东西。没错,消费者可能在消费过程中聚集在一起,但即使是在这个时候,真正的消费者还是完全单独、个别经历的经验。聚在一起只是构成消费动作之隐私的基础,并且提高其乐趣。② 鲍曼所强调的"个体消费",是指在后现代语境下,消费者以自我为中心的价值取向。在个人主义导向下,消费者的欲望不断膨胀,并将消费活动视为实现人生价值的基本手段,它会导致对"集体生活"的厌倦。所以,福山(Francis Fukuyama)一针见血地指出:个人主义是现代民主的基石,但是过分的个人主义就难以获得社会凝聚力,从而会对社会民主产生负面影响。因此,向后物质主义价值观的转变就有可能意味着某种社会资本在减少。③

社会资本是现代民主社会的力量之源,而信任是社会资本的重要组成部分,也是社会团结的基础。吉登斯(Giddens)将信任定义为:对一个人或一

---

① 汪行福:《从商品拜物教到犬儒主义——齐泽克意识形态论研究》,《马克思主义与现实》2007 年第 3 期,第 29 页。
② [法]齐格曼·鲍曼:《工作、消费与新贫》,王志弘译,巨流图书有限公司 2002 年版,第 42 页。
③ [美]弗朗西斯·福山:《大分裂:人类本性与社会秩序的重建》,刘榜离等译,中国社会科学出版社 2002 年版,第 64 页。

个系统之可依赖性所持有的信心,在一系列给定的后果或事件中,这种信心表达了对诚实或他人的爱的信念,或者,对抽象原则(技术性知识)之正确性的信念。① 显然,对他人和事物所保持的信心,是产生信任的重要条件。因此,卢曼(Von Niklas Luhmann)认为,信任指的是对某人期望的信心,它是社会生活的基本事实。当然,在许多情况下,某人可以在某些方面选择是否给予信任。但是,若完全没有信任的话,它甚至会次日早晨卧床不起。他将会深受一种模糊的恐惧感折磨……② 可见,没有信任,将会使个人的日常生活产生严重的危机,将对社会团结和文明进步产生裂变的危险。但是,以自我为中心的消费主义是排斥甚至破坏信任的。过分自私的消费主义者已患上物欲症和自恋癖,他们被"物"所包围,丧失了对"他者"的关怀意识。而且,消费主义过分渲染机会主义和快感文化,对他人的不幸和社会危机视而不见,使社会信任问题发展成为严重的社会问题。

正如卢曼所认为的那样,信任应该主要理解为与风险(risk)有关的产生于现代的概念。③ 在现代社会,随着各类风险不断增多,信任问题所面临的不确定性因素进一步增加。随着消费主义的兴起,无节制的消费伴随着各种消费风险,对现实生活产生强烈的压迫和危机。各类自然风险、经济风险和技术风险的频繁出现,使消费者面临更多的陷阱,无法规避和作出客观的判断。而市场规则下身份伦理向契约伦理的转型,使商品交易打破了阶级和等级结构,对于个体利益的诉求导致了最广泛的利益博弈。作为交易终端的消费者,在信息不对称和逐利主义的影响下,往往遭受更多的消费风险,因此,当代风险文化与消费主义的结合,极大地冲击了传统道德伦理秩序,在法制规则不健全的状况下,其危害程度更深,它违背了消费作为满足快乐的终极意义,

---

① [英] 安东尼·吉登斯:《现代性的后果》,田禾译,译林出版社2000年版,第30页。
② [德] 尼克拉斯·卢曼:《信任》,翟铁鹏等译,上海人民出版社2005年版,第1页。
③ 转引自 [英] 安东尼·吉登斯《现代性的后果》,田禾译,译林出版社2000年版,第27页。

对于消费者的社会信任感，也产生了极大的负面影响。

随着社会贫富分化不断加剧，一方面，富裕阶层的炫耀性消费和漠视社会公德的行为饱受诟病，一些所谓的"黄金宴""豪车会""天价会所"已引起公众的强烈不满；另一方面，富裕阶层在社会慈善活动中的吝啬举动甚至引起国际舆论的批判。贫困阶层由于教育、医疗、住房等方面的沉重压力，导致消费信心和消费水平不断下降，在分享改革成果的过程中始终处于劣势地位。这进一步加剧了社会仇富心理的蔓延。近年来，中国大批富豪移民海外，除了中国产权制度等方面的因素之外，富人们普遍缺乏安全感和社会信任是重要原因。而大量生活在底层的民众，由于得不到基本的生活保障，在消费方面所带来的精神压力日益严重，尤其是通货膨胀造成购买力水平的不断下降，使下层民众的不满情绪不断高涨，社会阶层之间的不信任感日益严重，并成为群体性事件和突发事件的导火索，直接危及社会稳定和可持续发展。

二　消费社会与日常仪式的断裂

以"我买故我在"为口号的消费社会，将消费视为生活的第一主题，并宣扬消费是实现人性解放和自由民主的很好途径。这很大程度上迎合了许多刚刚富裕起来的中国民众的消费心理和文化诉求。在经历了集体主义生活方式的长期压抑之后，改革开放不仅解放了生产力，也解放了消费力。随着"供给制"的废除，民众的消费自主性得到了极大释放。尤其是当民众解决了温饱问题之后，对发展型、享受型消费开始向往。这正是民众领略"现代性"的必经之途。从家庭耐用品的升级换代到对汽车、洋房的追求，丰富的消费市场与多元的消费价值观使许多富裕起来的消费者无所适从。而这种史无前例的消费观念变革，使中国传统消费文化变得黯然失色。几千年以来，中国一直处于农业社会的自给自足型消费模态下。尽管近代上海、广州等大都市深受西方文化的影响，但广大内陆地区仍然长期处于传统的农业社会消费形态。农业社会注重生产、积累，轻视消费、浪费；重视宗法伦理和等级差序，轻视个性需求和自我表达。这在消费观念上体现为"黜奢崇俭"和"宗亲趋同"。家庭作为基本的消费单位，对中国传统消费文化影响巨大。礼仪、节俭、忠孝作为维系家庭的核心理念，使传统消费文化呈现强烈的趋同性和整体性。陈来认为，中国人文思想的起源是西周的礼乐文化。[①] 同样，中国传统消费文化也建立在礼仪文化的基础之上。中国传统消费文化遵循宗法社会的传统，家长制为家庭的理性消费奠定了基础，社会等级化使消费差序化十分明显，而礼仪消费在整个社会关系中起着黏合作用，尤其是祭祀消费在维系消费仪式和传统方面的意义十分明显。

然而，随着消费主义文化在社会的广泛传播，民众对传统文化中礼仪的聚合作用越来越漠视。在中国仪式传统中，婚礼、葬礼是人生最重要的仪式。但是，一项对2440人进行的在线调查显示，72%的人感觉日常仪式活动缺失仪式感……婚礼实际上是一个仪式，拜天地、拜父母、夫妻对拜，礼敬生命万物神灵，是贯穿于整个婚礼的精神，这就使得婚礼不仅具有神圣、庄严和美感，更具有重要的教育意义。而在当下的中国，婚礼大多在酒店举行，酒店作为盈利场所，无法提供一个神圣空间，故婚礼也就失去了神圣感。同时，许多人喜好西式婚礼仪式，尽管可能只是追求其表面形式，但也会在潜移默化中认同其背后的文化价值，慢慢背弃中国文化精神。[②] 可见，随着民众对奢华和时尚的片面追求，传统礼仪正面临着消解的危险。正如詹姆逊（Fredric Jameson）所言：我们整个当代社会体系逐渐开始丧失保持它过去历史的能力，开始生活在一个永恒的现在和永恒的变化之中，而抹去了以往社会曾经

[①] 陈来：《古代思想文化的世界——春秋时代的宗教、伦理与社会思想》，生活·读书·新知三联书店2002年版，第10页。
[②] 《七成国人缺失日常仪式感 再造礼仪之邦从婚礼开始》，http://culture.ifeng.com/whrd/detail_2011_05/19/6489505_0.shtml，2011年5月19日。

以这种或那种方式保留的信息的种种传统。①

由于现代性的影响，传统礼仪难以发挥文化聚合和社会信仰的作用。对于消费主义者而言，购物天堂远比礼仪殿堂重要，人与物的关系远比人与上帝（神）的关系重要。因此，在消费社会，唯一能和哥特式大教堂比肩的，便是超级购物中心。它们不断排挤、吞并规模还不够大的购物中心，并散发出更强烈的购物荷尔蒙，向那些住得更远的消费者大抛媚眼。②鲍德里亚（Baudrillard）总结道：我们的超级购物中心就是我们的先贤祠，我们的阎王殿。所有消费之神或恶魔都汇集于此，也就是说，所有的活动，所有的工作，所有的冲突以及所有以同样抽象方式废除了的季节。在如此统一的生活内容里，在这篇无所不包的文摘里，不可能再有什么感觉：产生的梦幻、诗意与感觉的东西，即重大的搬迁与浓缩形式，建立在不同成分相互间有机连接基础之上的比喻与矛盾的重大意象，是不可能再存在的了。③显然，在消费社会，消费不仅是日常生活最重要的展布，而且正在通过对空间和时间的占有和挤压，排斥宗教信仰和日常仪式。

在消费社会，仪式已改变了原初的意义，其宗教信仰的功能正在日益缺失。霍尔（John R. Hall）和尼兹（Mary Jo Neitz）指出：从超时空的角度说，仪式定义最重要的内容是，它们是标准化的、重复的行动。在现代世俗社会，远离赋予传统仪式以意义的文化背景，仪式就不仅是标准化的、重复的，而且是毫无意义的。④尽管消费社会将仪式赋予日常消费活动中，尤其是在商业

---

① ［美］弗雷德里克·詹姆逊：《文化转向》，胡亚敏等译，中国社会科学出版社2000年版，第19页。
② ［美］约翰·格拉夫、大卫·瓦恩、托马斯·内勒：《流行性物欲症》，闾佳译，中国人民大学出版社2006年版，第6页。
③ ［法］让·鲍德里亚：《消费社会》，刘成富、全志钢译，南京大学出版社2001年版，第8页。
④ ［美］约翰·R.霍尔、玛丽·乔·尼兹：《文化：社会学的视野》，周晓虹、徐彬译，商务印书馆2004年版，第97页。

文化礼赞中，各种庆典和消费场景极为壮观。但是，这类带有明显消费导向和功利目的的营销活动，已经远离了仪式的本质内涵，此类仪式难以让参与者得到精神洗礼和价值观的认同。从某种程度上看，这类经过商业包装的"伪仪式"恰恰是消费主义文化传播的重要途径。

而传统社会在很大程度上是仪式社会，仪式在社会教化和道德约束方面的作用不断得到强化，即使是家祭、庙会和节日庆典，民众对神灵的祭祀和崇拜也延展到日常生活当中。通过仪式的强化，"士成乎学、吏成乎义"，民众则遵规守矩。因此，传统礼仪将"时常省问父母，朔望恭谒圣贤"作为日常生活的准则。与传统的集体性的、宗教性质的仪式不同，日常仪式化行为在表达和实践上大都以个人的或者小团体的形式出现和完成，其规模较小；同时，日常仪式化行为因其日常性，行为本身及其实践均较具体甚至细节化。就功能层面而言，当传统仪式在整合集体、团结集体的方面起到重要作用的时候，日常仪式化行为更注重建立行为人内心的平衡和秩序，使行为人在遭遇生活变化时能更积极地参与社会。① 在传统社会，日常仪式化对民众保持内心的安宁和对未来的美好寄托有着极为重要的作用。也正是由于日常仪式化活动的承传，民间文化传统和宗教信仰才能得到很好的保存并发扬光大。

改革开放以来，随着农村联产承包责任制的推行和城市国有企业改制的深入，集体仪式离个人生活渐行渐远。尤其是随着传统家庭的解体和新生代对传统习俗的疏离，作为典礼意义上的仪式与年轻人的日常生活难以建立联系。而在广大的农村地区，随着许多青壮年农民工远离故土，乡村社会中许多日常仪式已无法承传，一些与民俗相关的礼仪和文化活动已无法开展。中国农村民众的休闲活动，以"看电视、玩手机、打麻将、买六合彩"最为典型。而城市居民则在享受信息社会的种种便利的同时，产生了严重的传媒依

---

① 吴艳红：《日常仪式化行为的形成：从雷锋日记到知青日记》，《社会》2007年第1期。

赖症和物欲症。在印刷时代，文化人将写信和记日记作为日常仪式的重要组成部分，而在新媒体时代，民众将上网作为获取信息和休闲娱乐的主要方式。信息拜物教与商品拜物教结合在一起，成为消费社会的重要特征。在消费社会，由于没有坚定的精神信仰，人们迅速地厌倦于他们已经听说的东西，所以不停地猎奇求新，因为没有其他东西能够激发他们的想象。凡是新奇的东西都被当作人们正在寻求的最重要的知识而备受欢迎，但随即又被放弃，因为人们所需要的都只是一时的轰动。追求新奇的人充分意识到自己生活在一个新世界正处于形成过程的时代，生活在一个历史不再被考虑的世界里，因此他老是不断地空谈"新事物"，好像新事物就因为其新而必定是有效的。①这种"喜新厌旧"的生活方式，往往会导致日常仪式的疏离与隔膜。

　　追求新奇和刺激是消费的原动力，却与仪式化生活背道而驰。在日常生活中重视仪式则意味着要严格遵守社会秩序、服从礼仪规范的基本程序，有着较为执着的精神信仰和良好的礼仪训练。但是，消费社会所倡导的个人主义、享乐主义思想，恰恰与规范化、日常化的仪式活动有着明显的矛盾与冲突。消费主义者排斥集体活动，重视个体的感官享受。而礼仪文化强调参与者内心的自我调适和超越，能够以强烈的信仰引导理性的生活。显然，消费社会在很大程度上是排斥仪式化生活的，尽管消费社会的仪式化活动名目繁多。但是，这些仪式化活动都贴上了消费的标签，并不能促进理想、共识和信仰的形成。尤其是随着社会风险的加剧，许多商业性促销活动，已成为消费风险的直接推动者。显然，消费社会在不断消解传统仪式的文化内涵，又以不同面目包装各种"伪仪式活动"，并将"物的包围"不断强化，借以瓦解消费者的精神信仰和文化传统，使消费者丧失抵抗力，逐步放弃对传统仪式的信仰和追求，从而进一步消解了日常生活的仪式活动。这也是消费社会

---

① ［德］卡尔·亚斯贝斯：《时代的精神状况》，王德峰译，上海译文出版社2006年版，第83页。

对传统文化进行颠覆的重要方式。

三 犬儒主义与社会信仰危机

在消费社会，消费主义者沉醉于自我享受，对公共生活和集体活动漠不关心，对"他者"缺乏应有的信任。为了掩饰内心的不安，他们以不断"购买"和"消费"以证实自身价值。他们以商品拜物教和信息拜物教寻求精神寄托，对日常仪式和文化传统视而不见，他们在自我解放中放弃了对"社会共同体"的追求。他们玩世不恭，愤世嫉俗，好自我表现，伪装成饱学之士却没有公共关怀精神，这就是消费主义者与现代犬儒主义者的杂糅。贝维斯（T. Bewes）指出，现代犬儒主义是一种幻灭的处境，可能带着唯美主义和虚无主义的气质而重现江湖。犬儒主义背叛了崇高的价值，而对于这些价值领域而言，真理和诚实的抽象化比行为和想象的政治品格产生了更为深远的影响。[①] 与魏晋名士沉溺宴饮、寄情山水的心境不同，现代犬儒主义者是在丰裕的消费社会中出现的。他们无处不在，如那些沉迷于肥皂剧、商品广告、汽车旅馆、子夜舞院、好莱坞B级电影、机场的平装惊险小说、名人传奇、浪漫小说的人完全可能是犬儒主义者。现代犬儒主义是新的拜物教形式。传统拜物教建立在行为者对自己行为意义的"非知"之上，是有待启蒙的幻想，而新的拜物教则是启蒙了的或后启蒙的意识形态。[②] 在消费社会，现代犬儒主义者明知理想、信仰和人文关怀的重要性，他们都接受了现代启蒙，但是，他们在行为上却在反启蒙。这种"知其不可为而为之"的方式，已成为他们构建犬儒主义意识形态的表征。

吉登斯认为，犬儒主义是一种通过幽默或厌倦尘世的方式来抑制焦虑在

[①] ［英］提摩太·贝维斯：《犬儒主义与后现代性》，胡继华译，上海人民出版社2008年版，第8页。

[②] 汪行福：《从商品拜物教到犬儒主义——齐泽克意识形态论研究》，《马克思主义与现实》2007年第3期，第29、32页。

情绪上影响的模式。① 现代犬儒主义者则更愿意怀疑一切，他们在消费主义的影响下，厌倦公共生活和拒绝参与民主政治。他们以"活在当下"为由头，在消沉中构建以自我为中心的精神世界。学者徐贲认为，现代犬儒主义的彻底不相信表现在，它甚至不相信还能有什么办法改变它所不相信的那个世界。犬儒主义有玩世不恭、愤世嫉俗的一面，也有委曲求全、接受现实的一面，它把对现有秩序的不满转化为一种不拒绝的理解，一种不反抗的清醒和一种不认同的接受。犬儒主义在其他现代社会的大众文化中也存在，但是普遍到一般人觉得左手、右手之间的信任都出现了危机的情况却并不多见。这种危机是整个公众政治和道德生活危机的冰山一角。②

现代犬儒主义还表现为虚无主义，并直接导致社会信仰的缺失。斯罗特蒂克（Peter Sloterdijk）将犬儒主义定义为"启蒙的虚假意识"。他说，幸福，只能被认为是某种失落，或者是某一美丽的异乡，它无非是一种预言而已。我们眼中饱含泪水向它靠近，却永远也不能到达这一美丽的异乡。③ 的确，现代犬儒主义者追求虚无缥缈的"异乡"，它反映了消费社会中大众精神生活和文化心态的一个重要的面向。改革开放以来，国人的经济收入和消费水平都有了显著提高，但是许多人感到幸福指数却没有提高多少，同时感觉到人情冷漠，社会信任度下降，社会焦虑感和失落感日趋严重，传统文化与日常仪式的断裂性日益明显，人们常常会叩问"心何处安放"的问题。近年来，随着社会群体性事件的不断增多，民众的不安全感和社会风险意识也在逐步提高。人们在探讨"国学热"的同时，也在反思社会危机的深层原因。人们发现，以社会团结为基础的共同体离自己的生活很远，而普遍意义的社会信任

---

① ［英］安东尼·吉登斯：《现代性的后果》，田禾译，译林出版社2000年版，第120页。
② 徐贲：《当今中国大众社会的犬儒主义》，http://www.aisixiang.com/data/detail.php?id=4392。
③ ［德］斯罗特蒂克：《犬儒理性批判》，转引自［英］提摩太·贝维斯《犬儒主义与后现代性》，胡继华译，上海人民出版社2008年版，第37页。

却远没有得到认同。正如亚斯贝斯（K. Jaspers）所言，事实上，在今天，没有任何事业、任何公职、任何职业被看作值得信任的，除非在每个具体的场合都揭示令人满意的信任基础。每个不乏见闻的都对他自己熟悉的领域中的欺骗、犯规、不可靠的现象司空见惯。只有在非常狭小的圈子内尚有信任，但这信任绝未扩至整体。危机是普遍的，包含一切的。[①] 可见，人们对社会信任已深感失落和怀疑，这恰恰是现代犬儒主义兴起的社会基础，也是仪式化生活和社会共同信仰缺乏民意支持的重要原因。

由于缺乏信任和共识，现代社会信仰危机正日益显现。李向平用"精神走私"来表达当下中国民众的信仰问题。这种信仰方法，采用的是私人甚至是隐私般的表达方式。神灵对自己的保佑，或许与别人没有关系，就好像人们到寺庙里烧香拜佛那样，各自买香，各自求佛，私下许愿，天机不可泄露；愿望一旦满足，各自还愿，个人的心机，个人自了。……许多政治精英、商业精英、民间社会精英或宗教精英，在他们表达各自的私人信仰的时候，大多是碍于自己的身份、地位，无法公开表达，只好借助于各种非宗教、非体制的形式，私下里了却自己的心愿。……他们依赖自己的人际关系，不去信任熟人之外的任何关系。这就造成了宗教信仰层面的身份认同危机，可谓"信仰却不信任。"[②] 可见，这种信仰但不认同的方式，是将信仰作为私人利益和精神寄托的表达方式，它在本质上体现为自私性和牟利性，违背了宗教信仰的普世精神和博爱原则。在某种意义上看，这种不顾及"他者"的私人信仰，是当下中国文化危机和精神危机的重要原因。因此，中国人之拥有私人信仰，并不见得就能实现信仰的社会共享与社会团结、信仰的规范性建构，并不见得就是宗教社会性的确认。恰恰相反，它反而可能导致信仰的公共性、

[①] ［德］卡尔·亚斯贝斯：《时代的精神状况》，王德峰译，上海译文出版社2006年版，第45页。

[②] 李向平：《信仰但不认同——当代中国信仰的社会学诠释》，社会科学文献出版社2010年版，第19、20页。

社会性的严重缺乏，最终构成宗教危机。[1]

尼采所言的"上帝死了"，在消费社会里更是一针见血。在当下中国社会，由于消费主义、个人主义的盛行，真正意义上的宗教信仰日益缺失。正如西方社会理论家们所指出的那样：宗教在整合传统社会和向人们提供生活意义方面具有举足轻重的作用，但随着现代性的出现，宗教作为一种社会建制已经衰落。[2] 随着宗教信仰的衰落，"共同体"的构建已经成为时代的幻想。人们难以在现实中找到"温馨感觉"，宗教信仰与精神层面的分裂正日益严重。丹尼尔·贝尔（Daniel Bell）不无洞见地指出：现代主义的真正问题是信仰问题。用不时兴的语言来说，它就是一种精神危机，因为这种新生的稳定意识本身充满了空幻，而旧的信仰又不复存在了。如此局势将我们带回到虚无。由于既无过去又无将来，我们正面临着一片空白。[3] 可见，信仰缺失直接导致了虚无主义和犬儒主义的流行，在消费社会，迷失在物欲汪洋中的消费者，难以找到精神的彼岸。

信仰危机不仅是个体产生焦虑和精神病灶的源头，更为严重的是，它损害了公众利益和民主自由的价值观。正如丹尼尔·贝尔所言，信仰危机带来的直接后果是城邦意识（civitas）的丧失。所谓城邦意识是指古代城邦国家的公民们自愿地遵守法律，尊重他人的权利，抵制以牺牲社会幸福为代价去追求个人富足的诱惑——总之，是指公民们自愿地尊敬他们作为其中一员的"城邦"，"城邦"意识丧失以后，取而代之的是，每个人自由行动，放纵各自不道德的欲望，而这些欲望只有在牺牲公众利益的基础上才能得到满足。[4]

---

[1] 李向平：《信仰但不认同——当代中国信仰的社会学诠释》，社会科学文献出版社2010年版，第21页。

[2] [美] 约翰·R. 霍尔、玛丽·乔·尼兹：《文化：社会学的视野》，周晓虹、徐彬译，商务印书馆2004年版，第89页。

[3] [美] 丹尼尔·贝尔：《资本主义文化矛盾》，赵一凡等译，生活·读书·新知三联书店1989年版，第74页。

[4] 同上书，第303页。

在消费社会，由于消费主义作为意识形态的主导作用日益明显，消费者的"城邦"意识日趋衰落，越来越多的消费者在物化的生活幻象中放弃了理想和信仰的追求。对人的意义和人生价值缺乏深入思考；对公众利益和权利缺乏人文关怀；对人文景观和生态环境缺乏亲近之感；对民族和国家的命运缺乏关切之情；对自然灾害和社会灾难缺乏悲悯之心。如此自恋的生活方式与人的本性和人生的终极意义渐行渐远。显然，信仰危机不仅是社会危机和文化迷失的重要表征，也是个人不幸和走向堕落的重要原因。

第二节　景观社会背景下传媒消费主义的传播

　　传媒消费主义文化是市场经济的必然产物，但传媒娱乐化、同质化、碎片化所导致的消费风险和文化断裂，是媒介文化研究尤其值得关注的问题。在社会转型过程中，中国传媒的市场化改革不能因商业运作而导致公共责任的缺位，防止传媒消费主义的蔓延，提升媒介消费的文化品位、社会价值和聚合作用，是媒介文化建设的应有之义。

一　符号景观、消费异化与传媒消费主义的互构

　　媒体文化与消费文化联系非常紧密。"媒体娱乐通常极令人愉快，而且声光与宏大的场面并用，诱使受众认同某些观念、态度、感受和立场等。消费文化提供一系列令人眼花缭乱的货物和服务，引导个人参与某种商品的满足体系。媒体和消费文化携手合作，制造出与现存的价值观、体制、信仰和实践相一致的思维和行为。"[①] 在经济全球化化背景下，以跨国公司为主要载体的西方传媒消费主义思潮迅速向发展中国家传播。发展中国家在以西方商品

---

　　① ［美］道格拉斯·凯尔纳：《媒体文化》，丁宁译，商务印书馆2004年版，第12页。

和媒介产品为消费对象的过程中，逐步将西方消费方式演变为"美好生活"概念，从而对西方消费观和价值观产生盲从和依赖之情。在西方消费方式"符号化"过程中，传媒无疑是最为重要的推手。传媒在经济利益的驱使下，将消费主义文化视为市场推广和提高阅读收视率的"撒手锏"。消费主义文化已侵入传媒的肌肤，并通过两者的合谋，改变着消费文化乃至社会文化的表现形式。

传媒消费主义的兴起，是消费社会的现实诉求和客观需要。消费社会通过"非理性的理性化，差别的标准化，以及通过人类状况的不稳定来获得稳定"[①]。正是消费社会的焦虑无法消弭，使传媒获得了巨大的传播效能，因此，"大众传播工具把特殊利益作为所有正常人的利益来兜售几乎没有什么困难"[②]。大众传媒为了商业利益，引导受众盲目地追求物质消费，在全社会制造虚假的需要。苏塔·杰哈里认为："资本主义'挖空'了产品的真实意义，与此同时，广告就把自己的意义灌注进去，填满那些空壳。"[③] 在消费主义文化的导向下，受众把幸福和自由的体验完全寄托于商品消费中，失去了批判的向度，对于消费社会的"商品操纵"，显得无能为力。"异化本身因而成了问题。人们似乎是为商品而生活。小轿车、高清晰的传真装置、错层式家庭住宅以及厨房设备成了人们生活的灵魂。"[④] 这种异化的消费观，无疑颠倒了人与商品的关系，商品"控制"了人的生活方式和消费方式，商品消费成为一种"受操纵的消费"。与此同时，同质化的传媒消费主义文化对意识形态实行了高度控制，从而使受众丧失消费自主权，成为"单向度的人"。

传媒消费主义还通过不断提供"丰裕"的景象来制造各种虚假的需要和无休止的欲望。这种消费主义文化，"遵循享乐主义，追逐眼前的快感，培养

---

① [英]齐格蒙特·鲍曼：《被围困的社会》，郇建立译，江苏人民出版社2006年版，第190页。
② [美]苏塔·杰哈里：《广告符码》，马姗姗译，中国人民大学出版社2004版，第1页。
③ 同上书，第219页。
④ [美]赫伯特·马尔库塞：《单向度的人》，刘继译，上海译文出版社2006年版，第10页。

自我表现的生活方式，发展自恋和自私的人格类型"①。媒介提供的消费景象，"诸如休息、娱乐、按广告宣传来处世和消费、爱和恨别人之所爱和所恨，都属于虚假的需要这一范畴之列"②。正是这种虚假的需要，不断推动消费主义的盛行。"生活转变成了一系列无节制的购物冲动，而且，犹如购物活动带来的刺激、冒险和挑战，它不管在本质上还是在实践上都是消费性的。"③

在充满商品符号的媒介文化环境中，"艺术与日常生活之间的界限被消解了，高雅文化与大众文化之间的层次分明的差异消弭了；人们沉溺于折中主义与符码混合之繁杂风格之中，赝品、东拼西凑的大杂烩、反讽、戏谑充斥于市，对文化表面的'无深度'感到欢欣鼓舞"④。而传媒消费主义是"无深度文化"的直接推动者，传媒在内容生产和节目制作上以"可消费性"为目标，将各种新闻和信息像商品一样推销给消费者，媒介内容商服从于经济利益，成为传媒传播价值功能异化的重要原因。传媒为制造"卖点"而进行的内容包装，将商品符号渗透于社会文化之中，使媒介文化与商业文化融合成为一种主流性的意识形态，强化了对受众的文化控制。

随着新媒介技术的普及，媒介提供的视觉盛宴令人目不暇接，法国哲学家德波将视觉化和形象化的世界称为"景观社会"。他指出，景观社会"使生活本身展现为景观（spectacles）的庞大堆聚，直接存在的一切全都转化为一个表象"⑤。这种景观社会，"在电子媒介的消费引导中，真实的物及其使用价值不再重要，重要的是被电子符号建构出来的物的意象，消费的过程首先

---

① [英]迈克·费瑟斯通：《消费文化与后现代主义》，刘精明译，译林出版社2000版，第165页。
② [美]赫伯特·马尔库塞：《单向度的人》，刘继译，上海译文出版社2006年版，第6页。
③ [英]齐格蒙特·鲍曼：《被围困的社会》，郇建立译，江苏人民出版社2006年版，第185页。
④ [英]迈克·费瑟斯通：《消费文化与后现代主义》，刘精明译，译林出版社2000版，第11页。
⑤ [法]居伊·德波：《景观社会》，王昭凤译，南京大学出版社2006年版，第3页。

是意象的消费"①。德波所描绘的景观社会与鲍德里亚研究的消费社会有异曲同工之处,鲍德里亚认为,西方资本主义社会将"消费与信息"合成一种符码系统,这种符码系统是一个无意义的浮动的网络,它操纵和制约着大众的思想行为。由于媒介不断制造消费神话,现实世界与影像世界之间的边界模糊了。德波总结道:"在真实的世界变成纯粹影像之时,纯粹影像就变成了真实的存在——为催眠行为提供直接动机的动态虚构事物,为了我们展示人不再能直接把握这一世界,景观的工作就是利用各种专门化的媒介,因此,看的视觉就自然被提高到以前曾是触觉享有的特别卓越的地位。"② 从这个意义上讲,传媒消费主义不仅是符号消费的表象,也是视觉诱惑欲望的直接动因。

二 市场化与传媒消费主义的文化危害

市场经济在某种层面上就是消费经济。随着经济的快速发展,我国已迈入大众消费时代。在城乡居民的消费结构中,娱乐文化教育服务消费的增长速度较为显著。1985年,我国娱乐教育文化服务消费比重仅为3.9%,1997年提高到9.2%,2005年提高到14.2%,在各类消费比重中超过居住比重上升到第二位。③ 一方面,大众传媒适应市场化和受众消费的需要,也不断地进行自我调整和深化改革。传媒在吸收西方先进媒介技术和生产方式的同时,也引入了西方流行的消费主义文化。另一方面,传媒在追逐经济利益的过程中,以市场需求进行产业化运作。媒介传播的重点由生产偶像转向消费偶像,传媒在追求商业价值的过程中,其产业功能得到充分释放。应该看到,传媒市场化改革打破了原有的僵化体制,有利于媒介资源的整合和媒体自身的壮大发展,对于合理配置媒介信息资源,丰富受众的媒介消费方式,推进新闻

---

① 仰海峰:《商品社会、景观社会、符号社会——西方社会批判理论的一种变迁》,《哲学研究》2003年第10期,第23页。
② [法]居伊·德波:《景观社会》,王昭凤译,南京大学出版社2006年版,第6页。
③ 范剑平、张少龙:《我国市场消费结构的演进过程及其对经济增长的影响》,张少龙主编《中国市场消费报告》,社会科学文献出版社2005年版,111页。

的民主化进程，强化媒体的自主创新能力，等等，都有一定的积极意义。但是，我国传媒业在市场化和产业化过程中，过度强化了其经济功能而导致社会守望和环境监测功能不断弱化，媒体社会责任缺失已成为一个不容忽视的社会问题。认真检思传媒消费主义的负面影响，尤其是在文化层面上所造成的社会责任缺位，是当前媒介文化建设面临的一个重大社会问题。

西方传媒消费文化的发展与其经济、文化、政治环境有着密切关系，但是，随着西方文化危机和生态危机的加深，这种消费至上的传媒理念受到了越来越强烈的质疑和批判。值得指出的是，我国媒介消费文化有着自身的历史源流和社会背景，我国刚进入小康社会，还远没有达到西方消费社会的媒介消费水平。传媒如果片面地传播消费主义文化，势必对当前的文化建设和社会建设带来许多负面影响。从根源上分析我国传媒消费主义的具体表现和危害性，对于引导传媒消费文化的发展方向有着重要意义。

改革开放以来，我国由计划经济向市场经济的社会转型过程中，一些新的社会阶层逐步形成，各阶层之间的社会、经济、生活方式及利益认同的差异日益明晰化。[①] 具有较强经济资本和文化资本的社会中上层，在媒介消费上有着更前卫、更多元的需求，尤其是近几年来，随着网络和其他新媒体的普及，我国居民的媒介消费时间和消费支出有了较大幅度的提高。传媒为适应市场的需要，将传播内容的重点由社会生产转向社会消费，媒介的主要功能也转向休闲、购物、娱乐等，广告和生活方式报道大行其道，符号化、影像化和碎片化的媒介节目形态已经成为主流，传媒消费主义文化在新媒介的技术导向下，有愈演愈烈之势。

新闻功能错位和异化是传媒消费主义的直接表现。新闻消费主义是传媒将新闻作为"卖点"的结果，新闻真实性是传媒应秉持的基本原则。然而，

---

① 陆学艺主编：《当代中国社会阶层研究报告》，社会科学文献出版社2002年版，第4页。

传媒为了提高阅读收视率，以满足受众的新闻娱乐为导向，以新闻炒作为焦点。这类新闻节目放弃客观报道，追求自我视角，放弃事实追问，强调事件展示。新闻追逐娱乐，娱乐伪装新闻。①2007年底以来，"周老虎"成为流行新闻词汇，一些传媒不是从正面分析这一事件的危害性，反而大肆制造新闻热点，派出记者追踪周正龙的日常起居，刻意制造新闻话题。一些网民借机恶搞"华南虎"，将其登上"华南虎"电影大片的海报，并声称由成龙领衔主演，这一新闻事件逐步走向娱乐化。更为离奇的是，在"虎照"真伪不辨的情况下，新闻话剧《拍虎》剧组远赴陕西镇坪采风，联系上了周正龙本人。周正龙一方面坚称所拍虎照是真，还责怪坐镇当地的专家至今没找到华南虎很"无能"；另一方面他提出报酬10万元左右就可以给剧组独家提供素材如照片，对于剧组方提出的担当话剧顾问一事，周正龙表示认可。②周正龙以虎照引起轰动，而一些媒体炒作这一题材并邀其上演新闻话剧，本质是将这一事件"伪新闻化"并获取商业利益。对重大新闻的集体式狂欢，使新闻实现了严肃性到消费性的转移，新闻的"可消费性"成为传媒赢得市场的卖点。近年来，国内地方电视台竞相创办的晚间新闻栏目，以软新闻为重心，对暴力、灾害、凶杀、色情等方面的新闻津津乐道，竭力满足受众的好奇心理，以"我在场"的方式派出记者现场采访。在报道方式上，以叙说式的故事情节来强化内容的娱乐性。这类现场的展示并不是立足解决社会问题，而是将社会问题演变为新闻消费品，以影像符号生产掩盖新闻谋利的本质。在娱乐化的民生新闻当中，传媒利用了民众的参与式消费欲望，刻意追求社会新闻向新闻商业化运作的转变。

传媒消费主义的逐利本质还表现为娱乐化倾向日益严重，媒介的娱乐功能被无限放大。以湖南卫视的《快乐大本营》《超级女声》为代表，娱乐节

---

① 李蓉：《大众传媒中的新闻消费主义倾向》，《兰州大学学报》2006年第5期，第103页。
② 《周正龙意欲进军娱乐圈》，《重庆晚报》2008年3月28日。

目以其颠覆性的"平民英雄"价值观获得了受众的广泛关注,湖南卫视由此极大地提高了品牌影响力。受其影响,我国省级电视台纷纷开办娱乐节目,连中央电视台也在改版后的 CCTV-1 中增加娱乐板块的比重,并引进《幸运52》《开心词典》《艺术人生》等央视其他频道的娱乐节目。每至周末黄金时段,绝大部分频道是以"快乐""幸运""开心"为主题的娱乐节目,节目娱乐化并不是针对受众深层的精神消费需要,而是快餐化的暂时狂欢而已。因此,传媒打造娱乐性节目的根本目的是以插播广告的方式获得更多的商业利润。

在娱乐化导向下,传媒过多地关注收视率和商业价值,导致精英文化意识的缺失和世俗文化的蔓延。在传媒产业化的影响下,媒介产品以牟利为导向,以刺激受众的欲望和感性本能为目的,媒介文化成为无深度文化的代名词。在符号化的消费导向下,图像形式统一了社会、性别,印刷时代的高品位阅读和个性思维面临着致命威胁,追求即时满足、喜新厌旧被内化为价值观。在消费主义文化的影响下,"经典"被戏说,历史被恶搞,庄严被戏谑,庸俗被褒扬。2006 年,"于丹现象"作为中国媒介文化传播的"成功个案",成为传媒和社会各界热议的文化现象。于丹因为"不学而术"而获得了"学术超女"的称号。学者肖鹰总结"于丹现象"时指出:无论就其才能,还是就其作为,名副其实地讲,于丹并不是一个学者,而只是一个"不学而术"的"新型文化媒介人"。从目前情况看,"于丹"已经被强势媒体打造为当前"最走红的学者"偶像。在这个偶像的身上,我悲哀地看到"学"的精神的彻底灭绝;而这个偶像在当前中国被受媒体"愚乐"的大众痴迷,使我更悲哀地看到中国大众随时都可能会重演 20 世纪中后期的那种狂热迷信的历史景观,差别只是偶像变了,不变的是永远的迷信。[①] 于丹就是以这种颠覆传统的

---

① 肖鹰:《中国学者为何"不学而术"——兼谈于丹现象》,《中华读书报》2007 年 4 月 11 日第 1 版。

话语方式来满足大众对经典的消费欲望,于丹现象的背后是媒介文化的"浅阅读"导向。凤凰卫视总结了媒介文化浅层化的经验:"让李敖去读书,我们去读李敖。"在媒介消费主义的语境下,受众的独立思考和价值判断能力不断弱化,"消费至上"导致人文精神和精英文化的缺失,"文化快餐"消解了传统消费文化中"合和""节俭""人本"等核心价值,"我看故我在""我知故我在""我扔故我在"成为被广泛认同的价值观,庸俗的媒介培育浮躁的受众,并塑造浅薄的社会文化景观。

三 广告与消费主义文化传播

广告符号颠覆了消费传统、道德伦理乃至社会制度,使消费话语从原初意义上对需要的满足变成了无法满足的消费神话。面对光怪陆离的广告,"那种建立在真伪基础之上的意义和诠释的传统逻辑遭到了彻底颠覆,而那种和物质财富生产一样被工业化了的言语的生产,也就是神话(或范例),找到了现世事件"[1]。然而,广告符号提供的是真伪不分的混沌逻辑,为消费主义大行其道提供了广阔的空间。

在广告符号创造的商品世界里,消费成为当代社会的核心话语,消费从客体变成主体,作为生活的神话,导向着消费者的人生。广告符号充斥了生活空间,"既不让人去理解,也不让人去学习,而是让人去希望,在此意义上,它是一种预言性话语,它所说的并不代表先天的真相(物品使用价值的真相),由它表明的预言性符号所代表的现实推动人们在日后加以证实"[2]。广告符号使消费者陷于虚幻之中,商品为消费者提供了鸦片般的迷幻,为了得到商品所带来的梦幻般的享受,消费由手段变成了人生目的,由需要变成迫切的日常行为,由理性控制变为非理性纵欲。除了消费,世界似乎成为一

---

[1] [法]鲍德里亚:《消费社会》,刘成富、全志刚译,南京大学出版社2001版,第139页。
[2] 同上书,第138页。

个黑洞。在消费者构筑的世界里,商品围困了社会。在欲望的丛林中,消费主义文化正以妖魔化的姿态,随着经济全球化,在世界各地招摇过市。

广告符号所取得的神奇地位,对消费主义文化的扩张提供了极大的便利。广告作为一种文化工业,创造了大众文化的需求,"我买故我在",广告符号给购物以新的定义。在广告符号的渲染下,消费者的购物活动,逐步失去了物质意义,而演变为一种社会表演或文化事件。消费主义文化成为控制消费生活,进而控制生产和社会文化的主流文化,主导着现代西方文化的发展方向。

在庸俗而泛滥的消费过程中,消费主义文化所倡导的消费至上的价值观,消解了人文精神。广告符号与商品符号在共谋的过程中,过多地强调时尚、虚荣和差异,导致了感性消费的虚假繁荣,使消费者在受到强烈的视觉冲击之后,极大地提高了感性上的需求和欲望。但是,"实际消费或使用商品会变成一种理想破灭的经历。消费现实与梦境或幻觉不一致。这个持续不断的从令人高兴的期望到失望的循环说明了现代消费永无止境的、无法满足的特点"[1]。在到处充满诱惑的广告符号旋涡中,消费者找不到正确的"上岸"途径,在迷宫般的商品诱惑中,消费者对周围的"事件"和生态环境置之不顾,像潜水员一样,深入符号世界里。"他们扎进水里去潜泳,不再喜欢投射在结实皮肤上的阳光,虽然他们不得不继续忍受喇叭使人痛苦的噪声。"[2] 消费者醉心于广告符号构筑的镜像世界,广告不仅具备商业推销的功能,在疯狂地市场占领过程中,"很可能存在一种政治现实甚至医疗卫生的核心。广告人的修辞使公众进入醉眼蒙眬、痴迷快乐的境地"[3]。然而广告符号提供的是一种肤浅、平面、单向、庸俗的消费文化,它在不遗余力地推销享乐主义、功利

---

[1] [英] 弗兰克·莫特:《消费文化》,余宁平译,南京大学出版社2001年版,第69页。
[2] [加] 马歇尔·麦克卢汉:《理解媒介》,何道宽译,商务印书馆2001年版,第289页。
[3] [加] 埃里克·麦克卢汉、弗兰克·麦克卢汉编:《麦克卢汉精粹》,何道宽译,南京大学出版社2001年版,第34页。

主义，使受众在得到广告文化和享受消费主义生活方式的染识后，被部落化和类型化，压缩在一个狭小的精神空间里，失去了应有的对话和交流的机会。以广告符号构筑的传播场域，形成强大的控制力，通过金钱文化，不断控制媒介、厂商和市场，进而影响政治、经济、文化，并以一种强势的权力话语制约消费者。广告成为消费社会的霸权主义者，它所导演的消费主义文化，使大众文化同质化、表面化、碎片化。它以商品笼络的方式，使受众成为消费社会的俘虏，遭受消费主义文化的霸权统治。它通过不断的煽情，给人感官刺激，然而不留下思想和启示，更谈不上哲理和沉思。

消费主义文化所造成的最大危机是道德危机。广告符号的充斥，使高雅艺术媚俗化。在利益的驱使下，好莱坞电影可以与广告融为一体，充当着人体艺术的说客。在金钱的诱惑下，性、暴力成为广告宠爱的主题，以达到提高刺激效果的目的。劣质消费符号的滥用，使消费社会的性别歧视、性侵犯、暴力犯罪日益增多，颠覆着社会公平、正义和友爱的价值体系，使恶俗的因素不断增加，文化传统遭受巨大破坏，受众的价值判断发生扭曲，舆论导向产生畸变，歪曲的广告符码如"恶之花"，大肆向人类思想领域施放毒气。然而，广告所鼓动的身体消费和暴力运动，为法律之外的一个特殊场域，以巧妙的方式，得到了消费社会的同情甚至赞赏，被不断赋予消费主义文化内涵。而一些媒体在金钱诱惑下，丧失了社会良知，为低级、粗俗、色情和暴力提供多样化的传播途径，成为社会价值的误导器，垃圾文化的帮凶，社会风险的制造者，与其所承担的社会职责格格不入。

广告符号的泛滥，使消费的空间和时间被殖民化。在符号崇拜过程中，消费社会在建构着新的广告宗教。在消费社会里，"市场机能与消费取代了传统文化的功能"[①]。消费主义文化取得了主导地位。然而，"在意义的社会性

---

① [美]苏特·杰哈利：《广告符码》，马姗姗译，中国人民大学出版社2004年版，第218页。

生产与私人占有方式之间，有一种不健康的紧张矛盾"。同时，"价值的运动侵袭了人类需要的物质和符号两个过程，破坏了上层建筑与基础相分离的观念"①。符号生产、消费与社会机制不可调和的矛盾，加深了消费主义文化危机。这种新的文化脱节，表现为消费主义摧毁了传统的道德伦理。而在消费符号化过程中，广告作为没有终极意义的宗教，"缺乏作为聚合社会力量的道德因素"，势必导致消费社会的"历史性文化危机"。这种消费主义文化，在广告符号的强势语境下，"将作为关系到社会存亡的最重大分歧长期存在下去"②。

以广告符号为主要载体的西方消费主义文化，伪装巧妙而具有极强的渗透力。随着全球化进程的加快，西方广告符号充斥着我们的生活空间，消费主义文化很快在我国流布。面对西方消费主义文化的进逼，我们要培育消费理性，防止西方消费文化的"符号"操纵，坚决反对西方广告和大众传媒所倡导的放纵主义、个人主义，对西方消费社会的种种畸形消费和炫耀消费要主动抵制，注意区分西方物质消费文化和精神消费文化的不同表现方式，对西方广告和商品的符号意义要认真鉴别，不要盲目模仿低级的流行消费文化。同时注意借鉴西方消费文化发展的经验教训，避免工业化进程中的消费主义危害，使中国社会主义消费文化在传统和现实、动态和开放中得以升华。

第三节 网络消费主义与网络导向型生活

从消费者行为的角度看，上网本质上既是一种个人消费行为，又是一种

---

① ［美］苏特·杰哈利：《广告符码》，马姗姗译，中国人民大学出版社 2004 年版，第 229 页。
② ［美］丹尼尔·贝尔：《资本主义文化矛盾》，赵一凡等译，生活·读书·新知三联书店 1989 年版，第 133 页。

社会现象。网民上网心态和由此产生的心理反应,对网络社会有着深刻的影响。这里主要从网络消费主义的角度研究网民上网行为,对网民过度上网所产生的焦虑情绪和精神迷失现象进行初步的探讨,并反思网络化生存的负面影响。

一 网络消费主义与网络化生存

互联网的广泛普及,尤其是手机媒体和其他社交化媒体的发展,使网络消费"触手可及"。网络消费的即时性和便捷性,使网民的消费观念发生根本性变革。网络提供了日常消费的在线化,又扩展了信息消费的新领域。如果说在消费社会,消费成为第一主题,那么网络社会,网络消费也成为第一主题。宽泛意义上的网络消费就是网络信息消费,它不仅包括网络购物、网络游戏等需要进行货币性支出的消费,也包括网络娱乐、网络社交等在线信息消费,甚至信息生产本身就是消费的过程,只要我们进入网络界面而进行点击,就进入网络消费的世界。

在网络社会,网络的重要性已超越所有的传统媒体,并促使传统媒体融入网络技术而成为网络消费的对象。今天,无论从时间和空间的角度看,网络消费已成为社会生活的基本内容,成为见证生存方式和活动空间的象征体系。互联网作为"总体性媒体",实现了媒体消费功能的最大化。即时性、随意性、符号性消费的实现,使网民作为消费者的主体性地位得到空前的释放。网络技术极大地解放了人体的功能,正如德国哲学家汉斯·萨克斯(Sachsse Hans)所言:"什么是技术,可以将它理解为我们身体器官的继续发展,理解为我们身体器官的完善,以便扩大和增强感觉和行为的范围。"[①] 尼古拉斯·卡尔(Nicholas Carr)也认为,每一项技术都是人类意愿的一种表达,我们通

---

① [德] 汉斯·萨克斯:《生态哲学》,文韬、佩云译,东方出版社1991年版,第35页。

过工具扩展我们的力量，控制周围的环境——控制自然，控制时间，控制彼此。① 网络媒体作为兼容性的"人造器官"，实现了网络生产与消费的融合，体现了上网即是消费的基本特征。

当下，网络消费已经从一般消费方式中抽离出来，成为绝大多数人的主流消费方式。根据 CNNIC 的统计，2015 年中国网民人均周上网 26.2 小时，相当于每天上网 3.75 小时。② 而青少年网民的上网时间更多，对微博、微信等社交媒体的使用更为普遍。上网已成为网民每天最重要的生活内容，是网民证实自身存在的最重要的方式。而对于大多数网民而言，上网本身就是一种消费，尤其是在工作环境之外的上网活动，更多地体现了网民的消费自主性和随意性。

网络消费以在线消费为实现方式，具有即时性消费的基本特征。无论是新闻浏览还是网络购物，网民将上网视为一种"在场"，通过网络场域体现自身的存在。网络"神经"已经嵌入网民的"肌体"，成为一种游动的"幽灵"，赋予生活以符号化的意义。而上网则是将网民的身体与电脑、手机进行"捆绑"，以漫游的方式实现虚拟化生存。由于网络可以实现学习、工作、娱乐、社交的一体化，而随着移动通信的发展，网民可以随时随地触网，实现与网络的全天候触摸。只要"有闲""有网络"，即可进入一个无处不在的自我世界。

网络消费是一种建立在各种文本链接基础之上的消费。由于任何一条信息都会与其他信息之间存在关联，而这种关联仅需要任意点击就可以直接抵达，所以，网络的"点击型"消费一方面可以随心所欲，另一方面则表现为漫无目的。由于网民每天要上网浏览海量的信息，即便是较为理智的消费者，

---

① ［美］尼古拉斯·卡尔：《浅薄：互联网如何毒化了我们的大脑》，刘纯毅译，中信出版社 2010 年版，第 48 页。

② 《第 37 次中国互联网络发展状况统计报告》，http://cnnic.cn/gywm/xwzx/rdxw/2015/201601/t20160122_ 53283.htm，2016 年 12 月 2 日。

如果经常点击各种链接，也很难在繁杂的消费潮流中找到真正的需求。网络的消费信息越多，消费者获得的价值和意义就越难。网络提供了消费的平台，也提供了无穷的消费欲望。网络本身就是"消费导师"，它鼓励每个人利用各种网站和搜索引擎去挖掘消费信息。各种信息充满着"消费的香味"，让网民一旦进入浏览的界面，面对各种充满诱惑的文字、图片和商品景观，就难以控制自己的"点击"欲望。"点击"本身是大脑控制手指的行为，但是，网络却通过各种信息引诱大脑不断产生点击冲动，并且持续强化点击的速度和频率，进而控制了网民身体和心智，使网民在虚拟世界中盲目地观看和消费，忘却了时间和现实世界的存在。

在"我上网、故我在"的价值导向下，网络化生存已成为社会生活的常态。今天，网民可以做到足不出户而满足个人消费之所需，网购可以提供消费者的绝大部分物质需求，网络社交则可以广交天下朋友，网络新闻、游戏、视频和娱乐节目足以让网民目不暇接。网络化生活对物质和精神生活的包容，体现了全媒体时代的全方位服务。尤其是随着微博、微信等社交媒体的广泛普及，以自我为中心的社交生活，极大地提升了网民的主体本位价值，通过吸纳粉丝和建构朋友圈，任何"他者"都有可能成为"我"者的消费对象。网民们通过建立"圈子文化"，在虚拟世界拥有了一个广泛的社交群体。网民通过社交圈可以随时随地给他们的圈子提供"信息消费品"，而在"网络写作"和"信息转发"的背后，是网民对自我主体地位的不断强化。从这个层面上看，微博、微信的"主人"在生产信息的同时，本身已成为消费的对象，而他们的粉丝和朋友由于信息的互动，也成为信息生产和消费的对象。

从总体上看，网络消费无处不在，网络消费即是网络化生存的象征。而网络消费主义则极大地扩展了消费的时空性，并力图使网络成为后现代消费的主体，扩展虚拟消费的优势，培养网民的网络消费意识，达到"无处不在、无人不用"的目的。显然，网络消费主义实现了福柯式的"全景监狱"监控，让每个网民都在消费信息的同时，成为"消费数据库"的成员，并由此为网民提供无数的"信息套餐"，力图证明每个消费者具有"消费个性"。然而，在网络消费主义的总体性框架下，网民从试探、喜悦、晕眩到盲目的过程，体现了"网络消费依赖症"的生产模式。许多网民陷入网络购物、网络游戏、网络聊天而不能自拔，并以线上生活取代现实生活。在实现网络化生存的过程中，他们通过"点击"表达消费欲望，但是身体却被网络"控制"。黑格尔所言"此在"的意义已经被网络掏空，身体被"网络"进行了器官化连接，"网不离身"已经使网民的身体充满了信息"细胞"，一旦"触网"便难以自拔。由于网络"权力"的驱使，网民的大脑无法控制身体，对于网络消费器所发出的各种指令，指尖已不再听从大脑的理性召唤，而具有信息"香味"的消费欲望促使身体成为"消费对象"。从这个层面上看，网络消费主义的目的就是使网民产生身心分离，神形分散，成为全天候的"消费机器"。

二　网络沉迷与上网焦虑的症候

对于网民而言，上网既是一种消费行为，又是一种生活方式。一旦进入网络世界，就意味着与现实空间之间进行了"区隔"。除了一部分具有预先设定的上网行为之外，网民进入网络界面通常是一种消费习惯，网络提供的海量信息没有主题，也没有中心。信息的爆炸式传播让网民目不暇接，网民的在线浏览和交流是典型的"心情涣散"的行为。由于网络界面充满魔力和期待，网民两眼紧盯屏幕的过程，表面上是一种"专注"，但是，快速点击却表明网络的超级链接已使他们悬浮于信息的盲流之中。无论是热点新闻还是娱乐八卦，随时可能出现的"兴趣点"让网民对信息内容难以进行深度阅读，"看完即走"是网络浏览的正常行为。由于头脑中充满着各种信息杂烩，即便是思维稍作停顿，也难以回想网上浏览的内容，"看完即忘"便是一种常态。网络浏览是缺乏深度、记忆和仪式感的行为，它虽然占据了网民的主要生活空间，消耗了大部分空闲时间，却难以体现出信息消费的真正价值。

然而，人区别于动物的本质在于，人具有反思性。这种反思性促使我们去"回想""领悟"与"批判"。但是，当网民离开混乱的网络世界进入现实社会之后，无论是抬头"仰望星空"还是低头"喃喃自语"，上网时段却很难在头脑中留下深刻的痕迹。上网表达了"主我"的存在，而下线后却难以找到"客我"的现实意象；上网时人可以忘却"客观世界"的存在，下线后却需要面对生活世界的纷乱。尤其是长期迷恋于网络漫游之后，对于现实社会的种种不适应，让许多网民极易产生空虚和陌生感。尤其是对"时间去哪儿了"的反问，使许多网民内心充满了焦虑与无助。"网络附体"与"思想游离"的矛盾，意味着上网行为充满了魅惑与无奈。

上网焦虑是网络依赖症的突出表现方式，也是网瘾的基本心理特征。上网焦虑体现了网络消费行为和网络化生活的综合症状。一方面，网民明知道自己上网行为很无聊，且浪费了大量的宝贵时间，对身心造成了极大的损害；另一方面，网民在无聊时却对网络心向往之，"不上网，就会死"，这种知其不可为而为之的矛盾心理，使网民陷入"资讯焦虑症"而不能自拔。正如理查·伍尔曼（Richard Saul Wurman）所言，资讯焦虑症的产生是因为在"我们真正了解的"与"我们以为应该了解的"之间有一道愈来愈宽的鸿沟。资讯焦虑症是资料与知识之间的黑洞，当我们无法从资讯中得到我们所需要的，焦虑感便油然而生。[①] 上网焦虑比起传统的"资讯焦虑"更为严重，它突出表现为无聊和无用的信息消费对身心的折磨。

值得注意的是，上网焦虑是一种日常性的表现方式，它与网民平时遇到的"临时性"焦虑有着很大不同。由于网络的广泛普及，对于大多数网民而言，是否上网已经不是问题，问题是上网时间对生活所造成的挤压，使许多网民已不堪重负，且无法摆脱网络工具价值的诱惑。许多网民认为："我越是

---

① ［美］理查·伍尔曼：《资讯焦虑》，张美惠译，时报文化出版企业股份有限公司1994年版，第36页。

频繁地上网,错过什么的可能性就越小;我越频繁地查电子邮件,错过改变我人生的邮件的可能性就越小;我越频繁地看震动的短信,我错过取消安排的短信的可能性就越小。"① 对于他们而言,上网就意味着获取机遇和成功,不能上网,就隐喻着失败和排斥,这是一个充满悖论的困境。正如心理学家罗洛·梅(Rollo May)所言:在焦虑中,我们虽然受到威胁,却不知道应该采取什么措施来面对危险。焦虑是一种被"困住"、被"淹没"的感觉;而且我们的知觉会变得模糊不清或不明确,而不是变得更为敏锐。② 这样不知所措的无助感使网民离生活的本真意义越来越远。

上网焦虑是网民自我意识缺失的直接体现。沉溺于网络世界的"我",在很大程度上已经产生了身心与形神的分离。近年来,随着微博、微信的快速普及,关于自我的传播极为时尚,从表面上看,许多网民热衷于自我展示,将自己作为网络生活的表演者。然而,大部分的表演热衷于"断裂文本"的自我言说,将自己居于网络的中央,以自己的衣食住行作为昭示的中心内容,以观众了解自己的生活为荣,以身体的展演为时尚,显示"我"者无处不在、"他者"无处不观的表演欲求。但是,无论是微博还是微信的自我言说都存在很大的虚幻性,表演者的选择性演出仅仅表明了其身体符号的在场,观众很难通过"浏览"得到一个真实的"他者"形象。尤其是微信朋友圈的信息转发,使许多"观众"产生厌倦和不满。对各种"拍菜秀""服装秀""旅游秀""家庭秀",许多观看者已经习以为常并产生严重的审美疲劳。在很大程度上看,上网焦虑就是由于"我者"过度关注"他者"的反应而形成的"点赞饥饿"。由于过分关注自我形象,"表演者"不断地刷新和观看各种"回复",已经成为证实自我存在的方式。这类虚幻式的自我展示,在很大程度上

---

① [德]弗兰克·施尔玛赫:《网络至死》,邱袁炜译,龙门书局2011年版,第164页。
② [美]罗洛·梅:《人的自我寻求》,郭本禹、方红译,中国人民大学出版社2013年版,第23页。

造成了自我幻化。尽管符号化的自我经常呈现在网络上，而精神自我却很难在网络上构筑。有些网民以主动暴露隐私为荣，这恰恰表明了其人格扭曲的特征，与精神塑造大相径庭。在网络空间，许多网民热衷于消费主义、拜金主义的展示，却对"我是谁"的问题缺乏应有的关顾。因此，即便是在那些大牌明星的网络秀场，观众也难以获得应有的消费品质。相反，太多太滥的身体展示，使网络的表演者和观看者不知身在何处，心归何处。"看"与"被看"都是一种莫名的空虚。

显然，上网焦虑形成的重要原因是网民"不知道应该追求什么样的角色，应该相信什么样的行为原则"①。对于许多网民而言，上网不仅是实现自我的方式，还是赢得别人喜爱和社会认同的重要途径。因此，网络化生存不仅是一种消费方式，也演变为日常生活的基本形态。然而，由于过度陷入信息消费和虚拟社交，许多网民往往缺乏工作、学习和交往热情，从而很难获取雄厚的经济资本、文化资本和社会资本，个人上升空间和交往范围日益狭窄，也容易被朋友、同事所冷落，越发感到空虚、孤独和无助。而他们在无奈之中，又情不自禁地进入网络世界"梦游"，以逃避现实生活的痛楚。上网焦虑与下网焦虑形成了恶性循环，在网上与网下，两种生活与两个世界的冲突始终存在。许多网民对"我是谁"和"我应该做什么"缺乏反思，使焦虑情绪不断蔓延，严重影响到身心健康。尤其是夜深人静之际，当整天上网的网民离线之后，仿佛坠入幽暗的洞穴之中，充满着无聊、孤寂、恐怖，不知自己将往何处，归于何地。这种长期累积的焦虑，已经使许多网民丧失了生活的原初意义。

三 网络导向型生活与精神迷失

如果说现代社会制造了消费神话，那么，在网络社会同样制造了网络消

---

① ［美］罗洛·梅：《人的自我寻求》，郭本禹、方红译，中国人民大学出版社2013年版，第21页。

费神话。然而，此类神话属于"片断主义"的展示，缺乏严密的逻辑和完整的故事情节。网络凭借强大的技术优势，延伸了人体的机能，在很大程度上将人变成了消费机器。"也正是因为如此，计算机成了技术垄断时代最典型、无可比拟、近乎完美的机器，它征服了人类在天性、生物学特性、情感、精神等方面的各种诉求。"① 加上网络本身是一个"通属的空间"，② 网络即时性和无差异性的信息供给，为网民营造了普适性的消费环境。与印刷资本主义时期的商品拜物教类似，今天，网络的"万能"制造了信息拜物教。网络技术正在垄断信息文明，将互联网作为文明的旨归，并主导网民的生活方式。

今天，我们生活在一个"网络导向型"的时代，宗教礼仪和文化传统的影响在严重弱化。在传统社会，我们的"心理陀螺仪"受到家人、朋友和初级社群的深刻影响，并"沿着既定的道路发展"③。但是，在网络社会，网络不仅成为我们的"消费导师"，还引导着我们的精神生活，使我们无法摆脱网络信息的诱惑。对于网民而言，"互联网成了我的全能传媒，它是进入我的耳目乃至头脑的绝大部分信息的来源"④。正是因为如此，错过每一条信息的恐惧让网民对网络无比顺从，网络这一信息客体逐步占据网民生活的中心，控制网民的身体和灵魂，并随意对网民发号施令。这种被网络所引导的生活方式，像病毒一样在社会上广为扩散。

在"网络导向型生活"的影响下，在变成网络的"依附者"的同时，我们的器官本身也在机器化。为了与网络保持密切的关联，我们不断地刷新微博、微信，毫无耐心地等待邮件的回复，饥不择食地浏览每一条信息，"每个

---

① ［美］尼尔·波兹曼：《技术垄断：技术向文明投降》，蔡金栋、梁薇译，机械工业出版社2013年版，第101—102页。
② ［英］斯各特·拉什：《信息批判》，杨德睿译，北京大学出版社2009年版，第41页。
③ ［美］大卫·里斯曼：《孤独的人群》，王崑、朱虹译，南京大学出版社2003年版，第15页。
④ ［美］尼古拉斯·卡尔：《浅薄：互联网如何毒化了我们的大脑》，刘纯毅译，中信出版社2010年版，第48页。

字节都是一个饼干,如人们所知,它会让人很快再次感到饥饿"①。问题在于,我们不知道自己为何需要消费大量的垃圾信息,也不懂得海量信息会给我们的生活带来多少意义。但是,"互联网所做的似乎就是把我们的专注和思考能力撕成碎片,抛到一边"②。我们过度依恋网络,网络却将不断抽空我们的思想,将我们变成信息消费的奴仆。

值得关注的是,当许多知识分子在为网络公共领域欢呼时,网络浮夸、欺诈、诽谤行为却日益严重,网络公信力也饱受诟病。网络在事实与虚构、现实与发明、作者与读者、生产与消费之间,缺乏明确的区隔。网络信息的混杂更是让网民真假难辨,莫衷一是。网络的话语暴力、非左即右的群体极化现象,让网民难以理性地进行甄别与思考。因此,在某种程度上看,网络在不断制造公共话题,但缺乏公共理性,更难形成公共领域。在网络上,我们很难通过理性的思辨观察事件的本质和真相。对于许多网民而言,"骂完即走"的心态印证了社会上广泛流行着"阿Q精神"。尤其在微信朋友圈中广泛存在的"社交化阅读","意味着单个读者的终结、独立思想的终结、纯粹个人反思的终结"③。

当网民热衷于信息拜物教时,却发现网络中并没有"上帝",对于信息的盲从使我们的生活缺乏应有的仪式感。从象征意义上看,网络消费属于精神消费的范畴。但是,信息的混杂使网络缺乏严肃的主题和深刻的内涵。对于"游走的"网民而言,信息内容的"浏览"很难产生深刻的记忆,而面对芜杂的信息,网民不可能集中精力进行膜拜。即使有时转发一些自以为有用的信息,也是带着"逐名"的心理,让更多的人关注自己,而非内容本身,此

---

① [德]弗兰克·施尔玛赫:《网络至死》,邱袁炜译,龙门书局2011年版,第10、136页。
② [美]尼古拉斯·卡尔:《浅薄:互联网如何毒化了我们的大脑》,刘纯毅译,中信出版社2010年版,第5页。
③ [美]安德鲁·基恩:《数字眩晕》,郑友梅、李冬芳、潘朝辉译,安徽人民出版社2013年版,第87页。

类"精神走私"的现象在网络中已屡见不鲜。由于网络阅读缺乏线性思维和深度思考,对信息的饥饿性消费难以获得反思和体验。网络导向的快餐式消费,不仅难以形成宗教意义上的图腾,还在实践中不断破坏网民的价值体系。

因此,虽然我们每天与网络相伴,但是它却难以让我们精神上更为纯净和健康;我们每天浏览大量的信息,却难以将信息转化为内心的体悟与信仰。我们试图创造各种亚文化来彰显主体性存在,却不断地在各种网络族群中游走,不断更换着自己的身份、宣言和观念。无论是"小清新"还是"屌丝"的群体化,其实,我们在内心上很难找到精神依归,各种自我标签化的展示,也只不过是对网络生活的一种"假装"而已。我们虽然极度依恋网络,却始终难以产生深度的信任和理解。网络信息的漂移让我们有严重的"脱域"感。我们内心常常感到焦虑和无助,却无法通过网络消费得到缓解。相反,网络化生存让我们无法找到精神的根基。我们力图通过网络证实自我的存在,却使自我消失于信息的瀑布之中。网络消费主义不仅没有建立精神圣殿,反而淹没了历史与文化传统中的优秀遗产。显然,网络世界与精神世界的断裂,使无数网民深陷数字化眩晕之中,尽管有许多信息幻觉,却很难产生精神信仰。因此,网络社会的最大困惑是不知道应该信仰什么,不知道如何找到内心的精神支柱。

可见,上网焦虑与精神迷失已成为网络社会的并发症,两者互为表象、互为因果、互为影响。网络工具理性的高度膨胀,使许多网民对网络消费趋之若鹜,过度地投入自己的时间、精力和欲望,使"心理陀螺仪"偏移了人生的航向。为网络而活着的生活方式导致了对现实的高度紧张、盲目和不安,网民在焦虑之中往往迷失自我,找不到精神家园,这就进一步加剧了对现实世界的冷漠和排斥。而"网络取向"和被"网络导向"的结合,使焦虑、迷茫的网民在缺乏精神依托的情况下,又通过点击鼠标回到虚拟的世界。此类恶性循环,加剧了网瘾的蔓延和自我的迷失。因此,当我们内心感到无比空虚、焦虑和恐慌时，周围的世界会变得灰暗、苦涩和死气沉沉。所谓"境由心造"需要心灵的宁静，但在网络世界中找不到心灵归宿的人，又如何能营造良好的生活氛围。尼采所言的"上帝已死"，表达了对信仰问题的高度忧虑。而在网络社会，"网络至死"则已经表达了对"上帝"的排斥。迷失在信息洪流中的网民，连自我意识都难以找到，更谈不上对心灵、自我和世界的反思。而网络对人文传统、哲学精神的疏远，已经成为一个严重的时代问题。

芒福德（Lewis Mumford）在谈到机器与人的关系时指出：那些崇拜机器所显示出来的巨大力量的人们，其实是在掩饰自己内心的虚弱。在我们的眼中，机器文明不是绝对的，机器文明的一切机制都必须服从于人的目的、人的需求。[①] 任何先进机器和技术的运用，都应该促进人的身心健康，推动文明的进步。网络新媒体引发了信息革命，改变了人的生存方式。但面对网络消费主义的肆虐，网民要防止网络毒化自己的大脑和身体，与网络保持适度的距离，合理利用网络资源以促进生活质量和工作效率的提升。同时，网民要提高自我意识和控制能力，培养信息价值理性，摆脱上网焦虑和精神迷乱的负面影响，使网络世界与现实世界相互融通，自我提升和文明进步相互协调。这显然是推动自我发展和网络文化建设的应有之义。

---

① ［美］刘易斯·芒福德：《技术与文明》，陈允明等译，中国建筑工业出版社2009年版，第377页。

第三章 网络化生存、日常生活的异化与价值迷失

第一节 网络化生存、网络孤独症蔓延与心理危机

互联网的广泛普及,极大地改变了网民的生活方式与社会交往方式。尤其是随着微博、微信等自媒体的发展,网民的自我呈现更为多元,交流途径更为便捷。但是,一些网民过度迷恋网络消费和网络社交,势必造成对时间的浪费和对现实空间的挤压,对现实生活失去感受力与参与感,并容易导致情感空虚与自我封闭,由此而形成的网络孤独症,已成为一个值得高度关注的社会问题。

一 信息消费与作为"消费导师"的网络

"早上不起床,起床就上网,上网到天黑,天黑不上床。"这是许多网民生活方式的写照。与传统社会的劳动者"日出而作,日落而息"相比,劳动的实践已经从田间地头转向网络的空间生产。不仅如此,网络促进了工作、消费、休闲、娱乐、社交的一体化,创造了无所不能的现代神话。

在信息生产与消费混合的网络社会,网民作为生产者和消费者的身份是

统一的。对于单个的网民而言，相对于浩如烟海的网络世界，他们的生产能力相对有限，而消费信息成为上网的主要表征。无论是网络阅读、网络购物、网络聊天还是网络娱乐，网民的信息消费总量远超信息生产总量。在网民与网络社会之间，信息生产与消费不对称的问题一直存在。而自媒体的发达，也难以改变网民在信息海洋遨游的现状。在网络世界，单个的网民永远只是一个"分子"。

网络消费作为精神消费方式，与日常生活中的消费活动有着明显区别，它打破地理空间上的"在场"，没有时间、地点、身份的限制，创造了消费平等的神话。由于信息的海量传播和无门槛消费，上网就可以满足个性化消费需求。正如尼葛洛庞蒂（Nicholas Negroponte）所言："在后信息时代中，大众传播的受众往往是单独一人，所有的商品都可以订购，信息变得极端个人化。"① 与物质消费不同，信息消费的边际效用并非逐渐递减，随着网民消费偏好的发展，对于一些个性化的网络消费，例如网络游戏和网络购物活动，其边际效用甚至有不断递升的趋向。尤其是对于一些网瘾者而言，网络世界是生活终极意义所在，网络消费是证实自我存在的方式。在网络社会，网络消费成为指导文化生产和精神活动的价值所在。上网不仅是工作的需求，消费网络和网络消费已经合为一体。正如鲍德里亚将工业社会描写成为消费社会，那么，网络社会就是信息消费社会。

在工业社会，丰盛的物质生活推动了消费方式的多元化，消费成为证实人生价值和进行社会区隔的意义所在。而在网络社会，信息消费本身就是证实自我存在的方式。如果你不是网民，你就已经"脱域"，被信息化浪潮所抛弃。上网行为已经成为信息社会的规定动作，没有网络，无法生存，消费网络，就是消费社会和人生。而网络已经成为后工业社会的"教堂"，指导着网

---

① ［美］尼葛洛庞蒂：《数字化生存》，胡泳等译，海南出版社1996年版，第192页。

民的日常生活和精神活动，充当着消费导师的角色。网民的上网活动，都受到网络消费导师"无形之手"的控制。

网络"欢迎"每一位网民的加入，并对他们的身份和消费习惯进行诱导性识别。尤其是商业性网站五花八门的消费性指引和分类栏目，不断地将消费者进行分流和归类，并进行具体的消费指导。网页的设计者总是在网页上不断增添强烈的刺激元素，并及时地通过广告进行消费劝说。"满足你的消费个性"是商业网站的口号，但是，你的个性是在被类型化的过程中附加了消费符号，点击率是网络了解消费市场的最佳方式。"我点击、我存在"是网络社会个人主义的口号，而这一口号恰恰是网络消费的价值指引。网络会了解你的需求，告知你新的消费热点，劝说你购买本来不需要的商品，引诱你不断刷卡消费，鼓励你成为消费达人。网络会有许多理由让你消费，春节、情人节、母亲节、父亲节、中秋节、圣诞节等节日的促销自不待言，网络制造的汽车节、购书节、性用品节、旅游节、光棍节等各类商业促销应接不暇。你每天上网都可以迎接各种节日的到来，看到网络商品打折的种种新闻，你不断将各种促销商品放入购物车中，不管是否需要，不管是否有用，网络商品是点击型商品，购买的不是使用价值，而是网络消费价值。因为"网络消费导师"正在制造你购买的理由，让你感觉自我价值和网络主体性的存在。如果说超级市场是消费社会的教堂，购物网站则成为网购成瘾者的精神圣殿。

网络作为"消费导师"，不仅引导网民购买，而且进行即时性消费驱动。在Web2.0时代，网民的互动极大地推动了网络消费市场的发展。网络社会是一种"他人导向型社会"，正如《孤独的人群》作者大卫·理斯曼（Daid Riesman）所言："所有他人导向性格的人的共同点是，他们均把同龄人视为个人导向的来源，这些同龄人无论是自己直接认识的或通过朋友和大众传媒间接认识的。……他人导向性格的人所追求的目标随着导向的不同而改变，只有追求过程本身和密切关注他人举动的过程终其一生不变。"① 与内在导向型的人不同,他人导向型网民的生存方式与亲友的关系日益疏离,网络化生存更多地体现了网民自主和标新立异,在网络上寻找知音和追逐消费潮流已经成为新社交方式的意义所在。他人的评价对于网民的自我认同起着重要作用。"网络邂逅"成为新的社会运动,各种新式网络媒体和社交网站不断满足网民的消费需求。"网聊"成为网民的时髦话题。因为匿名、随意和大胆出位,每个人都可以肆无忌惮,与陌生人交往的快感让网民欢呼不已,因为可以海阔天空又无须承担社会责任。网络聊天与发帖使许多社交媒体人气大增,而热点话题的排序更是让许多网民争相发言,社交媒体的点击率又进一步加速了其商业扩张和消费项目的设置。

网络媒体大肆宣扬"人人都是记者""人人皆可成名",网民为之欢欣鼓舞。在自媒体极为发达的今天,网络成为参与式传播的最佳载体。每位网民都可以将所看、所闻、所思在网络上展示。在"扁平"的网络世界里,每个人都可以任意制作和发布信息。尤其是微博这一新兴媒体,满足了网民自我实现和社会互动的迫切需求。网民们在微博上晒生活、工作、见闻和心情,甚至将暴露隐私作为网络人生的表现方式。作为微博互动标识的粉丝,也成为博主价值的体现。粉丝数量在一定程度上建构着博主的社会声望和知名度。网民们也经常对微博粉丝数量进行对比,从而进行"地位竞赛"。微博成为"博名经济学"的实践场所,为了出名,造假、八卦、炫耀、造谣等各种手段层出不穷。为了激发网民的消费热情,许多门户网站开展"送粉丝"活动。博主的发帖数量和活动频度与"送粉"的多少密切相关,而演艺明星和社会名流一旦开通微博,其获送粉丝数量极为可观。值得注意的是,一些普通微博所送的"粉丝"大多来自本地处于起步阶段的博主,网络媒体将许多本不

---

① [美]大卫·理斯曼:《孤独的人群》,王崑、朱虹译,南京大学出版社2002年版,第20页。

相关和不想交流的对象捆绑在一起，为博主提供了许多虚假的满足。而在"求关注"的无数微博中，真正能够上线交流和互动的粉丝极少，尤其是一些"屌丝"的有效关注度极低。为了自我出位，有些博主还将自己的微博自我转发、自我阅读和自我消费，其畸形的博名心理可见一斑。显然，网络自媒体仍然受到"消费导师"的干预和引导，让许多网民在"博名"和"出位"的狂欢中建构虚幻的自我意识。而网络运用微博进行商业营销，或者利用名人微博进行广告与商品推销，更表明了其引导消费和制造消费悬念的意图。

可见，随着网络化生存的发展，网络消费已无处不在。与物质消费不同，网络消费本质上体现为时间消费，或者说上网本身就是在消费时间。在网络空间，信息的过度泛滥与时间的稀缺形成明显反差。网络浏览的即时性消费淡化了时间概念，网络空间的虚拟性、无序性和超链接性，使点击型消费的价值难以实现。过目即忘的浏览难以保存信息，更难以产生深刻记忆。消费信息已成为网络时代最广泛、最流行的方式。"我上网，故我在"，我们迫不及待地消费每一条信息，但是我们不知道信息的意义所在。在现实生活中，我们知道如何抵制诱惑，而在网络消费过程中，"虽然我们一直在吞食，却处在永远的饥饿之中"[①]。网络化生存已成为证实网民物理存在的方式，而网络消费所造成的记忆缺失、精神空虚和价值迷茫，则是网络社会病的表征。

二 网络虚拟生活与社会性焦虑

网络传媒是"超级地产"，对于网络媒体而言，争夺网络空间所有权是壮大发展的前提。而一些网络传媒在争夺空间控制权的过程中，片面追求点击率和市场效果，以迎合低俗、媚俗、庸俗作为市场卖点，以色情、暴力、八卦、煽情作为博取眼球的重要手段。由于网络信息没有经过过滤和监控，网民在消费过程中也缺乏自制和抵御能力，且消费趋低性的态势极为明显，越

---

① ［德］弗兰克·施尔玛赫：《网络至死》，邱袁炜译，龙门书局 2011 年版，第 136 页。

是无聊、色情、八卦和垃圾信息，越能吸引网民的关注，越具市场卖点。而高雅、经典作品的阅读需要高度的注意力，往往被排斥在市场门槛之外。大部分网民的阅读和消费，以即时性满足为目的，其功用主义和现实主义的倾向十分明显。所以，Google 和百度编辑了网民所需要的索引和内容，搜索关键词所引发的内容往往以常识为主，网络搜索引擎具有明显的马太效应，谁的访问量大，谁的吸引力就越强，在强大的权力法则下，一些主流门户网站拥有更多的链接条目，但许多内容没有科学依据，也无须任何专家校对、编辑和审核。在人人可以成为专家的网络时代，网络知识抹平了大众与精英文化的区隔，知识的易得性使人们对专家的意见置若罔闻。正如尼古拉斯·卡尔（Nicholas Carr）所言：谷歌公司最不愿意鼓励人们去做的事情就是从容不迫的阅读或寂然凝虑的沉思。谷歌公司做的是彻头彻尾的分心生意。[1] 由于不需要专业训练就可以获取大量资料，网民已习惯于以搜索代替学习和思考，网络似乎成为提供知识和解决难题的百科全书。

但网络并非是具有情感的"动物"，它的信息提供和搜索功能并不能带来"思想"，而且这些信息是零散而杂乱的堆积。网民从中可以获取许多知识，但是其在日常生活中的角色却受到极大影响。网络搜索不需要网民去表演、记忆和再现，更不需要专业技能和认真学习。它所提供的信息仅仅是满足即时消费的需要。"在网上收获查找的时候，我们只见树木，不见森林。更有甚者，我们连树木都看不到，我们看到的只是末梢和树叶。"[2] 网民在被动接受中难以体现知识与思维的互动，也缺乏深刻的理解和记忆。网民无时无刻不在从网络获取各种信息，但是信息却挥之即去，从上线到下线，网民搜索的信息很少能保留在记忆深处。而没有保留记忆的网民，在漫不经心的浏览之

---

[1] ［美］尼古拉斯·卡尔：《浅薄——互联网如何毒化了我们的大脑》，刘纯毅译，中信出版社 2010 年版，第 171 页。

[2] 同上书，第 96 页。

后，头脑一片空白。没有记忆的生活对于网民而言，是恐惧和焦虑的开始。

由于长期依赖网络和缺乏深度思考，一些网民对于现实问题往往视而不见，尤其是遇到挫折和困难时，往往以逃避和拖延回归网络世界，处于心理学所描述的"习得性无助"状态，并以随意的信息搜寻和娱乐麻痹自己。而冷漠的信息灌输进一步加大了网民的麻木状态，网民不断收取邮件、QQ聊天、刷新微博，生怕错过每一条对自己有用的信息，而其中绝大部分信息无助于问题的解决。但是网民的信息依赖症却不断蔓延，由于过度迷恋网络生活，一些网民不断发展自私和自恋的人格，他们过度关注网络中的自我，对于现实生活中的亲情、友情置之不顾。一些网民一家人生活在一起，却没有共同语言和情感交流，各自在网络世界中寻找自己的精神寄托，而对于现实的朋友圈子，往往疏于联系。一些网民坚信，网络具有颠覆现实情感的强大功能，通过网聊、网络社交，可以无限地扩大生活空间和个人圈子。但是，网络的匿名性和随机性却破坏了人际交往的基本准则，建立在没有安全和信任基础上的虚拟社交网络，尽管可以使一些网民得到暂时性的精神解脱，但建立在"陌生人社会"基础之上的网络人际关系是十分脆弱的。由于连基本的年龄、性别、职业和爱好都可以随意造假，一个遥远世界的陌生人如何能够确保对虚拟社交对象的忠诚？显然，网络交往的前设是以自我为中心，以自我隐蔽的方式博取虚拟世界的广泛关注。许多网民上网交流，并非是真情的互动，而是由于无聊和寻求刺激。这种功利性诉求，恰恰也是网络情感世界的共同表征。

因此，无论是网络阅读、网络购物还是网络社交，许多网民都在建构以自我为中心的世界。他者的世界对于他们十分遥远，上网不过是满足自我的生活方式而已。但是，"自我迷恋并不会产生满足，它导致了对自我的伤害"①。所以,尽管网络世界极为宽广,许多网民的内心世界却极为狭小。他们漫无目的地在网络世界游荡,没有原因,没有结局,漫游已成为生活的意义所在。一旦离开网络生活,住房、升学、婚姻、工作等问题却无法回避。许多年轻网民以"屌丝"自居,以犬儒主义武装自己,以网络泄愤作为生活方式,不断在网络上发泄对现实生活的不满,借以引起网民的围观和议论。但是,这种发泄以遁世为前提,不是寻求问题的解决,不是期待美好的明天,而是以自我破坏、自我作践作为解脱的方式,很难形成强大的舆论场域,许多毫无价值的话题很快就消失于信息海洋之中。尽管"屌丝"现象折射了现实生活的无奈,但网络"屌丝"族群的聚结并没有形成共识和行动方案,更谈不上建设性的集体决策。即使一些以交友、购物、娱乐为目的而形成的网络族群,也难以长久地坚守共同的理想和信仰。网络集体生活的短暂性聚集,难以使网民有归宿感和认同感。喧嚣和流行过后,许多网民感到无比寂寞和空虚,产生被"控制"、被"抛弃"、被"淹没"的感觉。

由于缺乏归属感和安全感,许多网民以网络发泄作为排解不满的重要途径。面对环境、就业、教育、医疗等各种社会问题,网络上充满了"高贵"的业余者,他们企图以无知代替经验,以幻想代替常识,以炫耀代替真相。许多网民往往以意见领袖自居,预设命题,对不同意见者大加谩骂,网络公共问题的私人化倾向日趋严重。许多网民固执己见,对某些问题根本不容协商,甚至用人肉搜索、隐私揭发、有罪推定等方式对不同意见者加以揭批。有些网民甚至以原教旨主义展开意识形态领域的批评,非左即右,非此即彼,对于不同政见者大扣帽子,并以各种谩骂、胁迫的手段打压对方。显然,这种对公共领域的私人化、殖民化现象,已经演变为网络攻击和网络暴力,根本无助于公共问题的解决。在中国社会转型时期,社会问题日趋复杂,网络

---

① [美]理查德·桑内特:《公共人的衰落》,李继宏译,上海译文出版社2008年版,第407页。

讨论本应坚持理性、民主、平等的原则，但是，网络上自我意识和极端主张的高度膨胀，造成了网络舆论的高度紧张和社会问题的日趋复杂化。因此，在当下的网络舆论中，有公共问题，无公共领域；有公共话题，无公共精神。

随着网络个人主义的蔓延，网络社会中的许多问题往往无法达成共识，许多公共讨论已形同虚设。一些传媒知识分子不是从专业和社会良心的角度出发讨论公共问题，而是受到利益集团指使或者为了谋取个人好处，不负责任地发表各种"高论"，对房价、股票、物价等敏感问题信口开河，在自己的博客、微博上广泛发表各种谬论，极大地损害了知识分子的品质与形象。某些网络知识分子的错误言论已成为社会公害，极大地损害了社会公信力，并直接阻碍了公共精神的培育。显然，由于缺乏强有力的法制约束，网络言论的随意性对社会信任造成了极大的危害。网络民主有利于网民发挥积极性和主动性，而极端的民主却对社会公共利益带来巨大的损害。人人都可以说三道四，但是人人都可以不负责任。人人都自认为自己的观点是"真理"，人人都喜欢卖弄自己的"真理"。传统社会精英的专业性、权威性和道德感正在逐步消散，而网络社会的消费精英却难以担当真正的意见领袖角色。"骂完就走"的心态导致网络舆论对现实问题的解构，人们抱着阿Q的心态自娱自乐，但是"骂完"之后却无比空虚和无聊。网络社会折射了现实生活的无奈，却加剧了人们的困惑和焦虑。这显然不是网络社会所追求的目标。

三　虚拟性他者与孤独症的蔓延

麦克卢汉用补偿性媒介理论论述了新媒体的优势，网络媒体既聚合了传统媒体的优势，又进一步推动了媒介的人性化发展。但是，网络工具理性的高度膨胀，却在一定程度上损害了网络价值理性的发展。尤其是Web2.0时代带来了"支离破碎"的文化，使许多网民在信息的海洋中找不到上岸的途径，更不知道如何集中精力和有效地安排宝贵的时间。由于网络化生存方式的流行与传播，人类从来没有如此全面地受到媒体的影响。当下，中国超过一半的民众已成为网民,作为在网络影响下生活的个体,学会运用网络解决生活和工作的难题,是适应现代生活必然趋势。但是,网民过度依赖网络生活,造成网络对现实生活的挤压、曲解和抛弃,则是网络生活留下的巨大隐患。

对于一般民众而言,上网仅仅是工作、学习和生活的一部分,但是,一旦产生网瘾,网民就将上网视为生活意义的价值所在,挤占本应用于其他方面的时间。沉溺于网络就是以网络空间排挤现实时间和空间的行为,导致网瘾者对时间敏感度和现实关注度的缺失。网瘾者在网络"消费导师"的指引下,浪费大量时间进行非必要的信息消费,并对某些网络内容产生过度迷恋。这种迷恋,往往缺乏具体的时间、地点、人物,只有抽象的概念和符号,是一种没有情节、没有情感的虚幻生活。网瘾者下线之后,脑海里一片空白,在现实空间,又难以被人接受、被人邀请、被人喜欢,因此茫然而无聊,沮丧而内疚,成为孤独的漫游者。这又进一步驱使他们更经常地上网,期待在网络虚拟世界中寻求医治孤独的灵丹妙药,进而患上网络孤独症而不能自拔。据《中国青年报》社会调查中心在2012年5月进行的调查显示,有75.0%的受访者表示周边存在"网络孤独症"的青年较多,其中22.9%的人表示"非常多"。34.4%的人坦言自己就有"网络孤独症"。[①] 由此可见,网络孤独症已成为较为常见的社会病。

然而,网络孤独不同于现实生活中的孤独,网络孤独是以刻意逃避现实社会和疏远人际关系而形成的单向性孤独。网瘾者陷于孤独,是因为他们痴迷于网络这一虚拟伙伴,他们将网络视为生活伴侣和社交对象,而现实生活中的孤独症患者是由于缺乏交流,难以社交对象而造成的自闭。他们没有倾诉的对象,没有被社会关注。但是,网络孤独症患者却运用网络在关注社会,关注他者,并运用网络社交工具建立了极为广泛的交往网络。他们是网络交

---

① 《万人民调:83.2%受访者坦言网络改变了自己的性格》,《中国青年报》2012年5月24日。

流的活跃分子，也是网络游戏、网络购物的积极参与者。但是，网络交流是虚拟而缺乏"凝视"的交流，网络孤独症的产生，就是网民预设了逻辑前提，以网络社交代替人际交往。在现实生活中，家庭矛盾、人际纷争、社会乱象让许多网民心灰意冷，从而产生跳离的心态，他们希望从网络消费和交流中获得理解、尊重和满足。因此，网络孤独症患者从自我需要出发，期待通过网络解决生活中的焦虑和无奈。而网络的他者是一种模糊的概念，是网络空间中的虚拟对象，他们是在线的交流对象，但并不是心理大师和慈善大使。这些虚拟的他者，是心情涣散的游客，在网络上的邂逅，只是他们漫长旅程中的一个节点。他们的网上交流，只是陌生人之间的偶遇，没有前设，没有相识，没有深入，没有主题。这是一种交流的无奈，并非真正意义的情感沟通。所以，"向网络说话"与"向天空说话"一样，难以形成深刻的情感互动，更难以体现人文关怀精神。

然而，网络社区却日见火爆，网络聊天也魅力无穷。对于许多网民而言，"被邀请之所以非常重要，是因为这是他们并不孤独的一种证明"[①]。网民们热衷于"被邀请"，也不断寻找虚拟的"邀请对象"。许多网民都习惯于"潜水"，隐瞒自己的年龄、性别、职业、收入、婚姻状况等基本信息，大家都戴着"面具"聊天，而且许多内容都是"大话"，是一些时政传闻、流言蜚语、名人隐私和娱乐八卦。然而，即便是这些"大话"，也没有主题，没有共识，对于许多问题，都各自表述，先入为主。狂聊过后，没有结论，没有记忆，没有共享。在很多情况下，网络社区聚集的是"乌合之众"，但是大部分网民不愿自己被"污名"，认为自己的参与已经在网络"产生深刻的影响"。其实，偃旗息鼓之后，除了聊天过程之外，网聊上瘾者并没有留下让人深思的见解，更谈不上增进彼此的友情。他们在无聊之后，在孤独中踏上新的网聊

---

① [美]罗洛·梅：《人的自我寻求》，郭本禹、方红译，中国人民大学出版社2013年版，第13页。

旅程，期待下一站有"美丽的邂逅"。但是，结果却令人失望。可见，"习惯性网聊"已经强化了心理病态的表现，就像一些盲目的相亲者，上百次的相亲已经使他们疲惫而麻木，相亲对象已成为考察的一个模糊概念。狂热的网聊者陷入话语贫困和主题缺位的状态，已经有"前不见古人、后不见来者"的悲凉之感。

可见，网络上"各说各话"是网络个人主义的直接体现。网瘾者只关注自己的偏好，并力图让别人关注他的话题，这种自以为是的"找朋友"路径，缺乏理解、体让和沟通，难以达到情感交流的目的。因此，网瘾者的孤独是一种比一般孤独者更为危险的孤独。他们意图通过电脑与无数人建立联系，解决交流的困惑和情感的空虚。但是，他们面对的载体是冷冰冰的电脑，人机是无法对话的。电脑没有情感，更没有人性。面对互联网时代的人机对话，我们最大的危险是丧失人性，而人性的光辉只能在具体的社会实践中才能体现出来。对于大多人而言，我们孤独的根源在于不被接受、不被喜欢、不被赞赏，因此，我们需要融入现实社会。对于网络孤独症患者而言，也只有走出网络迷恋的误区，重新回归现实生活，关注身边的亲人和朋友，积极参与各种群体生活，在工作和生活中培养信任、友谊，才能走出情感误区，获得社会的认可和尊重。

第二节　网络成瘾与日常生活的异化

网络技术的发展极大地改变了人的生存方式。网络综合了传统媒介的优势，又延伸了人的交往功能和消费活动。网络消费将符号消费与物质消费结合在一起，具有虚拟性、交互性、即时性、便捷性等方面的特征。但是，当我们过度沉溺网络世界时，往往会出现消费主义和网络成瘾的偏向，并对日常生活和现代文明产生诸多不利影响。

一 网络文化与消费文化的互构

传媒文化与消费文化之间存在着互构的关系。大众传媒是消费文化生成和传播的重要途径，消费文化是大众传媒生存发展的土壤。消费文化借大众传媒向消费者宣传和推介消费产品和消费观念，同时更传播了一种思想、一种信仰、一种生活方式。[1] 网络媒体作为当下最主要的大众传媒，不仅是呈现和传播消费文化的重要载体，而且由于其信息的海量性、交互性和可消费性特点，使在线消费成为一种快捷方式。网络与消费的有机结合，形成了当下大众消费文化的流行方式，而网络消费也成为日常消费中最重要的方式之一。尤其是随着网络购物、网络游戏、电子商务的快速发展，网络消费已将虚拟消费和实体消费有机地结合起来，而且网络超市的点击消费具有自由、快捷、实惠等方面的特点。无论是网络购物、网络游戏还是网络聊天，网络消费对金钱和时间的支出都具有强烈的欲望和冲动，"我点击、我消费、故我在"，成为网络消费社会的明显特征。

网络消费极大地推动了网民生活方式的多样化，促进了网络经济的发展和繁荣。但是，网络毕竟是消费的平台，它与现实生活和网民的消费力直接关联。如果片面追求网络消费并沉溺其中，无限夸大网络消费的功效，将网络消费视为生活意义的根本来源，就会陷于网络消费主义的误区。网络消费主义体现了网络消费者对网络的过度依赖，对网络消费的无节制的享受和消遣，并以此作为生活的目的和依恋的对象。网络消费主义具有消费主义文化的一般特征，体现为追求享乐、满足欲望、盲目浪费和精神迷乱等特点。网络消费主义片面夸大网络信息的可消费性，运用信息绑架的方式控制网民的

---

[1] 孙家强：《记忆"断裂"的社会学分析》，陶东风、周宪主编《文化研究》第11辑，社会科学文献出版社2011年版，第219页。

行动，散布大量的诱饵吸引网民的点击，极力激发网民的消费欲望，并以网络拜物教的形式强调商品的符号价值和象征意义。由于我国网络消费者以青少年为主体，在网络消费中无节制消费和无聊消费的表现尤为明显。正如学者王小峰所分析的那样：互联网充分挖掘出了人性本恶的商业价值，诱惑你不断想去吃它抛出来的"禁果"，让你时时刻刻产生饥饿感。如果说当今互联网是一种兴趣经济，倒不如说它是看到你的恶性并转化成你的"饿性"，不断推出让你感兴趣的东西。在这种"饿性"循环下，完成它的商业目的。[①] 许多青少年网民过分热衷于网络购物、网络娱乐，沉溺于网络虚拟世界，由此带来的社会隔离感也在不断增强。网络正成为隔在网民与家人、网民与社会之间的"心理之墙"，并有逐渐加厚的趋势。网络正在显现出从受人控制的工具，向脱离人的控制、进而控制人的异化方向发展的趋势。

二 网络消费主义与网络成瘾

网络消费主义在内容上表现为对网络游戏、网络聊天、网络同居、网络色情、网络暴力、网络恶搞等方面的过度消费，在消费观念上突破了文明和道德底线，使网络消费走向低俗化、快餐化、垃圾化的趋势。网络消费主义文化将信息包装成为即时性、娱乐性、商业性的消费符号，不择手段地将"电子鸦片"源源不断地输送给消费者。正如鲍曼所言：信息泛滥的后现代文化背景下，公众的注意力是其中最难得的资源，笛卡尔的"我思"论点被更换为"我受关注、故我存在"（而且为了实践的目的，它又被解释为"我叫喊、故我存在"）。叫喊得越响，越受人注意，则它的存在越稳固。越来越丰富多彩及过分渲染的娱乐使得公众的注意力迟钝且感到厌倦，只有比过去更强的震动力才可能抓住公众的注意力。[②] 以特别的行动和策划获得关注，是网

[①] 王小峰：《上帝扔下的可乐瓶》，《三联生活周刊》2012年第8期。
[②] ［英］齐格蒙·鲍曼：《生活在碎片之中》，郁建兴等译，学林出版社2002年版，第178页。

络消费主义行销的必备手段。由于一般的新闻太多,所以各种凶杀、暴力甚至充满血淋淋图像的新闻才会吸引网民的注意;由于普通搞笑的动作太简单,用恶搞颠覆原始文本才会体现"创新"的魅力;由于网络聊天的用语多较沉闷,裸聊才会激发性欲和想象力;由于看一般的网络言情文字不解渴,网络色情才能激发更多的性幻象;由于男女网友的一般交往缺乏越轨的激情,网络同居才能满足虚拟的性需要。网络消费主义将"过把瘾就死"视为网络生活的意义所在,与正常的媒介消费有着明显的区隔。

网络成瘾(简称网瘾)是网络消费主义发展对个体造成的重要表现和必然结果。"网瘾"又称互联网成瘾综合征(简称 AID),即对现实生活冷漠,而对虚拟的网络游戏、情爱、信息等沉溺、痴迷。它既是一种行为过程,也是行为发展的终结。心理学认为"网瘾"是一种精神病;"网瘾"具体可分为网络交际瘾、网络色情瘾、网络游戏瘾、网络信息瘾和网络赌博瘾等类型。[1]《2009 年青少年网瘾调查报告》显示,我国城市青少年网民中网瘾青少年的比例约为 14.1%,人数约为 2404.2 万。[2] 网瘾的形成有着极为复杂的原因,从心理、医学、教育、文化等因素都可以进行深入探讨。但从网络消费主义的角度看,网瘾与网络消费过度有着直接的关系。尤其是沉溺于网络购物、网络游戏和网络娱乐等行为所带来的后果,往往是网瘾的主要表现形式。

与一般的消费行为不同,网瘾会对网民和社会产生更为严重的负面影响。首先,网瘾是对"时间稀缺性"的漠视。网瘾者每天上网多达 8 小时以上,有些"网络夜游族"甚至整天忙于上 QQ、MSN,刷微博、查邮件、玩儿微信。过度的网络消费挤占了网民的学习、工作和其他休闲时间,这种替代式消费使网民失去了许多可选择性的机会,尤其是打乱了正常的工作、学习和

---

[1] http://baike.baidu.com/view/25041.htm.
[2] 《2009 年青少年网瘾调查报告》,http://wenku.baidu.com/view/e793e9ef998fcc22bcd10db3.html.

生活节奏，对个人的进步和成长造成了严重的抑制。其次，网瘾是对家庭和社会关系的背离。网瘾者沉溺于网络世界，电脑屏幕遮蔽了网瘾者对现实生活的观感，弱化了与他人面对面的直接沟通，尤其是淡化了家庭成员的情感交流。这种人为的隔离导致网瘾者与家庭成员的关系日益淡薄，对社会关系和人际交往缺乏基本的了解。再次，在长期孤立的状态下，许多青少年网民在心理上会出现病态进而产生极端行为，加大了青少年犯罪的可能性。据报道，四川成都一名15岁少年沉迷网络游戏，经常被外婆训斥。在一次找外婆要钱上网遭训斥后，少年竟起杀心，伙同几名一起上网的网友到外婆家将其砍死，在屋内翻出20多元钱后锁门离开，并在走之前用手套擦掉了指纹。①可见，网瘾不单单是过度消费时间和金钱的问题，它作为网络消费的极端行为，已经出现了反社会、反主流文化的倾向，其危害性十分严重。

网瘾者的不良行为习惯与情绪的失控为网络消费主义传播提供了强大的动力。在一个缺乏注意力的网络世界里，面对纵欲的消费者，网络"需要用最强的刺激来使注意力在稍长的一段时间内保持清醒状态"②。所谓"清醒"是欲望得到满足的短暂状态，一旦刺激性的色情、低俗图景消失，失意的网民又会陷入漫游和萎靡之中，不断地寻求刺激，寻求虚幻的解脱，使网民将网络视为重复性刺激的对象和快乐再生产的幻想空间。正如保罗·莱文森所言：网上性邂逅怀孕和染病的机会少。因此，在这个意义上，它确乎是"主日学校意义上"天使般的邂逅，比老式的性邂逅要好。再者，只要网上天使注意不用网下的邂逅来危害他们的网上地位，或者不掉进红尘来确认其关系，或者不把他们的关系拓宽到真实的、可以触摸的世界里，他们的安全和轻松

---

① 《15岁少年沉迷网络 不满外婆训斥约网友将其砍死》，http://news.sohu.com/20081117/n260670958.shtml，2008年11月17日。

② [英]齐格蒙·鲍曼：《生活在碎片之中》，郁建兴等译，学林出版社2002年版，第178页。

就可以得到保障。在网上解除"一切承诺"是有一线希望的。① 然而,这种匿名式的、没有真实情感交流的网上邂逅,仅仅是网民的自我满足而已。在这个没有生活用具和毫无情感的赛博空间里,这些缺乏生产能力的新式消费者已陷入电子鸦片的陷阱之中。正如约斯·德·穆尔(J. Mul)所言:在功能上与网络连接的个人电脑就是一种信息黑洞,它能够让电脑用户在网络的信息宇宙中进行超级跳跃,在可能存在的信息世界的虚拟设置中,从一个星座跳到另一个星座。然而,问题依然存在,以这种方式呈现的赛博空间究竟是否能够让人类栖居?最终的问题是,是否我们应当积极行动,努力实现向后人类(Post-human)生命形式的转型以适应赛博空间,抑或我们更应当努力去调试我们自身与我们的时空维度的关系。②

然而,网络消费主义将虚拟消费至上的理念不断灌输给网民,它使得许多被毒化的网民丧失了对现实社会的独立判断能力,理想、信仰和人生价值已经幻化为网络上无止境的精神漫游。正如马歇尔·麦克卢汉在《机器新娘》一书中所言:"在我们这个时代里,成千上万最训练有素的人耗尽自己的全部时间,以便打入集体的公共头脑。打进去的目的是操纵、利用和控制,旨在煽起热情而不是给人启示。"③ 网络提供了大量具有诱惑性的消费景观,网瘾者沉浸在虚拟的符号景观之中,肉体的自我已经被网络的虚化自我所代替。上网,意味着所有的现实生活的消失,意味着一切可以从网络中获取。网络技术已经异化为控制网民的手段,网络消费主义者也在欢呼新媒体的无所不能的欲望满足方式。但是,电子呈现和虚拟现实的技术并未像当代柏拉图和笛卡尔主义者所宣称的那样,把我们的心灵从身体的牢狱中解放出来,恰恰

---

① [美]保罗·莱文森:《数字麦克卢汉:信息化新纪元指南》,何道宽译,社会科学文献出版社2001年版,第85页
② [荷]约斯·德·穆尔:《赛博空间的奥德赛——走向虚拟本体论与人类学》,麦永雄译,广西师范大学出版社2007年版,第19页。
③ [加]埃里克·麦克卢汉、弗兰克·秦格龙编:《麦克卢汉精粹》,何道宽译,南京大学出版社2000年版,第45页。

相反，它使我们的物质存在成为双重存在，并由此造成人类存在的无家可归的基本状态。鉴于此，世俗化的宗教对电子呈现和虚拟现实的期待——它们曾经赐予我们全知、全能、全在的神圣属性——注定不过是些宗教幻象。[①] 尽管商业性网站和网吧希望所有的网民进入赛博空间后就不再出来，但是网瘾者毕竟是需要衣食住行的现实的人，他们在网络世界的过度消费，使得现实性的工作、生活和爱情离他们渐行渐远，甚至被现实世界所无情抛弃。

在某种意义上看，网瘾者以非理性的娱乐消遣和自我放纵所得到的快乐是无聊和"傻乐"的表现。由于网络消费主义文化始终以肤浅、低俗的娱乐文化为主导，网民在各种充满情色的欲望符号中，始终难以找到确实的意义和归属感，更难以获得深度的思考能力和独立判断能力。你可以在 BBS 里跟人聊上一个通宵，往网上堆砌文图垃圾，进行一场注定"见光死"的网络恋情。在各网站贴来贴去的新闻和小说中重复着感动，然后下了线再也不愿看报纸和听歌了，因为报纸早就被"网络版"了，而新歌也光荣地 MP3 了。网上有盛大的垃圾大餐，你赴宴后难有胃口与人交流了。[②] 当网民把娱乐当成人生的全部价值，这种娱乐就是傻乐，是不该乐而乐，是没有乐的理由而乐不可支，是因乐而傻，因傻而乐，在应该痛苦、叫喊的时候却仍然乐呵呵的。[③]

网民对网络消费信息的良莠不分也是导致消费主义的重要根源。正如《信息崇拜》所分析的那样：信息具有无法触摸、无法看见但是却让人喝彩的丝绸的品性，皇帝虚无缥缈的新装就是用这种丝绸在想象中编织出来的。这个词获得的野心勃勃的、无所不包的界定，使它成为人人都喜欢的好东西。当词语变得意指一切事物之时，它们可能最终一无所指；而正是它们的空虚

---

① ［荷］约斯·德·穆尔：《赛博空间的奥德赛——走向虚拟本体论与人类学》，麦永雄译，广西师范大学出版社 2007 年版，第 18 页。
② 新周刊杂志社编：《向中产看齐》，广东人民出版社 2004 年版，第 78 页。
③ 陶东风：《去精英化时代的大众娱乐文化》，《学术月刊》2009 年第 5 期，第 25 页。

性能够让一种催眠术般的魔力注入其中。① 显然，对网络信息的盲目崇拜，使网民丧失了主体性意识并陷入自我编织的谎言之网中。值得指出的是，许多青少年网民在患上网瘾后，往以"众人皆醉我独醒"自居，这恰恰是网络消费主义的症候。

三 网络成瘾与社会生活的异化

梅罗维茨（Joshua Meyrowitz）认为，打破了物理场景与社会场景的传统关系，电子媒介创造了新的场景，破除了旧的场景。……媒介既能创造出共享和归属感，也能给出排斥和隔离感。媒介能加强"他们与我们"的感觉，也能消除这种感觉。② 而网络消费主义所提倡的消费至上观念，将网络点击工具异化为"永恒的当下"，淫侵于消费主义的人既不关注未来，也不关注历史，而是眼睛紧紧盯着"当下"，历史意识隐退，记忆娱乐化。消费文化中出现的"历史""过去"，是漂浮、撒播在现时——当下的断裂性碎片。③ 对网瘾者而言，"点击即是存在"，网络化生存就是抛弃社会记忆，忘却历史和未来，电脑屏幕是生活的焦点，是灵魂的处所，是人生意义的归宿。在这个层面上讲，许多商业性网络媒体在消弭社会共识和归属感，片面地强化了排斥和隔离感。网瘾者游离于空洞的信息海洋中，对碎片化的断裂情景习以为常，在孤独的漫游中找不到现实生活的彼岸。网络世界主宰了他们的人生，他们在被网络驯化的过程中丧失了对身体和思维的控制。这显然是一种异化的生活方式。

对网络的过分依赖已使网瘾者无法摆脱网络的魔力。网络技术是为消费者提供自我发展、自我生存的一种手段，网络消费也是现实生活的一种呈现

---

① [荷]约斯·德·穆尔：《赛博空间的奥德赛——走向虚拟本体论与人类学》，麦永雄译，广西师范大学出版社2007年版，第107页。
② [美]约书亚·梅罗维茨：《消失的地域：电子媒介对社会行为的影响》，肖志军译，清华大学出版社2002年版，第7页。
③ 陶东风：《主编的话》，《文化研究》第11辑，社会科学文献出版社2011年版，第27页。

方式。但网瘾者却将自己嵌入网络虚拟世界中,从而导致了网络对个体的宰制,失去了生活的目标和对人生的深度思考。网瘾者将快感寄托于网络的消费之中,将网络场域演化为社会场域,并实现自己的精神邀游。显然,各种影像、图像剥夺了自然和自然的象征,阻碍、填塞意识和思维,使得人们只能在物、信号、声响的支配下感觉。在技术所构造的日益虚拟化的世界中,个体丧失了"感性的现实深度",堕入无限的抽象、虚拟与浅薄,只能以各种频繁强烈然而又贫乏苍白的刺激去暂时填充心灵持久的空虚。[①] 而这种持久的空虚,是网瘾者厌倦现实生活,甚至对抗社会正义良俗的内在原因。显然,网络消费主义理念不仅分裂了网瘾者的人格和灵魂,也成为破坏社会共同体的潜流。

网瘾者需要不断地用信息消费来填补生活的空虚和无聊,线下的恐惧也需要用线上的漫游加以弥补。网瘾者对网络游戏、网络聊天的沉溺,就是由于他们在精神上无所寄托,也不愿意在现实生活中纾解。他们通过不断的链接和点击来寻求刺激和满足,而信息碎片并没有留下任何想象和思考的空间。在网络的被动刺激和挤压中,他们随着文字和图像的跳跃而改变着自身的情绪。他们将情感交给了闪光的电脑屏幕,他们成为"网虫",在漫无目的的消费过程中,他们是孤独的过客,又企图以时间换取空间的存在来证实个人的价值。对于网瘾者而言,"错过信息的恐惧和消费每一条信息的压力会将我们吞噬。我们会忘记独立思考,因为我们不再知道什么是最重要的,什么是不重要的。几乎在每个领域,我们都服从于机器的权威统治。我们的思想会逐渐散逸,逃离我们内在的自我,依附在电脑键盘上。生活被预先精确地确定,人们对改变命运的无力感,都无疑是信息泛滥的后果"[②]。而在贪得无厌的信息消费中,网瘾者无须记忆,更无意进行意义的储存和重建,他们在快餐式

---

① 郗戈:《游走与沉溺:"网络成瘾"的异化生存方式》,《人文杂志》2010年第6期,第9页。
② [德]弗兰克·施尔玛赫:《网络至死》,邱袁炜译,龙门书局2011年版,第10页。

消费过程中，以活在当下为荣，在技术的控制下，实现身与心的分离，形与神的错位。

而网络的交互性并没有消除网瘾者内心的焦虑，相反，由于网络聊天者的隐匿特征，网瘾者可以离开现实生活情境进行虚拟的语境建构和故事编造。"向网络说谎"很少受到法律的制裁。网瘾者满怀期待地从网聊中寻找精神安慰和建构人际关系，但是，"作伪"的普遍心态和自我中心主义使网络情感诉求充满着高度风险和不信任感。显然，虚拟交流的频繁进一步加剧了网瘾者的紧张和焦虑，网瘾者漫无边际的交流很难产生具有现实意义的话题和真正的情感共鸣，也很难从中获得精神上的满足。网瘾者害怕错过网络中的一切，网络提供了许多"虚假的需要"，正如马尔库塞（Herbert Marcuse）所批判的那样：这样的需要具有社会的内容和功能，它们取决于个人所无法控制的外力，这些需要的发展和满足是受外界支配的，无论这些需要有多少可能变成个人自己的需要，并由他的生存条件所重复和增强。[1] 网络信息无孔不入地占据着网瘾者的私人空间，盲目的信息崇拜和消费主义倾向已使网瘾者无所适从。

网络成瘾所造成的信息崇拜导致了虚拟社群的迅速壮大，但是，过度的在线游戏、娱乐和聊天尽管证实了网瘾者的在场，然而，消费和交流的快感稍纵即逝。人们在越来越多的"交往快餐"中感受到更深的冷漠、孤独和无聊。有人戏称，许多人太无聊才上网聊天，但没想到越聊越无聊。另外，人与机器的过度亲近，为交往而交往，消解了亲情、友谊和爱情，把人与人的交往变成机器与机器的信息传播，使人们对生活失去鲜活的感受力，从而会造成新的精神空虚。[2] 在庞大的网络世界中，我们可以找到许多对话者，却难以寻找到心灵的沟通者；我们可以成为精确的目标消费者，但难以成为网购

---

[1] ［美］赫伯特·马尔库塞：《单向度的人》，刘继译，上海译文出版社2006年版，第6页。
[2] 常晋芳：《网络哲学引论》，广东人民出版社2005年版，第213页。

的持续满足者。然而在喧嚣的网络消费社会，我们却越来越感到孤独。我们不断回复QQ，不断刷新微博，不断收看电子邮件，那些新奇的代码左右了我们的情绪。但关上电脑，在夜深人静之际，我们发现没有几个能用心说话的朋友。网络便捷了交流，但并不能增进情感。而网瘾者深陷孤独之中，却任其吞噬。他们以在线证实自己的存在，以网虫标榜自己的身份。在网络符号所垒砌的景观中，网瘾者以信息消费表明自身的价值，其盲目的快感体验已经使人性的光芒不断消弭。而由此所造成的犬儒主义、拜金主义和功利主义潮流，对社会生活的负面影响日益严重。

然而，人毕竟是社会性动物，正如亚里士多德所言：那些生来离群索居的个体，要么不值得我们关注，要么不是人类。社会从本质上看是先于个体而存在的。那些不能过公共生活，或者可以自给自足不需要过公共生活，因而不参与社会的，要么是兽类，要么是上帝。[①] 网瘾者离群索居，以自我为中心，陷入网络消费主义而不能自拔，不断脱离现实社会和人际交流，其情感的枯萎、行为的怪诞和心理的扭曲已导致了较为严重的后果。因此，"从根本上说，网络成瘾是一种异化的生存方式：人的生存在其根基处的价值秩序和规范关系（目的—手段关系）被颠倒了，人的自主活动、现实生存本身只是沦为了生产虚拟快感的手段、资料和能源。如果不采取有效的遏制和引导措施，网络成瘾将会给人类生存带来甚为严重的危害"[②]。

正如福山（Francis Fukuyama）所言：技术能够改变人类的生活，关键在于人类道德是否能同步进步，没有道德的进步，技术的力量只会成为邪恶的工具，而且人类的处境也会每况愈下。[③] 网络技术的发展使我们的生活变得丰

---

① 转引自［美］E.阿伦森《社会性动物》，邢占军译，华东师范大学出版社2007年版，第1页。
② 郜戈：《游走与沉溺："网络成瘾"的异化生存方式》，《人文杂志》2010年第6期，第12页。
③ ［美］弗朗西斯·福山：《历史的终结及最后之人》，黄胜强、许铭原译，中国社会科学出版社2003年版，第7页。

富多彩。但是，如果没有价值理性的引导和制约，再先进的技术也不能使我们的生活变得更美好。面对网络消费主义的泛滥，网络媒体、网民都需要从道德和价值观层面进行深刻反省，加强自我修养和道德约束，大力净化网络文化环境，让网络成为我们美好生活的工具，而不是异化人生的邪恶对象。

第三节　网络炫富：精神贫困与价值迷失

近年来，随着互联网的普及和网民数量的急剧增加，网络化生存已成为常态。尤其是博客和微博的广泛运用，使个人生活嵌入网络的方式更为便捷，网民的自我呈现与网络公共性的结合推动了网络社会的发展。而网络炫富现象作为一种自我展示与"炫耀性消费"的社会现象，近年来有愈演愈烈之势，并受到报刊、电视等传统媒体的高度关注。但是，有关网络炫富的研究却较为少见，尤其是从理论上对这一现象的深度分析和批判性研究还较为欠缺。本节从网络炫富的表现形态、社会背景、现实诉求和文化反思等方面进行探讨。

一　消费主义思潮与网络炫富的兴起

随着经济的快速发展和综合国力的不断提升，中国目前已进入中等收入水平国家。根据国际货币基金组织（IMF）公布的数据显示，2011年中国人均GDP为5414美元，排名世界第89位。[①] 而波士顿咨询公司（BCG）发布的《2012年全球财富报告》指出，在大量首次公开募股（IPO）以及主要由企业家产生的新增财富的推动下，中国的百万美元资产家庭数量已达到140

[①] 《2011年中国人均GDP排名世界第89位》，http：//economy.caixun.com/content/20120605/NE0371q5.html，2012年6月5日。

万个,居美国与日本之后,并有望继续保持强劲增长。① 由此可见,富裕阶层人数的大量增加,为中国的奢侈消费提供了强劲的动力。根报道,2011年中国奢侈品销售总额达到126亿美元,占全球的28%。这意味着中国已超过美国成为继日本之后的世界第二大奢侈品消费国调查还发现,中国奢侈品消费主要集中在年轻群体。除了之前人们熟知的强势职业女性(mighty power lady)和公司高级管理者外,社交型男、酷妈妈酷爸爸以及二、三线城市的年轻人均显示出强劲的奢侈品购买力。② 显然,在中国社会蔓延的奢侈之风,是炫耀性消费发展的重要动力。中国社会对奢侈品的追求,在很大层面上反映了当前消费主义文化的流行态势。

而随着自媒体时代的来临,网民在信息生产和消费方面的能力显著提升,网络媒体在折射社会生活方面的作用日益显著。炫耀性消费在网络世界的展示变得更为便捷,网络消费主义思潮的传播也日益广泛。许多网民运用网络工具进行无节制的享受和消遣,并以此作为生活的目的和依恋的对象,不断推动网络消费主义的流行和传播。网络消费主义具有消费主义文化的一般特征,体现为追求享乐、满足欲望、盲目浪费和狂妄自大等特点。网络消费主义在内容上表现为在网络购物、网络游戏、网络聊天、网络同居、网络色情、网络暴力、网络恶搞等方面的过度消费,并呈现低龄化、低俗化、垃圾化的趋势。网络消费主义文化在内容上将信息包装成为即时性、娱乐性、商业性的消费符号,不择手段地将"电子鸦片"源源不断地输送给消费者。③ 而一些以青少年网民为主要传播对象的网络商业媒体,"将个体感性差异性推到极

---

① 《BCG:中国百万美元资产家庭数达140万个》,http://www.eeo.com.cn/2012/0606/227765.shtml,2012年6月6日。
② 《2011年中国奢侈品消费达126亿美元 占全球28%》,http://news.qq.com/a/20120517/001006.html,2012年5月17日。
③ 蒋建国:《消费文化传播与媒体社会责任》,中国社会科学出版社2011年版,第203—206页。

端,甚至以个人的绝对差异性为由,割裂个人与他人的同一性"①。值得注意的是,网络文化作为一种"心情涣散"的文化,表现出明显的盲从性、断裂性、可消费性。大量"过目即忘"的信息很难吸引网民的眼球,更难产生持续的轰动效应。在缺乏持久性热点的背景下,制造所谓的"注意力"是网民彰显新个人主义的最重要的手段。由于网络搜索存在着明显的"马太效应",谁的访问量大,访问量会越来越大;谁吸引的注意力多,吸引力会越来越大。而商业网站迎合了网民的强烈愿望,显然,"强者愈强",这已经是整个工业的 DNA,从 Google 到 Amazon,再到微软,这些超级大公司的出现都是"马太效应"的产物。② 因此,一些网民运用网络博取名利,千方百计提高吸引力和关注度。

网络炫富现象是"博名"经济和网络消费主义的表现方式。"炫富"一词在 2007 年被教育部公布为 171 个流行汉语新词之一。近年来,网络炫富已成为社会关注的热点问题,如"烧钱男""宠猫女""烧钱女""雅阁女""宝马 MM"等一度成为网络流行语。近年来出现了多宗典型的网络炫富案例,如大胆"90 后"女孩晒车招亲;移民美国的北京女孩炫豪宅名车秀奢侈幸福;富豪征婚派对戴面具,"巨额"门票炫富;最嚣张富二代炫富升级张狂炫妞;晒富升级!富婆召男妓显摆;等等。尤其从"郭美美事件"之后,网络炫富已从财富和身体展示本身的探讨延伸至社会的深层结构、权力寻租和制度弊端等问题。2012 年,微博炫富成为新潮,年初出现了"吉林市驻京办职员"高悦儿、爱 PO 露点裸照的高官后代"梦遗姊"以及"药监局长儿媳妇"张益等多位炫富女,受到海内外华文媒体的高度关注。网络炫富族作为一个社会群体,通过网络发言和财富展示制造了强大的舆论声势,成为当下

---

① 王岳川:《全球化消费主义中的当代传媒问题》,http://www.cctv.com/tvguide/tvcomment/tyzj/zjwz/7481.shtml。
② [德] 弗兰克·施尔玛赫:《网络至死》,邱袁炜译,龙门书局 2011 年版,第 46 页。

中国社会的一大景观。然而，网络所炫耀的"富"不是实际的富，而是"嘴里的富""PS来的富"，他们比的就是夸张，看谁的语言和动作更加夸张，谁更加极端，谁的关注度就越高。网络所炫耀的以名车、名表、豪宅等奢侈品为代表的商品，作为炫富者的标志物，意在表现其身份和地位的高贵，其目的是凸显"我炫富，故我在"，是网络消费主义的极端表现方式。

尽管在现实社会中，富裕阶层的生活方式千姿百态，炫富和斗富现象屡见不鲜，但网络炫富有其自身的特点。一是炫富族具有低龄化的趋势，大多数炫富者为"90后"乃至"00后"，其中相当一部分为大中学生。二是炫富者多为富二代或官二代，他们自己并没有以劳动创造财富，而是典型的代理消费阶层，他们所炫耀的是家庭背景和自己的优越生活。三是许多炫富者不仅自我张扬，还利用网络进行人身攻击，显摆、挑逗、讽刺、谩骂现象屡见不鲜，炫富与歧贫现象同时存在。如"雅阁女"的惊人之语："在我看来，现在月薪低于3000元的，基本算下等人。"四是网络炫富族可以大体上划分为自卑型、空虚型和炒作型，大都存在心理健康问题。五是炫富行为被媒体广为转载和热炒，缺乏理性的批判和正确的舆论导向。显然，网络炫富现象的蔓延和发展，有着较为复杂的社会背景和现实原因。而网络炫富现象作为公共领域的一大问题，尽管引起了社会的高度关注，但并没有形成理性的公共讨论，其表演性、炒作性、模仿性和盲从性甚至得到了许多网民的认可，并在形式、内容上不断"推陈出新"，形成"有富干吗不炫"的行动宣言，极大地挑战了道德底线和社会规范。

二 网络炫富：拜金主义和精神贫困

网络炫富具有深刻的社会背景。学者孙立平用"社会断裂"描述中国的贫富差距。尽管官方自2007年开始不再公布基尼系数，但民间普遍认为目前中国的基尼系数已超过0.5，成为全球贫富分化最严重的国家之一。一方面，中国尚有一亿多贫困人口，基本生活得不到保障，中产阶级数量所占比例较低，社会阶层的"橄榄型"结构远没有形成。另一方面，"贵族化""奢侈化"正在牵引着人们的视线，撞击着人们的心扉。楼宇越建越高，楼群越来越密，商店越开越大，轿车越买越多，宾馆要突破五星，消费要讲究顶级。一些富豪占据着庞然大"屋"，另外还要多买几套用以"包养蚊子"；一些富二代开着高级跑车互相竞赛，澎湃动力发出撕心裂肺的轰鸣声，把城市当作赛车场。人们所用的电器总在不断地更新换代，从"爱疯1"（iPhone）到"爱疯4s"，从双核到四核，从16G到32G，从纯平电视到3D高清等等的更替要用多长时间？一年太久，只争朝夕！厂家商家用更新升级的把戏玩儿转虚荣的消费者，使欲望的脚步永远不能止歇。① 当下中国社会的奢靡之风，对青少年消费者的示范效应非常明显。富裕阶层将"奢华"作为品位和成功的标签，推动拜金主义风气在社会上广为传播，国人甚至调侃，诵经声，必是印度地；足球场吼，必是欧洲地；麻将和数钱声，必是中国地。②

有学者指出：在中国"拜金"不是问题，"公开拜金"才是问题。③ 尤其是许多媒体鼓励年轻人"炫生活"，将"高富帅""白富美"作为青年精英和择偶条件，而"富"则成为通用标签，不"富"则一切无从谈起。而媒体对炫富行为的报道也乐此不疲，并通过大量的爆料放大炫富事件的社会影响。媒体还通过在各种娱乐节目、广告中大肆炫耀"奢华生活"，制造所谓的精英标准，其拜金主义思想对整个社会风气起着极大的负面影响。据美国媒体2010年2月22日公布的一项民调显示，在全世界223个国家中，中国、日本和韩国三国的民众最相信"金钱万能"，并列成为世界第一"拜金主义"国家，在金融危机之后尤为如此。环球网就此发起了一项在线调查，结果显示，

---

① 阿龙：《欲望都市充斥炫耀性消费 现代人的灵魂去向何方？》，《羊城晚报》2012年1月14日。
② 张雨：《媒体评中国当代精神生活 最普遍是麻将和拜物》，《南方周末》2012年3月4日。
③ 陆镜：《我们时代的爱与秀》，《南方都市报》2010年6月22日。

80%的受访网民承认中国是第一"拜金主义"国家。① 在"全媒体时代",民众的消费观念和价值取向很容易受到媒体的引导。尤其是青少年的判断能力较低并喜欢模仿前卫的消费行为,而媒体的拜金主义导向恰恰迎合年轻一代的炫富诉求。

网络炫富现象表现方式多样,但从年龄、意图和后果等方面进行分析,可以看出网络炫富发展的基本趋势。根据最近一项针对炫富现象的网络调查显示,有76%的受访者认为炫富者的年龄段属于"90后""00后"。有79.4%的受访者认为,炫富者的主要目的是"向别人展示一下自己的资本,满足虚荣心"。82.19%的受访者认为,炫富现象产生的原因是"攀比,炫耀,虚荣心等错误心理"。86.3%的受访者认为,如果炫富现象持续发生,会导致"拜金主义泛滥"。② 可见,网络炫富产生的主要原因,是由于炫富者对虚荣心的强烈需求,并通过已有的炫耀性消费方式,利用金钱和奢侈品建构身份认同,借以消解炫富者的身份焦虑和心理失衡,以炫富为手段达到炫耀自己的目的。

炫富与求富有着很大区别。亚当·斯密在《道德情操论》中提出:求富有道即合德,同时还指出经济发展应当以"公民的幸福生活"为目标。国家富强和人民富裕是现代社会一直所追求的目标。因此,追求富裕生活是民众的基本权利,享受劳动所创造的财富是社会进步的重要表现。但是,网络炫富并不是一种正常的价值呈现和享受财富的行为,而是以展演的方式片面夸大财富的"晕轮效应"。炫富者刻意为自己贴上社会精英的标签,并误导社会舆论。在此过程中,炫富者大力炫耀个人主义、拜金主义思想,并在一定程度上损害社会公众的尊严和声誉。与传统斗富的小众行为不一样,网络炫富族面对的是社会大众。网络炫富族在炫耀的同时,对被炫耀的对象往往带有

---

① 《中国成世界第一"拜金主义"国家 八成网民赞同》,《环球时报》2010年2月24日。
② 《关于炫富现象的调查问卷》,http://www.sojump.com/report/1486865.aspx?tab=2。

挑逗、歧视和轻蔑的倾向，客观上损害了社会公众的尊严和情感，激发了仇富情绪和社会阶层之间的矛盾。因此，炫富族的行为在很大程度上不符合道德规范和社会共识。

值得注意的是，网络炫富与歧贫往往结合在一起，并且表现得越来越露骨。对于嫌贫爱富行为，早在250多年前，亚当·斯密就进行了深入分析。他指出：我们喜欢展示富裕，掩饰贫困，原因在于人们同情的是我们的快乐而非悲伤。别人看见我们贫困窘迫的尴尬却并不寄予同情的表现，会深深地刺伤我们的自尊心。于是人们总是不顾一切地追求财富、权力、地位，大肆挥霍、追求奢侈，以满足自己那可怜的虚荣心。那些吃山珍海味、穿华丽衣裳、住高级别墅的人也会刻意地慷慨解囊以博取荣誉。他们之所以这样做是因为他们确信自己是被关注和赞扬的对象。他们为自己的举动而沾沾自喜，因此，他们也更眷恋自己的财富，因为他们认为纵然穷人也能博得大家些许注意，但没有人会真正同情他们，因此他们对穷人不屑一顾。[①] 网络炫富者通过展示财富获取虚荣心，并形成心理依赖，其基本逻辑就是，有钱就应该获得关注，受到社会的尊重，至于知识、能力和道德品质，并不在展示的范围之内。这种对金钱万能的盲从逻辑，使炫富者能够大胆出位，为博得声誉而不择一切手段。有些炫富者以谩骂、鄙视穷人衬托自己的高贵，有些炫富者甚至毫无廉耻地征集"性伙伴"，其践踏道德底线的狂妄行为令人发指。

显然，网络炫富者为了赢得"点击率"和关注度，在出位方式上可谓不择手段。而其疯狂行为的背后，是精神贫困和人格分裂。由于许多网络炫富者本身不具有社会精英的素养，更缺乏从容和宽厚的心态，他们所炫耀的财富也并非自己劳动所获，他们通过各种手段进行炫富，其目的是为了掩饰精神贫困和无所作为，并妄想以"名流"自居。然而，炫富者与真正的"名

---

① ［英］亚当·斯密：《道德情操论》，何丽君编译，北京出版社2008年版，第20页。

流"有很大差距。正如罗杰克（Chris Rojek）分析"类名流"现象所指出的那样：贪婪的社会要求人们追逐金钱和地位，"成就饥渴"是这个贪婪的社会造成的必然结果。众多类名流吸引我们对这种心理状况的关注。他们带来了一种成就灾难，即将琐碎的和世俗的事件投射到名流文化中。在一个社会中，虚假事件可以推动媒体进行疯狂的报道，无论出于何种原因，类名流在公众眼前出现的过程都是折中的和不断变化的。① 网络炫富者的心态与"类名流"如出一辙。他们具有明显的"成就饥渴"心态，但是，他们本身并不具有丰厚的知识资本和文化资本，只有通过财富的炫耀达到物质上"成功"的目标，并由此树立自己的"精英形象"。这种强烈的精英欲望，使个人主义文化无处不在，并由此深刻影响社会的浮华之风。其结果是，"它让个人从原来的属性约束和集体规范的权威下解放出来。生活模式的多样化，社会机制和群体调节能力的衰减，这是一种不受调节、可任意选择的个人主义，标志着所谓的反现代时期的到来。"②

但是，网络炫富者表面的风光并不能掩饰他们内心的焦虑，由于没有过人的天赋和超常的成就，他们需要通过媒体和大众的持续关注获得偶然成名的后续收益。那就是不断吸引媒体进行报道，接受各种采访，发表惊人言论，放大事件影响。在郭美美炫富事件中，郭美美"语出惊人"，不断接受报纸、电视台专访，运用各种说法解释与红十字会的关系，形成强大的舆论效果，成为当年的网络红人。而郭美美范式为后来的微博炫富者提供了强大的动力。2012年网络炫富者更为出位，如个人微博"张梦怡不加V"不但PO出满床人民币照片，还自称是全球第二大隐形富豪，且是前高官孙女，干爹是某军区高官；不但拥有挂军牌的BMW与保时捷，还说"最贵的跑car也只是

---

① ［英］克里斯·罗杰克：《名流：关于名人现象的文化研究》，李立玮译，新世界出版社2002年版，第179—180页。

② ［法］吉尔·利波维茨基、埃丽亚特·胡：《永恒的奢侈——从圣物岁月到品牌时代》，谢强译，中国人民大学出版社2007年版，第48页。

Bugatti Veyron 而已！"不只高调炫富，"张梦怡不加 V"更大胆上传了一系列爆乳、露点甚至全裸照片，尺度之大被网友大骂"脑残"；她甚至还说，韩星李敏镐在酒吧被她的惊人美貌迷倒，眼神完全离不开她。因为发音关系，"张梦怡不加 V"被戏称是"梦遗姊"，她习惯以中英文夹杂再加拼音的说话方式，也被创作成了"梦遗体"，引来网友争相模仿。① 可见，此类炫富活动已成为毫无廉耻的自我营销。正如亚当·斯密所批判的那样：虚荣的人常常表现出一种放荡的时髦，也许他自己心里也并不认同，但却不会因此而内疚。他们用豪华的生活方式来装点自己的生活，根本不考虑应与其地位和财富相匹配的美德和礼仪。穷人也往往容易认为一朝走运便会鸡犬升天，根本不考虑其地位和名声带给他的责任。②

与"成就饥渴"相对应，网络炫富者精神上的贫乏并没有因为炫耀而得到改观。他们渴求在网络上获取"馈赠"，以达到精神上"脱贫"的目的。但由于炫富者之间存在着激烈竞争，媒体和受众的关注度不断转移，他们很快就被社会大众抛诸脑后。而短暂的"成名"不足以维持"精英"地位的稳固。"于是，他们通过种种方式来放纵和麻痹自己，比如挥金如土、寻欢作乐……其实，即便在人们对他们献媚崇拜的风光时刻，他们的灵魂也片刻不得安宁，来自内心的恐惧和落寂会深深地困扰着他，并且愈来愈强烈。"③ 因此，炫富者所伪装的身份认同，很快在现实生活中受到严酷的挑战。正如鲍曼（Zygmunt Bauman）所言：致力于寻求"身份认同的生活"。是充满争吵与愤怒的生活，"身份认同"意味着引人注目，它是与众不同的，并通过与众不同（差异）而成为独一无二，因而追求身份认同只会造成分离与脱离。然而，个体身份认同的脆弱性和独自的身份认同建立（identity building）的不确定

---

① 《病态炫富女，坑爹、坑夫又露点》，http://www.zaobao.com/wencui/2012/02/taiwan120213y.shtml。
② ［英］亚当·斯密：《道德情操论》，何丽君编译，北京出版社 2008 年版，第 24—25 页。
③ 同上书，第 25 页。

性，促使身份认同的建立者们去寻找他们能拴住个体体验的担心和焦虑的钉子，而且在这以后，在其他类似担心和焦虑的个体中，举行除魔（exorcism）仪式。①

三 网络炫富、价值迷茫与文化反思

由于网络炫富广受关注，已成为网络社会的一大文化现象，并在新旧媒体的聚焦报道中不断发酵，演变成为诸多社会公共事件。与一些网络红人追求成名的心态不同，网络炫富族主要是通过"物"的展示来凸显自己的身份和地位。当然，他们也把身体作为表演的重要部分，通过自我揭露的隐私提高吸引力，显示与众不同和出类拔萃，其目的是填补精神空虚和获得价值认同。然而，自我需要和他者的认同是矛盾的。正如福山（Francis Fukuyama）所分析的那样：获得认可的欲望来自人的精神，这是一个非常矛盾的现象，原因在于后者是正义和无私的心理基础，而同时又与自私自利紧密地联系在一起。精神上需要获得别人对自己价值观的认可，获得认可的欲望则是一种自我肯定，是自己的价值观在外部世界的镜像。② 对于网络炫富现象，许多网民评价炫富者尽管不缺钱，但是非常"缺德"。炫富者的自我感觉和社会认同形成巨大的反差。

尽管网络炫富现象广受公众的批判，但是这一现象折射的社会问题却没有受到应有的关注。在网络公共空间，谩骂是已成为流行的泄愤方式，而理性的思考和积极的建议却较为少见。因此，一些学者认为中国有网络公共领域，却没有足够的公共讨论，更谈不上网络公共文化的建构。对于炫富者的讨伐固然必要，而对网络炫富现象产生的社会机理更需要深入的探讨和分析。在某种程度上，网络炫富是社会病态的直接反映，也是当下社会物欲横流的

---

① ［英］齐格蒙特·鲍曼：《共同体》，欧阳景根译，江苏人民出版社2007年版，第13页。
② ［美］弗朗西斯·福山：《历史的终结及最后之人》，黄胜强、许铭原译，中国社会科学出版社2003年版，第196页。

必然结果。尤其是消费主义文化大行其道,导致物欲症广为传播,造成了日常生活的商品化和宗教信仰的普遍缺失。总体上看,我们时代的显著特征是:没有信仰,价值观混乱,拜金主义、功利主义、实用主义盛行,个体陷于虚无主义、怀疑主义的泥淖中不能自拔。我们在消费主义所堆砌起来的庞大景观面前,失去了自由、个性与尊严。年轻一代受此蛊惑最深——缺乏明确的生活目标,摒弃艰苦奋斗的生活态度,急功近利,追求一步到位、一劳永逸。[1] 而网络炫富现象则是当下中国社会病的表象,它反映了青年一代当中流行的价值观,那就是奢侈消费是体现个人价值的重要标志,富裕和富有是生活的最高境界,为追求个人知名度而进行的财富炫耀是正常行为。而且,网络炫富并没有触犯法律,至于道德伦理和社会责任,则被炫富族认为是守旧的标志。这种观念的流行,与近年来社会出现的黄色消费、灰色消费和黑色消费遥相呼应,为消费主义思潮的泛滥和价值观的迷乱提供了有利条件。

然而,中国传统文化一直强调黜奢崇俭、知足常乐、悠闲恬适的价值观,坚决反对穷奢极欲和为富不仁。正如作家王蒙所言,从历史上看,中华文化的核心绝对不是物质主义与享乐主义,中华文化对于暴富、炫富、斗富,从来是极端厌恶与轻蔑的。最应该弘扬、最不应该抛弃的是中华文化的道义崇尚、精神崇尚。"精神贫血"问题很重要。在市场经济中最浅薄、最可耻、最丢人、最值得警惕的是,我们有的同胞变成见利忘义、见钱眼开、毫无诚信、假冒伪劣、坑蒙拐骗的无耻之徒。[2] 显然,网络炫富族所宣扬的享乐主义、拜金和消费主义价值观,与中国传统文化的精神内核是背道而驰的。网络炫富改变了炫耀性消费的样貌,并在网络技术的推动下产生巨大的视觉冲击力。但技术并不是万能的。正如福山所言:技术能否改变人类的生活,关键在于

---

[1] 蒋建国、姜燕:《消费时代的价值迷乱与精神危机》,《山东社会科学》2011年第6期,第79页。
[2] 王蒙:《中华文化极厌恶炫富,但无耻之徒已出现》,http://culture.ifeng.com/whrd/detail_2012_02/10/12424543_0.shtml,2012年2月10日。

人类道德是否能同步进步。没有道德的进步,技术的力量只会成为邪恶的工具,而且人类的处境也会每况愈下。[①]

网络炫富族对他人的肆意攻击,对色情的大胆宣扬,对贫困的无情嘲弄,具有很强的社会破坏性。而面对炫富者的大胆出位,正确的舆论引导和深刻的文化反思极为少见。这意味着炫富者对网络平台热爱有加,而媒体的转载和网民的跟帖反而有助于形成舆论热点。人们已经习惯于社会出现的各种争名夺利现象,这在一定层面上反映出现当下社会的浮夸和奢华之风。尤其是随着网络意识形态对人的控制的加强,使人们乐意生活在一个虚拟空间,这使当今社会在消费热潮中进一步淡化了人际关系和真实身份,而在虚拟和自我身份想象中以"追"名人和名牌为"时尚"。[②] 人们似乎将奢华视为个性和地位的标志,并在物化的生活幻象中放弃了理想和信仰。对人的意义和人生价值缺乏深入思考,对人文景观和生态环境缺乏亲近之感,对民族和国家的命运缺乏关切之情,对自然灾害和社会灾难缺乏悲悯之心。如此自恋的生活方式与人的本性渐行渐远。然而,发展自私和自恋的人格,恰恰是消费主义文化所倡导的。这就导致丰裕社会中人的物质享受被无限夸大,而精神领域却日渐贫困。表面上看,网络炫富者被网民所围观,可以成为媒体明星和网络红人。但是,此类昙花一现的出名,并没有给炫富者带来精神上的增值和品位上的提升。当社会上出现普遍的精神贫困和信仰危机时,网络炫富者并不能从虚拟空间里得到应有的满足和精神享受。

在物欲横流的消费社会,面对炫富现象的蔓延,我们要有文化自觉意识,坚决抵制炫耀性消费和各种异化的生活方式,追求"各美其美"的文化境界,坚持自己的信仰,保持独立的人格尊严和健康向上的生活方式,始终以理性

---

① [美]弗朗西斯·福山:《历史的终结及最后之人》,黄胜强、许铭原译,中国社会科学出版社2003年版,第7页。
② 王岳川:《中国镜像:90年代文化研究》,中央编译出版社2001年版,第352页。

的态度和自律的精神面对各种诱惑,这是克制炫富冲动的基本要求,也是推动"美人之美"和促进社会文明进步的重要方式。正如卢梭所言:人要得到幸福,必须从现代的技术工作和要求创新的无限循环中解放出来,恢复自然状态的人的完整本性。自然状态的人并不生活在社会中,也不会拿自己和别人进行比较,或者生活在充满恐惧、期待和由社会创造的人造世界中。他应当通过自我存在,即作为一个自然状态的人存在于一个自然的世界中的理性感来得到幸福。[①] 对于网络炫富者和广大网民而言,要建构自己的精神家园,必须正视现实的人生,通过自身的劳动和创造获得财富和幸福,以人品和学识赢得社会的尊重和关注。这是形成社会共识和建构社会共同体的基本前提,也是通往幸福人生和促进网络文化建设的必由之路。而建设健康向上的网络文化,从舆论引导、制度建设、价值认同等方面推动网络环境和社会风气的根本改变,则是抵制网络炫富现象的长久之计。

[①] 转引自［美］弗朗西斯·福山《历史的终结及最后之人》,黄胜强、许铭原译,中国社会科学出版社2003年版,第95页。

第四章 网络社交与群体生活的趋向

第一节 网络族群：自我认同、身份区隔与亚文化传播

目前，中国拥有世界上人数最多的网民，网民已成为推动网络社会发展的决定性力量。而在网络化生存的样态下，网民的主体价值和自我认同得到了进一步彰显。上网，包含了极为复杂的社会行动和文化消费的过程。在网络研究中，对网络公共性和集体行动的探讨较为深入，而有关网络的社交功能、网民的自我意识、归属意识以及由此形成的亚文化传播活动，尚有待进一步探讨。本节就近年来网络流行语当中关于网络分层问题的关键词进行分析，探讨网民的自我归类、社会表征和由此形成的亚文化传播现象。

一 网络族群：自我认同与社会展演

在人类学研究中，族群往往与种族、语言、地域、阶级和意识形态有着密切关系。正如文化人类学家 P. K. 博克（Philip K. Bock）所言：在一个社会内部，分离的群体是以亲属、区域或共同兴趣为基础发展起来的。群体的组成原则把每个人都限制于一个特定的社区、家庭、民族、世袭阶级或等地位

群体，从而限制了人类相互交往和理解的范围。① 而在网络社会，互联网"已经拓宽了建构广泛多样的非主流身份和交流实践的可能性"②。网络族群的聚结，往往体现为年龄、价值观、消费意向等方面的认同感，具有主观性、参与性、分散性和虚拟性等方面的特点。从消费层面上看，网民的上网行为是文化消费和意义生产过程的统一，具有很大的自主性和随意性。网民对信息消费的偏好，往往与平时的习惯、爱好和兴趣有着直接关系。随着网络搜索、互动交流工具的发展，网民很容易在网络空间中寻找到属于自己的位置，通过网络交流，尤其是借助于公共讨论，网民能够超越时空的局限，"知晓遥远的异乡人的生活状态，实际加入到这些（解空间化的）社群之中"③。尽管这种交流具有巨大的漂移感和不确定性，但在无数网民自我定位的过程中，往往会形成具有一定聚结效应的群体，并不断吸纳那些有着相似特征的网民，在"部落化"的过程中进行身份定位和社会归属，将网民融入公共生活之中，这是网络社会化势必造成的后果。

随着网民数量的迅猛增长，网络族群不断呈现新的特色，对青少年网民的吸引力不断增强。网络族群往往以某一鲜明的特征或群体文化作为标识，只要认同这一标识的网民都可以加入。因此，在很大层面上看，网络族群是网民当中某些共同目标、兴趣、爱好、消费习惯的汇集。如尼特族、考碗族、月光族、背包族、隐婚族、追星族、御宅族、SOHO族、99族、辣奢族、酷抠族等，不同类型的网络族群折射了当下网络生活极为丰富的样貌，也反映了社会生活的复杂多变和价值多元。有人用网络56族来描写网路"族"生活的丰富多彩。网络族群的大量出现，意味着网络社会与现实生活的对接，反

---

① ［美］P. K. 博克：《多元文化与社会进步》，余兴安等译，辽宁人民出版社1988年版，第148—149页。

② ［美］理查德·卡恩、道格拉斯·凯尔纳：《互联网文化与对抗的政治学》，陶东风、胡疆锋主编《亚文化读本》，北京大学出版社2011年版，第418页。

③ ［荷］约斯·博·穆尔：《赛博空间的奥德赛》，麦永雄译，广西师范大学出版社2007年版，第183页。

映了群体生活的价值和凝聚力。

网络族群的聚结,是网民对个人偏好、价值观的大胆展示过程。由于网络的匿名性和时空隔离感,偏向于"将私下行为和公开行为的分界线移向了私下一方"①,尤其是在信息共享方面,网络"不仅使等级制度阶梯的下层的人们获得了更多的信息接触,使权威被削弱,而且也通过越来越多的横向共享信息的机会而使权威被削弱"②。因此,网民大胆地加入某些族群并亮出自己的观点,并非单纯是从众效应的驱使,网络族群的公共主张和集体行动在一定程度上祛除了网民的顾虑。既然网络社会有着层出不穷的族群集结现象,加入某一族群就意味着对某些观点、行为和生活方式的认同。而网络族群并没有事先占领道德高地,也没有严格的规章约束成员的行动,其自由、开放而多元的主张迎合了网民个性张扬的诉求。

网民对某一网络族群的认同,往往建立在个人性格、生活体验和价值观基础之上。要成为网络族群的一个成员,必须知悉其角色的意涵。正如科恩(Albert K. Cohen)所言:"针对每一个这种角色,都有相应的行为和信仰类型,他们作为成员资格的符号,起着制服、勋章和成员名片一样的真实、有效的作用。由于我们渴望这样的成员资格,因此就促使自己接受这些符号,并将其融入我们的行为和参照体系中。"③可见,网络族群的整体特征为网民提供了行动指南,比如月光族具有消费主义的情结,考碗族对公务员身份有着执着追求,而辣奢族则表现出对奢侈品的疯狂追求。这些具有共同情感和生活体验的网络族群,很容易在网上聚结在一起,交流和探讨他们的共同爱好和追求目标,并通过族群特征的强化取得社会的认可,以此证实族群力量

---

① [美]约书亚·梅罗维茨:《消失的地域:电子媒介对社会行为的影响》,肖志军译,清华大学出版社2002年版,第298页。
② 同上书,第313页。
③ [美]阿尔伯特·科恩:《亚文化的一般理论》,陶东风、胡疆锋主编《亚文化读本》,北京大学出版社2001年版,第7页。

的存在。显然，网络族群是网络不断吸纳网民行为特征和社会风潮的过程中，通过系统化、类型化和社会化的进程，不断催生和发展成的。

由于网络信息的爆炸性增长，信息的交换价值已超过了其使用价值，而信息交换价值直接推动了信息碎片化和商品化的发展，因此，网络流行文化与网络热点的转变极为快捷。几乎每个阶段都有新的"热词"出现，而一些原来流行的族群也不断地被淘汰或者淡出。在激烈的网络生存竞争中，新兴族群的文化符号要获得社会的广泛认可，必须要有独特的优势和强烈的吸引力。为了博取"注意力"，网络族群必须大胆"出位"，尽快确立自己的行动纲领和文化特性，运用各种传播手段输出自己的核心价值观。例如淘宝族就坚信：淘宝网上可以得到生活的一切或一切的生活；酷抠族宣称：节约所得的不是金钱，而是更简单的生活；尼特族则标榜：不升学、不就业、不进修。这些具有煽动性的招牌式口号，展示了网络族群文化的与众不同之处。对于那些漫无边际地遨游的网民而言，在虚拟的网络空间通过自我展示充当某种角色，是他们认同某一族群身份的重要途径。正如戈夫曼（Erving Goffman）所言："当一个人在扮演一种角色时，他必定期待着他的观众们认真对待自己在他们面前所建立起来的表演印象。"[1] 网民通过个人展演，在对比、归纳和认同的过程中，以某一族群为荣，以传播其组织文化为己任。而网民也在加入族群的社会化进程中，在网络族群生活情境中彰显自我的存在。

正如米德（George H. Mead）所言：我们所看到的进入到心灵之中的内容，只不过是社会互动的某种发展和产物。[2] 网民对网络族群的认知，是以网络交流和互动为基础的，体现了网络公共生活的高度参与性，尤其是一些社交门户网站为网络族群提供了很好的社交平台。而网络某一族群的流行，与

---

[1] ［美］欧文·戈夫曼：《日常生活中的自我呈现》，马钢译，北京大学出版社2008年版，第15页。
[2] ［美］乔治·赫伯特·米德：《心灵、自我和社会》，霍桂桓译，译林出版社2012年版，第212页。

社会的强烈关注和广泛传播有着关联。社会大众对网民身份的界定行为，则对网络族群的形成起着重要作用。网络族群的类型化，就是由于社会大众根据网民某些群体的生活习惯、职业特征、兴趣爱好、消费倾向、社会身份等方面的特征，将一些网民进行"定性"分析，从而确定某些网络族群的划分标准和基本特征，推动网络族群文化的发展。

二 网络身份区隔：话语消费与资本竞争

网络族群尽管具有群体性的身份认同，但它对网民的加入却有着一定的"准入条件"。虽然网络族群的组织比较松散，但其群体特征对网民的身份识别作用仍然较为明显。网民属于何种族群，需要对比自身的条件进行参照，如果符合自身特征并主动参与集体活动，就会成为某类族群的成员。显然，网络族群折射了现实生活的样态，归纳了现实社群的基本特征，对网民身份起着导向性的作用。但是，网络族群作为网络社会的基本单元，却有着与现实族群截然不同的话语表达方式。在现实生活中，族群对成员的行为规范有着严格的规定，成员对族群的宗旨和价值观有着较为坚定的信仰，族群之间的矛盾与冲突更多地表现为利益和价值观的斗争。但网络族群的成员由于具有匿名性和流动性，可以毫无顾忌地表达自己的兴趣、爱好和观点，并通过网络族群的公共平台进行身份识别和话语扩张。而网络族群的开放性和松散性使许多网民拥有两个以上的族群身份。一些网民加入某一族群，更多地体现出其兴趣爱好和消费观念，而对族群的价值观却未必有着持之以恒的信仰。这种随性而开放的心态影响了网络族群的稳定性和公信力。

除了极少数具有政治目的的网络族群之外，网民的集群活动，并非一定要达到"集体抗争"或者"颠覆"的目的。与过去根据阶层、种族、地位等划分群体不同，在网络空间中群体的划分可以"根据穿着相似的服装、参加相似的体育活动、拥有相同品牌的计算机、欣赏相同类型的音乐，或者是相同的课而定的"①。网络信息的共享和选择的自由有利于网民进行边界划分，如一些网民一直追求出名，但在现实生活中却难觅机会，一旦梦想成为网络红人，就必须大胆出位，尤其要利用过激的语言和激情的身体表演获取注意力。无论是"芙蓉姐姐"还是"天仙妹妹"，网络红人的出名都需要遵循共同的网络发展线路，她们通过制造具有强烈消费色彩的语言和行动博得点击率，并不断以新的雷人话语和大胆的出位吸引网民的围观，迎合网民的娱乐、刺激、偷窥、臆想等方面的心理需要，形成巨大的社会发散效应。在"网络红人吧"中，会员达到10万人以上，相关主题达到1.3万个以上，粉丝们还每天通过投票推出热点人物排行榜，成为联络这一族群的重要平台。尽管网络红人出名的方式有较大差异，但她们走红的路线却是一致的。她们本身作为被消费的对象，在走红网络的过程中，逐渐成为一个具有鲜明特色的族群。由于网络走红的途径越来越多，某个网络红人难以保持持久的影响力，但更多想出名的网民则遵循着网络红人的发展线路加入到这个"名人俱乐部"当中。

值得注意的是，网络媒介既能够创造出共享和归属感，也能产生排斥和疏离感。网络族群集合了一些网民的"共性"，这恰恰是进行社会区隔的重要条件。某些网民要标榜属于某一族群，就必须强调其行为和价值理念与族群的"共性"相吻合。即使是较为松散的网络相亲族，也具有这样的基本特征：现实生活圈子狭小，没有合适的恋爱对象，想通过网络结识异性，有机会可以约会或者交往。如果要遵守规范，必须按照离异和单身等基本条件加入相亲族群。当然，一些投机者可能隐瞒自己的身份进行欺诈活动，这显然突破了相亲族的价值底线。一旦发现有越轨行为，会受到族群的谴责和相关网站的驱逐。而我们平时所熟知的月光族，通常是及时行乐的代言人，具有消费

---

① ［美］约书亚·梅罗维茨：《消失的地域：电子媒介对社会行为的影响》，肖志军译，清华大学出版社2002年版，第126页。

主义的行为特征。因此，网络族群尽管是一种非正式组织，但对现实人群的身份区隔作用却非常明显。尤其是通过微博而形成的某一名人的粉丝群，以共同的崇拜心理和支持行动作为与"粉都"区隔的重要条件。

网络族群还作为网络流行语的重要源头和网络生活方式的重要展示途径，受到社会的广泛关注。一些网络族群由于与现实生活的密切联系，成为网民之间相互称呼或调侃的对象。甚至我们在谈到某一网络族群时，往往会联想其身份、行为和群体特色，并通过大众传媒的广泛传播，不断扩大其族群文化的社会影响。例如网络流行的"高富帅"，往往形容男人在身材、财富、相貌上的完美无缺，而"白富美"则是指受过良好教育，有稳定经济来源，注重个人形象的女性白领中的时尚新宠。这些各方面条件都极为优越的青年男女，作为网络时代的强势群体而成为网民热捧的对象，进而影响到现实生活中人们对审美标准尤其是择偶标准的评判。与之相反，"屌丝"作为2012年网络流行语，则折射了许多下层民众的生活状态和精神面貌，其特点是外形穷、丑、矮、胖、矬或者举止笨、鲁、恶搞。有的媒体称"屌丝"其实是渴望获得社会的认可但又不知道怎么去生活的人，没有目标，缺乏热情。"屌丝"与"高富帅""白富美"形成强烈的反差，其自嘲的风格真实地反映了下层民众在现实生活中的无奈。此类具有身份区隔意义的网络流行称呼，已经作为一种话语消费方式，嵌入民众的日常生活中。正如鲍德里亚在《消费社会》中所言：告诉我你扔的是什么，我就会告诉你你是谁。[1] 我们生活在被"物"所包围的时代，网络消费则成为风格化的基本手段，网络上展示的身体和财富更多地体现为符号消费，对外在条件的过度关注以及流行的财富竞赛，已经使这些网络族群的标识物本身成为娱乐和消费的对象。

随着网络消费符号的快速扩张，网络公共空间被私人领域殖民化的现象

---

[1] ［法］让·波德里亚：《消费社会》，刘成富、全志刚译，南京大学出版社2001年版，第24页。

非常突出,越来越多的人热衷于将私生活展示给公众,并强化自我的存在。当下,网络的公共—政治领域的发展受到严重约束,而娱乐—消费领域则急速膨胀,尤其是炫耀性消费成为网络消费的热点。因此,当富裕、富有成为衡量人生价值的最重要标准,网络炫富族的流行也就不足为怪。

显然,在网络族群的划分中,网民的经济资本和社会资本被置于极为重要的位置,而文化资本则往往被忽略或漠视。即便是以日常行为来界定网络族群,经济资本也成为网民博得社会声誉的基本要素。如"辣奢族""哈X族""99族"等,他们将消费作为生活的第一主题,以显示购物的乐趣为荣。迷恋于时尚和奢侈品,并以"晒物"作为网络交流的重要内容。这些将地位商品视为身份标志的网络族群,其背后的基本逻辑是:我消费、故我在。因此,这些族群往往对"屌丝""蚁族"的穷酸生活不屑一顾,这无疑推动了社会性的金钱竞赛和物欲症传播。在网络族群的划分中,文化资本已经淡出市场,如果有学者强调知识的重要性,网络上便将"知道分子"抬出来压制,而真正的学者却难以在网络上传播专业知识。在财富决定地位的逻辑思维下,网络族群也往往以经济资本的多寡来决定身份的高低。那些自身缺乏经济资本的官二代、富二代,则以父辈的权力、财富、地位为荣,凭借"代理消费"而高调炫耀,因此才会出现"我爸是李刚"的网络流行语。然而,网络族群过分强调财富、容貌对社会精英的绝对作用,事实上也忽略了文化资本对社会地位评价的重要性,这在一定程度上会导致对人的本质和内涵的漠视,从而影响到整个社会核心价值观的建构,并进一步加大了社会阶层之间的分化和对立。

三 网络归类:主体呈现与亚文化传播

随着网络身份与现实生活的联系不断加强,网络族群的社会分化与主体认同作用也日趋明显。网民的角色意识是网络族群的行为"参照系",每个族群成员都渴望得到认可和尊重,都期待自己的行为符合族群的标准。人们接受或者使用某一网络族群的时候，往往会联系到这一族群的主体是哪些人，有何共同特征，会对公众产生什么样的影响。而这些问题一旦引起网络的普遍关注，就会形成对族群的社会评价。如"高富帅""白富美"以身材、容貌和财富作为判断年轻人是否成功的标准，就极大地影响了公众对成功的评价。也就是说，舆论普遍赞颂人的外在条件时，有关人的知识、品格和修养就被淡化。这种标准的流行，直接推动了网络炫富现象的发展。尤其是在年轻网民的逻辑思维中，会形成这样的思维定式：因为容貌和财富决定人的社会地位，展示容貌和财富是赢得公众尊重和青睐的重要手段，因此，炫富和炫美现象的流行就不足为怪。显然，现实生活当中有钱的帅小伙和漂亮女子毕竟是少数，而当网络上将他们归结为族群时，他们便代表了社会上一种主流的声音，甚至用"热词"到处为他们唱赞歌，连电视、报纸等传统媒体也不断制造这一族群的标题新闻，吸引公众的眼球。网络上的"争名效应"使工具理性不断膨胀，而关于人的本质、人生价值、道德信仰的严肃问题却没有得到应有的重视。

网络舆论折射了现实生活的风格化，网络上对"高富帅"和"白富美"一边倒的赞扬，展示了网络族群发展的市场化逻辑。经济实力、消费能力和生活方式往往联系一起，网民在虚拟空间不是匆匆的过客，而是不断进行自我呈现的主体。他们在网络汇流的过程中，根据自身的收入、身份、爱好加入到某一族群中去，这是网络社会化过程出现的一种必然现象。比如"考碗族"就以应届毕业大学生为主，他们期待公务员的稳定工作；"辣奢族"则以那些偏好奢侈品的富裕人士为主，他们以奢侈品作为人生的价值体现；"酷抠族"则强调节约所得不是金钱，而是更简单的生活。网民自我评价和社会评判是互动的过程。网民在对流行族群归类后进行"对号入座"，并推动网络族群文化的发展。

与现实社会较为稳定的族群社会关系不同，网络族群文化利用了网络的超文本功能，通过日新月异的新媒介技术扩大了网络交往的手段和内容，其特点是具有较大的随机性、流行性。尤其是随着微博、微信的广泛使用，网络互动性和聚结功能明显增强。网民的主体地位通过一些突发事件或犀利言论得到彰显，而网络社区提供了意见表达和观点汇集的平台，也为网络族群的文化建构创造了条件。但网络族群文化过分注重自身行动、价值、目标的维护，难以形成广泛的社会共识。网络族群文化以多元、分散、时尚的方式存在，与网络技术、网络生活方式的发展有着直接关系。尤其是网络"自媒体"的发展，客观上为普通网民提供了成为意见领袖和一夜成名的可能，甚至一些突发事件由于极高的关注度而推动某一族群的形成。比如在番禺垃圾焚烧事件和厦门"PX"事件中，许多网民自发在网络中发表意见，形成一般舆论力量，并结成了有共同诉求和行动纲领的群体。尽管我们没有对这些群体加以命名，但他们事实上以"保卫家园，维护权益"为宗旨，形成了一股强大的社会力量。这种力量对后来相关环保问题的解决提供了强有力的舆论支持。此类具有共同愿景的临时性族群，与他们共同所处的生活空间有着直接关系，而生活空间是亚文化的重要组成部分。"在这个空间里，遇到同类人，便一起行动起来，组成一个共同体，铸造联系在一起的共同纽带。"① 随着网络新技术的广泛运用，网络亚文化对社会生活、意识形态的影响更为广泛。

作为亚文化的重要表现形态，网络族群文化具有反叛、创造与宣泄的风格。正如赫伯迪格（Dick Hebdige）对亚文化风格分析的那样："就其本身而言，它们表现出了类似于演说的姿态和行动，冒犯了'沉默的大多数'，挑战了团结一致的原则，驳斥了共识的神话。"② 当某一族群文化流行于网络时，势必因其鲜明的主张和强烈的行动获得网民的高度关注。由于网络族群的匿

---

① [英] 苏茜·奥布莱恩、伊莫瑞·西泽曼：《大众文化中的亚文化和反文化》，陶东风、胡疆锋主编《亚文化读本》，北京大学出版社2001年版，第41页。
② [美] 迪克·赫伯迪格：《亚文化：风格的意义》，陆道夫、胡疆锋译，北京大学出版社2009年版，第20页。

名性和随机性，族群的成员很少考虑网络行动对现实生活的影响，他们之所以加入某一族群，就是要以"我发帖、故我在"为荣，敢于突破现实樊篱的种种束缚，尤其是对传统道德伦理不屑一顾，甚至敢于揭发和暴露自身的弱点和劣势，达到自由自在的境界。

2012年流行的"屌丝文化"，是那些"穷矮矬"与"高富帅""白富美"进行对比而形成的"调侃文化"。由于家庭出身、专业训练和身体条件等方面的不足，"屌丝"们生活在社会下层，他们渴望获得社会的认可却又不知道如何生活。他们心灰意冷，得过且过，看不到前途和未来。但是，他们希望得到社会关注。这种群体感受的大胆抒发，很快就形成网络共享资源，持续不断地满足后来者的需要。因此，"屌丝"们以类似犬儒主义的行动纲领宣示自身的存在。正如吉登斯（Anthony Giddens）所言：犬儒主义是一种通过幽默或厌倦尘世的方式来抑制焦虑在情绪上影响的模式。[①]"屌丝"则更愿意怀疑一切，他们在对前途和命运悲观情绪的影响下，厌倦公共生活和拒绝参与民主政治，他们以"活在当下"为由头，在消沉中构建以自我为中心的精神世界。但是，"屌丝"不同于魏晋名士，他们想装扮得无拘无束都很难。因为，他们面对的现实生活十分残酷。然而，"屌丝"事先将自己置于社会底层的心态，表达了对社会上升通道被严重堵塞的强烈不满。"屌丝"与20世纪初美国科纳威尔地区的"街角青年"的叛逆风格不一样，他们缺乏反抗精神和实际行动，也与20世纪60年代在西方流行的嬉皮士、摩登族、光头党不一样，他们在外形上也没有标新立异。"屌丝"以调侃和自我作践来呈现自己，将自嘲作为一种生活方式，以表达对"高富帅"和"白富美"的无奈抗争。这种新的亚文化，在网络上疯狂传播，引来知己竞相加入，甚至有些白领也自领"屌丝"称号，并引以为荣。"屌丝"亚文化的流行，表明了网络族群文化已

---

① ［英］安东尼·吉登斯：《现代性的后果》，田禾译，译林出版社2000年版，第120页。

经从社会行动走向话语消费,"屌丝"们不仅物质穷困,其精神也空虚和迷茫,展示了处于社会下层的青少年的无力无助的现状。这与高调的炫富族和追星族在亚文化表现形态上有着明显区别。

可见,网络族群文化表现出亚文化发展的新样态。与传统亚文化强调以行动解决问题不同,网络族群文化强调自由放纵和消费主义,在一定程度上淡化了父辈文化和意识形态的影响。但是,网络族群文化毕竟是网络亚文化的表现方式,它与主流文化有着明显的不同。在网络族群文化的形成和传播过程中,它既没有严格的章程和纲领,也缺乏持之有效的传播策略。这些临时聚合的网民,可以在公共领域发出强有力的声音,甚至影响社会民主和法制的进程。但由于族群之间缺乏沟通,尤其是缺乏协作和相互一致的行动,很难就事关国计民生的议题提供可行的解决方案,也很难形成公共文化和社会共识。网络族群可能对某些社会现象极为不满,也可能就某些消费行为达成共同的协议,但这些毕竟是某一族群的集体行动,他们的自我张扬和创造性消费的特点难以成为普遍认可的社会规则。同时,由于网络族群文化过分强调以自我为中心的价值取向,在自由主义和消费主义导向下,网民将网络族群作为临时的"屋檐",一旦爱好和消费热点转移,他们很快会寻求其他的网络栖息地。这就导致网络亚文化难以形成持久的影响力。值得注意的是,相对于大众文化,网络族群文化是少数人的文化,它对公平、正义的普世价值缺乏应有的关注,对族群间的关系也缺乏应有的协商和交流。在复杂多变的网络环境中,其亚文化呈现的多元化、后现代性和流动性特色更为明显,并对网络主流文化的发展产生巨大冲击。因此,在网络文化建设进程中,一方面要看到网络族群的崛起对社会民主、自由所带来正面作用;另一方面要认识到网络主流文化所面临的巨大冲击和挑战,对网络族群文化的个人主义、消费主义、拜金主义倾向要加以鉴别和评判,在多元共生的过程中重塑网络文化的理想、道德和信仰,推动网络文化向着文明、健康、理性的方向发展。

第二节　网络社交媒体的角色展演、交往报酬与社会规范

在社会学、艺术学、文学研究中，拟剧理论颇为流行，将社会比作舞台、将个人比作角色、将人生比作表演的论述已不鲜见，而新闻传播学的一些学者也对网络表演问题有所关注。[①] 在网络社交媒体的研究中，尽管近来也引入了一些流行文化、亚文化理论，但是，目前大多数的研究仍然以描述性、概括性为主，对于网民的心理和行为的研究尚较为欠缺。从"拟剧"的角度探讨网络社交行为，可以对网民社交的角色、语言、态度、表演、报酬、社会反响和规范行为进行深入探究，从而深化对网络社交的过程和心理研究。本节拟对此问题进行初步分析，以期对网络社交的方式、内容、目的和规范进行不同角度的解读。

一　网络社交与网民的角色变迁

从网络发展史的角度看，社交网站的崛起，极大地改变了网民在网络空间的"位置"。在第一代互联网时期，网络主要是提供信息的平台，网民在很大程度上是观看者，也是信息的被动接受者。尽管也有一些论坛提供"发帖"的机会，但主题却是网站所设置，网民的发帖行为是对某个主题的意义延伸，难以创造独立的文本，也很难体现其主体地位。但是，随着网络社交媒体的

[①]　关于网络交往与表演的研究，相关的专著较少，但近年来有些论文进行了不同层面的探讨。如陈静茜关注个体以微博客为中介展开的线上和线下两个世界的互动仪式机制，研究使用质化与量化相结合的混合路径，将微博客使用者的新媒介社会互动与日常生活实践相结合，将"线上和线下的表演行为"作为一个分析整体来进行动力学研究（陈静茜：《表演的狂欢：网络社会的个体自我呈现与交往行为》，博士学位论文，复旦大学，2013年）。其他一些论文主要论述了网络社会的角色定位、网络游戏的角色扮演、网络交往的角色等等，内容相对空泛，对网络社交媒体的角色和表演的分析尚不多见。本文则从角色表演、交往报酬与社会规范三个层面对网络社交媒体进行深入探讨，区别于已有的研究成果。

发展，每个网民都可以创造自己的独立"地址"，使自己成为一个媒体，以"我"为中心，通过网络建立一个面向世界的传播主体，客观上成为网络社会的"角色"，进而强化自我意识和社交形象。正如帕克（Robert Ezra Park）所言，无论在何处，每个人总是或多或少地意识到自己在扮演一种角色……正是在这些角色中，我们互相了解；也正是在这些角色中，我们认识了我们自己。① 与现实生活中角色表演依靠的物理空间和社会场景不同，在网络空间中，社交媒体创造出新的"信息场景"②。每个网民都通过自己的网址建构了一个符号化的个体，在虚拟世界中使自身的存在有了另外一个身份。从某种程度看，网路社交媒体使网民具有"观众"和"演员"的双重身份，而对于主体意义的建构而言，"每个个体的自我都是在情境中被树立起来或被建构的；而且，这是在社会制约之下的自我的建构"③。网民在赛博空间的角色展布，不仅推动了网络媒体的社交化进程，也使角色本身进一步媒体化。网络为每个网民提供了自我支配的表演舞台，对"自我"的意义生产和消费产生了极为广泛的影响。

如果以第二代互联网技术作为社交媒体兴起的标志，那么，博客则是网民扮演角色的重要起点。与一般论坛发帖的"附和性"参与不一样，网民开通博客之后，便成为一个具有独特身份的"角色"，每一个博主都是独一无二的象征符号，每一个博客也是充满想象的表演舞台。与剧场表演相似，"行动者/演员必须学会展示自己，让他们的观众注意到必要的手势"④。博主一旦进入"角色"，就在制造社会意义，并形成一个"集体场域"。角色试图给粉丝

---

① 转引自［美］欧文·戈夫曼《日常生活中的自我呈现》，冯钢译，北京大学出版社2008年版，第17页。
② ［美］约书亚·梅罗维茨：《消失的地域：电子媒介对社会行为的影响》，肖志军译，清华大学出版社2002年版，第7页。
③ ［美］兰德尔·柯林斯：《互动仪式链》，林聚任等译，商务印书馆2009年版，第48页。
④ ［英］迈克尔·比利希等：《论辩与思考》，李康译，中国人民大学出版社2011年版，第14页。

留下深刻印象,通过与粉丝的交往获取自我的观念,并体现其社会价值。尽管早期的博客具有"日记"的某些特点,记录着博主的所见所闻、所感所思,但是,博客却是面向网络世界的公开日志,并且具有刻意展览的目的。因此,博主将自我嵌入网络的表演舞台,试图将自己外化为一个符号体系,在构建自我形象的同时,更注重"被观看"的社会反响,"求关注"是博主在网络展演中的重要目的。博客的写作,也由此成为博主的演出过程,并进而产生一系列的文本,供每一个愿意欣赏的粉丝解读。围绕着博客内容所产生的互动,使博主成为"被关注"的中心。其主角地位的影响,是由自我的意义生产和粉丝的观看和回应所共同决定的。

尽管每个博主都是主角,但他们从现实社会进入网络世界的过程中,却经历了许多"过滤"的过程。网络角色与现实角色之间,存在着一定的差异性。在现实社会中,个人的角色定位受到收入、性别、年龄、学历、职业、个性等要素的制约,观众的"在场"也迫使角色需要遵循各种规范。尤其是角色的外在形象、表演技巧、剧情都是被观众所注视,角色的错位和越位都有一定的风险。然而,博主在博客中的写作却是抽象化和选择性表演,具有较强的自主性和可塑性。尽管博主可以每天长篇大论地撰写各类博文,并且可以通过图片、影像和各种链接深化文本的意义。但是,由于博主对文本存在着先入为主的判断,其博文的内容往往根据自己的需要进行写作。一般而言,博主力求通过"化妆"树立自己的正面形象,表现出自己生活中美好的一面,"试图给台下来来去去的观众留下深刻的印象"[①]。其写作已预先考虑到消费者的需求,并具有自我营销和正面传播的预想。因此,博主往往会进行议题选择并进行有限度的"表达","他人在场作为一种'外套'让个体将

---

① [英]迈克尔·比利希等:《论辩与思考》,李康译,中国人民大学出版社 2011 年版,第 15 页。

自身脆弱的易遭攻击的一面掩盖起来"①。通过许多不连贯的文本，建构自己的"正面形象"。此类虚拟性的角色演出，由于不需要事先撰写"剧本"，具有较大的随意性和主观性，与角色的真实身份和生活情境存在着一定的差异。而且，博主能根据内容的需要，不断地改变表演的情境。对于博主而言，"个体是以往互动情境的积淀，又是每一个新情境的组成成分"②。情境的变化，对于博客的媒介场域有着直接的影响。

在自媒体时代，作为粉丝的网民往往进行选择性观看。因此，尽管每个人具有创造自媒体的自由，但在传播范围和传播效果方面，却与角色的身份和演出"技艺"密切相关。博客和微博的点击率和关注度本身已成为衡量博主价值的重要标志。从这个意义上看，名人尤其是娱乐明星的博客具有天然的角色优势和品牌效应。尽管博主也可能通过惊人之语而一"博"成名，但对于大多数博客而言，要获得较高的知名度仍然有着诸多困难。可见，博客的角色折射了博主的身份、地位和影响力，这在微博的发展过程中表现得尤为明显。由于微博更加强调简短与互动，注重即时分享和制造话题，对于博主而言，随时发表微博意味着其表演的"常态化"。但是此类表演的新闻性、随意性和碎片化，导致微博消费的泛化。对于微博博主而言，粉丝的多少直接影响到其表演的效果。"求关注"便成为微博博主表演的主要目的。一些明星的粉丝多达数千万，而普通"屌丝"虽然每天热衷于发微博，却难以引发"围观"。因此，无论是博客还是微博，博主的身份对其媒体影响力起着重要作用，而表演的内容和技巧则是提升知名度的重要手段。

而微信则以"熟悉人社会"为基础，仅允许朋友观看与互动，这就将很多"局外人"排除在社交范围之外。对于许多微信用户而言，创建微信号仅

---

① ［澳］迈克尔·A.豪格、［英］多米尼克·阿布拉姆斯：《社会认同过程》，高明华译，中国人民大学出版社2011年版，第167页。

② ［美］兰德尔·柯林斯：《互动仪式链》，林聚任等译，商务印书馆2009年版，第33页。

仅是为了建构网络上的小型剧场，用户一般通过手机号码"汇集"朋友圈，具有较高的信任度。但是，微信上的社交是符号意义上的交往，与现实情感交流有着很大区别。用户是微信剧场的主角，所有的"朋友"都是可以调动的观众，由于用户设定了观众的范围，对参与者寄予了较高的互动期待，因此，角色的演出更为大胆和直接，内容更是日常化和私密化，尤其是养生保健、心灵鸡汤之类的链接，充斥微信朋友圈。值得注意的是，随着朋友圈社交功能的扩展，用户与朋友之间的双向情感交流却日益淡化。推送消息和转发新闻已成为微信用户的常态性动作。因此，与博客与微博的写作不同，微信强化了二手文本的作用。用户注重身份符号的在场，关注自身生活和"身边"的故事，获得"点赞"是其表演的重要目的。但微信演出的随意性也导致了剧本的缺失，用户对发微信越来越"任性"，微信角色在思想、情感上的表演功能有淡化的趋势。因此，博客和微博是媒体化社交，用户的角色本位意识较强，表演范围较广，但受客观条件的制约较多。而微信则是社交化的媒体，用户的主导意识较强，表演技巧弱化，但观众的参与度较强，交往功能较为明显，其情感沟通和思想交流作用却没有得到充分发挥。

二　网络交往中的角色展演与社交报酬

网络社交媒体的发展，与网民对网络交往的强烈诉求有着直接的关系。而网络技术尤其是移动互联网技术的发展，推动了网络社交的广泛普及。网民从选择性表演到即时性表演的时空转变，意味着网络已逐步嵌入人际交往系统，成为人体器官的延伸。网络社交媒体的发展，与政治、经济、文化等因素有着密切关系，尤其是随着社会流动和城市化进程的加快，大量网民自我表达强烈与现实交往淡化的矛盾较为突出，运用网络社交媒体进行自我实现和社会交往成为一种普遍性的需要。

网民利用社交媒体建立以自我为中心的交往过程，本质上是追求自我实现和获得社会认同的精神活动。网民的社交活动根据情境的区别而需要付出不同的成本,包括物质成本、时间成本和其他成本,这就意味着他要追求交往的预期收益。而获取情感能量则是网络交往的主要动机,正如柯林斯(Randall Collins)所言,个体的情感能量,是一种采取行动时自信、兴高采烈、有力量、满腔热忱与主动进取的感觉。① 情感能量是体现交往价值和效果的重要标志,通过网络交往过程中情感能量的互补、循环和再生产,网民获得了情感满足、群体认同和符号资本,体现了社会交往所产生的相应报酬。社交报酬产生于互动的过程,与一般的劳务报酬有一定的区别。根据彼得·M. 布劳(Peter M. Blau)的分析,社会交往也可能会由于一种不同的原因而产生报酬,个体常常从社会关系中得到特定的好处,因为他们的伙伴有意不顾某种麻烦为他们提供这些好处。② 社交报酬不仅仅是一个经济概念,它对网民获取文化资本、社会声望、群体认同等方面都有着重要价值,也对网民的社交动力和交往结果产生直接的影响。

　　社交媒体的发展,使网民获取角色的成本极低。网民只要在网络上申请一个账户,便成为网络自媒体的主角,以自我为中心进行表演。在一般情况下,网民在社交媒体中是"私人"表演,不需要剧班的协作和集体排练,角色就可以与观众之间频繁互动,这进一步淡化了角色的神秘色彩。此类社交化的私人媒体,体现出角色对"剧情"具有很强的控制能力,并且具有故意泄露秘密的"后区偏向"。正是因为如此,利用自媒体进行社交具有极强吸引力。对用户而言,一旦在网络上"演出"成功,就可能一夜成名,获得高额的社交报酬。而"轰动效应"是角色成名的重要原因,因此,"注意力"作为稀缺资源的价值更受关注。由于有较高的报酬预期,一些角色甚至不惜一切手段吸引观众的"注意力"。如木子美的成名就得益于其博客的"身体写

---

① [美]兰德尔·柯林斯:《互动仪式链》,林聚任等译,商务印书馆2009年版,第87页。
② [美]彼得·M. 布劳:《社会生活中的交换与权力》,李国武译,商务印书馆2008年版,第51页。

作"。2003年6月19日,木子美开始在博客网上公开性爱日记《遗情书》,当时访问量并不大。至8月某日,木子美在日记中记录了她与某乐手的"一夜情",导致其网络日记的访问量飙升。另外一位竹影青瞳也是如此。2004年1月5日起,她在天涯虚拟社区的个人博客上实时更新自己的裸照,一个月内点击数飙升到13万多。而最具有传奇色彩是"芙蓉姐姐",在人气旺的时候,每天有5000人以上同时在线等着她的文字和图片。这些网络红人的表演技艺,以"身体展示"为重要方式,角色的思想、台词、情节反而无关紧要,这与现实剧场的表演规律有着很大的差异。尽管此类违背社会道德伦理的表演具有一定的风险,但是对于这些敢于越位的表演者而言,"冒风险本身就是一种给别人留下深刻印象的方法"[1]。草根们利用社交媒体进行"社会流动",努力离开他们的群体("退出"),寻找能够给他们提供更加满意的认同的群体("穿越"),[2] 其获取的高额社交报酬,对网民的社交期望有着重要的影响。

当然,一些草根凭借自身的才能和努力,通过社交媒体的"造势"也可以获得意想不到的社交报酬。如湖北钟祥的脑瘫诗人余秀华,本来是一位极为普通的乡村中年妇女,但她多年来坚持写诗,将诗歌作为自己人生的拐杖。她的诗歌真挚质朴,来源于对乡居生活和自身遭际的感悟,但这位足迹不出乡里的农民诗人却一直默默无闻。直到2015年初,她凭借一首《穿越大半个中国来睡你》而红遍大江南北,促成她成名的重要原因是学者沈睿的网络推介。2015年1月13日,沈睿写下一篇阅读余秀华诗歌的博文,并为其贴上"中国艾米丽·迪金森"的标签。随后,这篇博文与余秀华的多首诗作"如病

---

[1] [美]彼得·M. 布劳:《社会生活中的交换与权力》,李国武译,商务印书馆2008年版,第81页。

[2] [澳]迈克尔·A. 豪格、[英]多米尼克·阿布拉姆斯:《社会认同过程》,高明华译,中国人民大学出版社2011年版,第68页。

毒般"在网络扩散。① 余秀华的博客粉丝在四天后从 200 个增加到 2000 多，全国知名媒体纷纷到余秀华家里采访，有数家出版社要免费为她出版诗集。当地文坛也对她另眼相看，不是作协会员的她，却在 1 月 28 日当选为钟祥作协副主席。按照钟祥作协主席蔡章田的说法，当选作协副主席是对她的肯定，也正式确立了她在当地文坛的地位。② 可见，余秀华的突然走红，在很大程度上得益于网络社交媒体的挖掘、推介和传播。她在短期内获取交往报酬的方式，与传统社会乡下文人的成名之路已有本质的区别。

随着微博的发展，许多网民热衷于从微博中展现自我和获取报酬。由于微博可以即时演出、分享、传播与获取，这为用户进行"碎片化""全天候"表演提供了极大的便利。"我微博、我表演"已经成为一种生活方式。在微博中，人人都想充当新闻记者和发言人，因此，吸纳粉丝的关注便是博主们表演的主要目的。而微博进一步丰富了图像、视频的播出手段，运用表象符号有利于丰富角色的表演形态和内容。一些商业网站还对微博粉丝量进行级别划分和勋章奖赏，激发了用户对粉丝的需求和报酬的预期。在"写"与"刷"之间，微博成为用户身份符号和表演舞台，任何一种"姿态"都具有社会表征的意义，而粉丝量则在很大程度上意味着角色的知名度和报酬度。在微时代，以用户演出为中心，以世界为舞台的超级大剧场充满了报酬诱惑，"互粉"则进一步促进了角色与观众之间的"互利共赢"。一些名人微博动辄以数千万粉丝自况，如姚晨的粉丝就达到 7000 万以上，尽管其中有些"僵尸粉"，但是数千万粉丝可以围绕一个角色进行观赏和互动，这显然是微博所创造的神话般的"剧场效果"。娱乐明星在微博上的演出，具有很强的轰动效应和营销效果。如陈赫的微博有粉丝 1800 余万，2015 年 1 月 22 日深夜，陈赫发微博承认已离婚，不到 4 小时这条微博的互动量就达到 200 万次，创造单

---

① 刘洋、王伟凯：《"一生荒唐"余秀华》，《南方都市报》2015 年 1 月 22 日 A13 版。
② 《余秀华当选钟祥作协副主席：我还写诗》，《南方都市报》2015 年 1 月 30 日 A18 版。

条微博互动量的新纪录。① 至24日凌晨，新浪微博上该话题居于榜首，跟帖议论的2721万网友分为四派："挺陈赫""挺许婧""求复合""反秀恩爱骗钱"②。陈赫在微博上的简短表演，竟然引发上千万人围观和讨论，微博的名人演出效应可见一斑。

由于名人微博的巨大影响力，一些名人微博的单条转发价格就达2万元以上，报酬之高，远非传统门票市场所能比附。正是由于微博"演出"市场的火爆，一些传统的博客红人如凤姐、芙蓉姐姐、天仙妹妹、胡戈等人纷纷热衷于在微博上表演，其粉丝数量的暴增也激发了网络上新一轮表演竞争。各种猎奇、八卦、谣言、炫富的手段也层出不穷，针对微博大V们演出的操作团队也大量出现。如秦火火、立二拆四之类的网络推手大行其道，他们通过制造轰动（create a sensation），策划作秀（publicity stunt），让一些草根通过出位表演而一夜成名。如立二拆四就是郭美美炫富事件的幕后推手。可见，此类表演存在严重的"后台操纵"现象。

随着微信的"摇一摇""漂流瓶""朋友圈""公众平台""语音记事本"等服务插件的普及，其社交化、娱乐化、商业化的多元趋势较为明显。微信以信任为社会资本的交往前提已受到极大冲击。对于许多用户而言，小圈子文化已很难满足他们的表演欲望和社交动机。在现实生活中，加"微信"已成为社交聚会的"常规动作"。增加"朋友"的数量，对用户有着极大的存在感和满足感。增加更多的微信号，就意味着表演半径的扩大。对于许多用户而言，微信一对一的互动交流功能已经退化，利用微信舞台进行个人表演已上升为第一主题。所以，朋友圈已成为网络世界中无数个相互链接的剧场。表面上看，用户是在表演给他的朋友看，但是他的朋友们通过即时转发，便

---

① 《陈赫微博证实离婚，4小时互动200万创微博新纪录》，http://finance.china.com/fin/kj/201501/23/0387785.html，2015年1月23日。
② 《网友最恨！离婚了还秀恩爱骗观众》，《广州日报》2015年1月24日B1版。

可使任何"表演"在网络世界广为传播。而微信即时转发功能的无限链接，已经使"朋友圈"形同虚设，网络上任意的链接点都成为节目收转的剧场，微信表演的"私密性"已比传统媒体更为公开。大多数用户在微信圈的公开转发已令人心知肚明，转发已经成为一种存在、一种价值，它本身已替代表演，成为角色演出的基本方式。因此，微信不仅在培养"低头党"，而且使表演的功能简化为自我展示和文本链接。与博客以文字为主要表演方式不同，微信用户的演出更多地借助图片与视频，以图像符号作为表演的基本内容。一些用户热衷于描述自己的身体和生活，便通过大量的图像来表达自我的主体价值。尤其是一些企图微信成名的用户，在微信圈日常性地发布自己的裸照和半裸照。如微信红人苏小美、李好好、黄可等人，对"露乳"有着强烈的癖好，她们的展演，以"点击率"作为获取报酬的根本目的。显然，不雅照片和视频的链接已成为肉体诱惑的象征，其影响远高于木子美早期的"身体写作"。而一些娱乐圈的名人则利用微信公众号进行营销，并与网络媒体进行商业策划，充当影视明星和网络红人的双重角色。如腾讯旗下的娱乐频道推出一档"微信大明星"栏目，陆续将黄晓明、杨幂等约60位娱乐明星邀请进入微信，并大力推广。与此同时，引入各个热门媒体，如"中国好声音""非诚勿扰"等，推动微信公众号的"无圈子化"，在公众号中大量模仿、抄袭和转发各种娱乐新闻和香艳故事，以获取极高的跨圈子报酬。

三　表演崩溃与网络社交的失范

在现实生活中，剧场表演是一个严格遵守规范的过程，演员必须按照剧本的要求，根据剧情在语言、动作、表情等象征性行为方面体现应有的角色意识，并严格按照剧班的要求进行协作和分工。但是，社交媒体的表演是以个人为中心的"独角戏"，由于身体缺场（Body absence）和时空分离，角色被抽象化为一种网络身份符号，前台和后台之间没有显著的空间区隔，角色对剧本和台词并不特别看重，其表演具有很强的主观性和随意性，表演崩溃

(Performance disruptions) 便成为经常出现的现象。戈夫曼认为表演崩溃有几种主要形式：无意动作、不合时宜的闯入、失礼以及闹剧。① 这是根据演出情景中出现的"事件"所做的划分。在网络社交媒体中，由于表演基本上由角色单独完成，表演崩溃更多地体现为个人缺乏责任感、道德感、法规感而导致角色的错位和越位，使角色本身遭受声望、报酬和其他方面的损失，并对社会产生了一定的负面影响。尤其是近年来社交媒体出现的某些娱乐新闻事件，呈现营销团队的炒作迹象，其背后的动机尤其值得关注。

按照福柯（Michel Foucault）的全景监狱理论，在任何一个社会里，人体都受到极其严厉的权力的控制。那些权力强加给它各种压力、限制或义务。② 网民在社交媒体的表演也是被全程"监视"的。网民的表演呈现的是公共自我。"当公共自我受到关注时，个体会为了被社会接受而服从或遵守群体规范。"③ 因此，网民一旦进入角色，应该对自己的身份有着清醒的认识。在追求自由、张扬个性的同时，必须考虑到表演的礼仪、道德和规范，尤其是要注意到表演所产生的可能后果，加强表演过程的"印象"管理。但是，由于在网络社交媒体的发展过程中，相关的制度和法律尚不完善。尤其是在用户可以隐瞒真实身份的情况下，网络社交媒体的表演乱象更是层出不穷，由此形成的各类事件传播快捷、影响广泛，对社会心理、文化、道德、法制的冲击非常明显。因此，网络社交媒体的表演崩溃，不仅影响到用户个人的声誉和报酬，其引发的社会问题更值得高度关注。

从网络社交媒体发展的初期开始，表演崩溃现象就已经广泛存在。利用博客泄露隐私、传播色情、制造谣言已成为常见的演出手段。从木子美的身

---

① [美] 欧文·戈夫曼：《日常生活中的自我呈现》，冯钢译，北京大学出版社 2008 年版，第 182 页。
② [法] 米歇尔·福柯：《规训与惩罚》，刘北成、杨远婴译，生活·读书·新知三联书店 1999 年版，第 155 页。
③ [澳] 迈克尔·A. 豪格、[英] 多米尼克·阿布拉姆斯：《社会认同过程》，高明华译，中国人民大学出版社 2011 年版，第 155 页。

体写作到凤姐的身体表演，一些角色将身体作为一种原始资本，在网络世界进行公开和轮回巡演。从"艳照门"到"脱裤门"，再到后面的"摸奶门""卧室门""电梯门""网吧门"……不雅照频繁出现在网络上，令人目不暇接。这类不雅图片和视频大多通过博客和微博制造和转发，并在商业网站的报道和炒作下，通过"事件营销"形成新闻热点和舆论焦点，引发网民争相围观，激发"裸体秀""窥阴癖"的病毒式传播。显然，这些事件的主角具有强烈的博名博利意图，他们为了满足私欲而不顾表演的基本规则，尤其是对公众利益和道德伦理不屑一顾，从而制造了一幕幕"闹剧"、丑剧和恶作剧。此类表演使身体的色情化产生强大的从众效应，并促使更多的草根加入到网络"露点""越轨"的行列，推动网络社交媒体中色情主题的不断放大和蔓延。据新民网的独家报道，自2014年以来，通过微信、陌陌等新型社交工具引发婚外情的案例增加了20%；在导致离婚的婚变诱因中，"第三者插足"占74.6%，位居第一。[①] 可见，许多已婚男女已将社交媒体作为从精神出轨到身体出轨的表演场所，对家庭生活和道德伦理带来了极大的负面影响。

与书信面向特定对象的倾诉不同，网络社交媒体中的言说具有公开和快速传播的基本特征。这就要求角色必须有高度的自我保护和社会公德意识，不能图一时之快而危及自身安全和他人利益。然而，许多用户不喜欢用纸笔记录自己的心路历程，往往将网络社交媒体作为自己最信任的"器官"，在博客、微博、微信上毫无顾忌地"挖掘"自己的隐私，不考虑自揭伤疤所造成的社会影响，体现出表演技能的拙劣和安全意识的低下。此类表演崩溃现象体现出网民在日常生活中的孤独和苦闷，也表明他们对网络社会的盲从和无知。如一位新婚不久的女子，在博客中表达了对前男友的思念，被丈夫无意发现。很优秀、很体贴的丈夫怒而提出离婚，婚姻就此结束。此类的"随笔"

---

① 《微信陌陌等"交友神器"致婚外情激增二成》，http://shanghai.xinmin.cn/msrx/2015/01/29/26660004.html，2015年1月29日。

虽然是偶尔为之，却给自己、家人带来了极大的伤害。而随着微信的普及，用户在微信上自揭家底似乎成为时尚，从育儿经验到外出旅行，从婆媳矛盾到宠物生病，微信成为个体日常生活的全景展演。朋友圈的观众则经常产生审美疲劳，对此类毫无观赏价值的演出深感无奈和厌烦，而一些心术不端的网民趁机出卖他人隐私和欺骗敲诈。可见，社交媒体中自暴隐私的现象，表明一些网民缺乏自我保护意识和自尊自爱精神。

在表演过程中，"角色扮演所产生的关键问题在于，它是被人相信，还是被人怀疑"[1]。因此，角色与观众之间的信任与尊重是最基本的演出规则。随着社交媒体的普及，尤其是微信社交的发展，绝大多数人已习惯于在网络上进行自我展演和寻求交往对象。但是，无论是微博还是微信，网络社交的展演与观看，都在一定程度上体现了"心不在焉"的特征。"看"与"被看"的快速转移，使用户经常"浏览"却缺乏中心议题。一般的新闻和表演已经很难吸引用户的眼球，这就为虚假新闻和事件营销提供了机会。2013年的娱乐新闻中，"陈坤七百万"就典型的假新闻。有人在微信中声称，168元则可成为陈坤微信年度会员，之后还有人爆料称陈坤微信日进700万元。而2014年流行的一则"95后女网友用身体换旅行"的假新闻，就源于某软件公司利用某"95后萌妹"在微博上发布的"0元游中国"计划：面向网友征集"临时男友"。这位女孩在微博上的虚假表演很快引发媒体的高度关注，报刊媒体纷纷转载，一时成为社会热议的焦点。近年来，一些谣言制造者还利用网民对健康问题的关注，在微信上制造大量食品有毒、食物致癌的谣言，引发网民不安和恐慌。可见，这些虚假新闻之所以能够广泛传播，主要是那些"托儿"表演得较为传神，但这些虚假表演毕竟不能以假乱真。此类缺乏良知和违背法规的演技，最终会导致表演崩溃并受到法律的应有制裁。

---

[1] [美] 欧文·戈夫曼：《日常生活中的自我呈现》，冯钢译，北京大学出版社2008年版，第215页。

值得注意的是，一些网络社交媒体的象征性表演，往往具有片面性、欺骗性和煽情作用。即便是微信的朋友圈，也难免出现欺诈犯罪活动。一些犯罪分子利用一些网民内心空虚、爱慕虚荣、追求激情的心理，通过"摇一摇"手段进入朋友圈，引发陌生人交流，通过心理攻势，娴熟地展示各种伪装技巧，逐步骗取网民的信任，进而进行胁迫、诱骗和色情活动。2014 年 11 月，讷河监狱五监区犯人王东因涉嫌微信诈骗，被齐嫩地区人民检察院收押审查。王东利用微信与监狱附近地区的至少 4 名女性聊天，并骗取钱财。与王东保持情人关系的女性至少有 7 名，至少有 3 人给过王东钱，有两人已婚。目前已知受骗数额最高的是在讷河监狱工作的一名女性，她给了王东 8 万元，至今未能索回。① 一个在押犯人竟然在监狱里利用微信骗取了多名女性的信任，这一方面说明其表演的欺骗性极强，另一方面说明这些女性对社会信任缺乏基本的认识。可见，此类"闹剧"体现出微信"朋友圈"的边界已经失效，犯罪分子的拙劣表演正在危及微信圈子文化的信任底线。

四 网络社交媒体的角色定位与规范

在一定程度上看，人只有通过社交才能认识自我，并成为社会人。网络社交媒体的广泛普及，对于扩大网民的交往范围，提高网民的交往意识，推动网络公共领域的发展都有极为重要的意义。在网络社会，人离开社交媒体就会导致一定程度的自我封闭和社会区隔。但是我们应该看到，网络媒体偏向于传播表象符号，在有利于个人表演的同时，也极大地遮蔽了思想和文化深度，尤其是降低人的反思性智力，而反身性恰恰是人的本质所在，"反身性是心灵在社会过程内部发展所必不可少的条件"②。然而，网民过度迷恋网络

---

① 《在押犯利用微信诱骗多名女性》，http：//news.163.com/15/0122/09/AGI7MI6J00014Q4P.html，2015 年 1 月 22 日。

② [美]乔治·赫伯特·米德：《心灵、自我与社会》，霍桂桓译，译林出版社 2012 年版，第 148 页。

社交会导致价值迷茫。因此，科学、健康、适度地运用网络社交媒体，不仅关系到网民的身心健康和自我发展，也对整个社会文化的发展有着极为重要的影响。

对于网民而言，要养成良好的网络社交习惯，树立正确的社交角色观念。从总体上看，网络的确为大众的交往提供了平等的平台。正因如此，许多网民认为网络社交可以颠覆精英文化的统治地位，而且一些草根在网络上的成名也具有励志的作用。但是，网路社交本质上受个体的文化、经济、社会资本的制约，同时，网络社交本身需要付出情感、时间和成本。我们不能将现实社交和网络社交区隔开来，片面地追求网络社交而淡化人际交往，尤其不能疏于与家人、朋友的交往。事实证明，如果网民在现实生活中没有处理好与家人、同事和朋友的关系，片面依赖网络社交建构理想的人际网络是非常困难的。因此，只有客观、理性地看待社交媒体的作用，我们才能从中获得应有的交往报酬。只有理性、适度进行网络社交，才能更好地处理工作、学习与网络生活之间的关系，更好地体现网络社交的情感和社会价值。

在网络社交过程中，网民体现出象征性的身份符号，但反映了个体的"此在"，表征了个人的行为和观念系统。因此，任何人都应该对自己的网络行为负责。尤其是在获取交往报酬的同时，要认真履行自己的义务。对于网民而言，在社交媒体中的表演，具有社会角色的本质属性。网络剧场尽管没有边际，但是角色的身份和定位却十分重要。无论是博客、微博还是微信，网民所建立的社交媒体都是在确立自己的主角身份。一个成熟的主角应该在演技、品德和责任心方面表现出应有的水准，从而维护自身的良好形象。从这个层面上看，现实交往中的信任、友爱、真诚、谦和等基本原则都应该在网络社交中得到遵从。相反，那些虚假、欺骗、色情、犯罪行为都应该坚决杜绝。这并不妨碍网络交往的自由、平等、民主原则，也不会影响到网民的知名度和美誉度。如果网民一味追求名利，不顾道德和法律底线，最终只会导致表演越轨和身败名裂,一些网络大 V 如薛蛮子、秦火火、郭美美的结局就很能说明问题。因此,在现代社会,网民扮演好社会角色,应首先明确自己的公民角色。正如 P. K. 博克(Philip K. Bock)所言:公民角色包括下列期望:忠于祖国,遵纪守法,享受公民权利,讲自己的母语,按照一些没有明文规定的习俗行事。这些期望适用于社会的所有成员,而不管他们的亲属、职业或其他角色是什么。①

网络社交媒体发展极为迅速,但其管理和规范相对滞后。在博客、微博的发展过程中,许多用户使用匿名身份登录,这就使对网络社交平台在道德和法律层面的制约较为困难。在缺乏严厉监管的背景下,用户的造假和违法成本很低,这在客观上为一些用心不良者提供了制造事端的机会。近年来,由于对博客、微博实行实名制,在源头上为用户设立了角色底线,对用户的交往行为起到一定的规约作用。如原来一些用户在博客、微博中相互吹捧和自我推销,实行实名制之后,一些博主便不好意思"自吹自擂"了,至于造谣惑众之类的行为,便会受到"盯防"而大为收敛。尽管实行实名制引起了一定的争议,但其规范网络社交的正面作用是值得肯定的。

社交媒体发展的根基是信任,信任可以在一个行为规范、诚实和合作的群体中产生,它依赖于人们共同遵守的规则和群体成员的素质。② 但是,一些网络社交媒体进行造谣、诈骗活动的情形较为严重。由于一些不法之徒对网络技术、网民心理有深入了解,手段更为隐蔽和多样,查处难度极大。这就需要政府、社会和网民进行协同治理,在规范网络社交行为、净化网络环境的同时,制定适应网络媒体发展需要的法规,探索网络社交媒体管理的新机制,体现网络社交文化的新进展,促进刚性管理和柔性治理的有机结合。

---

① [美]P. K. 博克:《多元文化与社会进步》,余兴安等译,辽宁人民出版社 1988 年版,第 104 页。

② [美]弗朗西斯·福山:《信任:社会美德与创造经济繁荣》,彭志华译,海南出版社 2001 年版,第 30 页。

总之，网络社交已成为网民交往的主流形态，绝大部分网民在网络社会充当着社交角色。面对网络社交媒体发展的新趋势，作为社交角色的网民要注重自律和他律的有机统一。一方面，要对自己进行角色定位，树立正确的名利观、道德观、交往观，坚守网络交往的底线，防止网络表演的越位和错位，坚持文明、理性、适度的网络交往原则，促进网络文明进步和自身的全面发展；另一方面，网络社交媒体作为国家现代治理体系的重要对象，不仅需要在网络技术、组织、管理和法制上不断提升和完善，更需要对网民的网络社交素养和社交文明进行系统化的引导与培育。因此，网民的角色定位和社会的有序管理，是推动网络社交文明建设不可或缺的两个方面。两者的有机结合和相互统一也是推动网络文明建设的应有之义。

第三节　网络社交狂欢、沟通障碍与自我迷失

麦克卢汉说媒介即是信息，在网络时代，网络不仅是信息，还是通用的社交工具，尤其是随着微博、微信的普及，手机更是成为用户的社交"器官"。互联网成为"无地方之地方"，是网民赖以生存的"大本营"。在网络社交时代，不微信，不入朋友圈，则意味着你已被"另类"了。今天，书信已被微信取代，"微信"已成为网民相聚的"世界"，微信同样成为化解"孤独"，结交"朋友"的虚拟客厅。发微博，加微信，找朋友，求转发，晒图片，入微信"党"，已成为流行的社交方式。在 Web3.0 时代，即时社交的"互动"与"共动"，让每个用户都有"天涯若比邻"的存在感。然而，网络社交的狂欢，并不意味着情感沟通的顺畅，更不代表朋友价值的升华。网民如果片面追求线上交往的"虚拟化存在"，可能会与现实生活中的"失落""孤独"有着强烈的反差。本节拟就网络社交与情感沟通问题展开初步探讨，

对其负面影响进行深入思考。

一　网络社交狂欢与朋友圈扩张

根据腾讯的统计，2016年第二季度数据显示，微信和WeChat合并月活跃用户数达8.06亿，同比增长34%。六成以上的用户每天打开微信超过10次，55%的用户每天使用微信超过1小时，半数以上的用户拥有超过100位好友。[①] 毋庸置疑，微信已成为网络最流行、最广泛的社交方式。日常生活的"微信化"已成为潮流，无论在餐桌上、公交上还是在电梯里，网民都专注于"微信"的世界，将时间交给"微信"，浏览、聊天、转发，每个人都像高超的调琴师，在手机屏幕上优雅地来回"调拨"微信的"琴弦"。许多用户还用耳机与周遭的世界进行"区隔"，以达到"旁若无人"的境界。通过微信，用户手机里装着另一个世界，他们的喜怒哀乐在"微信"中产生"效果"，周围的人仅仅是特定空间的"符号"而已，其存在对于他们的微信世界而言，是另外"一个世界"。在微信里聊天，到微信中找朋友，是网络社交的流行生活方式。

微信改变了传统社交的基本模式，握手、递名片在微信社交时代都已经是"多余"的套路。加某人的微信号就等于加上一个"好友"，可以随时随地聊天，可以通过相互的朋友圈了解他的立体化生活，他的工作、旅游、兴趣和"点赞"，都可以通过微信互动全面展示。朋友之间无须见面，无须眼神的交流，无须身体的在场，打开微信，朋友像超级"橱窗"，每个人都近在眼前，每个人都可以任意挑选。一机在手，可广交天下朋友。李清照所言"云中谁寄锦书来，雁字回时，月满西楼"表达了对友人书信的期待，而在微信时代，"明月千里寄相思"已成为多余的哀愁。我们不需要"寄锦书"，也不

[①]《微信月活跃用户数量破8亿　2016年腾讯每天收入3亿》，http://mt.sohu.com/20160818/n464827976.shtm，2016年8月18日。

必等"雁归来",打开微信,朋友"招之即来",远在天边的朋友便在眼前。微信拉近了朋友间的时空距离,使交往无处不在。因此,微信改变了"信"的内涵和外延,使交流从书信的时间偏向中走向微信的空间偏向。即时的微信与延时的书信在形态、内容、方式上并无内在的关联。在微信时代,网络已经库存了"朋友","我社交,我做主",网络社交神话让人兴奋不已。

随着手机上网的广泛普及,微信社交的范畴进一步扩大。对于大多数用户而言,微信社交与服务已日益生活化,手机"通话""短信"的功能不断萎缩,看新闻、上微信成为手机用户的流行动作。在公共场所,一些用户迫不及待地询问 Wi-Fi 密码,有了它,便有了另外一个世界,便获得了另外的"时间"。因为在虚拟世界里,你能够变成"任何你想成为的人"[1]。你可以通过微信,联系到世界上任何角落的朋友。因此,许多微信用户"机不离手",生怕错过微信里任何一条"提醒",错过任何一条消息。微信上的红点具有魔力和磁力,它不断地提示用户要关注"朋友"。打开微信,寻找红点,就找到了朋友圈,就会有色彩斑斓的群体生活。敬而远之的领导、点头之交的同事、久不联络的亲戚、一面之缘的朋友、话不投机的同学,再加上送货大叔、快递小哥、售楼小姐、美容顾问、养生专家……,还有"摇一摇"就可加入的"朋友",他们不断扩展着你朋友圈的外延,在这里,普通人都可以实现"社交达人"的梦想。

由于朋友圈热闹无比,"微时代"的许多消费者越来越无法忍受严肃的长篇阅读,厌倦独立思考和自我反观。他们沉醉在鸡汤、八卦、吐槽、搞笑与养生的海洋中,享受指点江山的良好感觉。对于他们而言,群体生活无处不在。"红包党、点赞党、晒幸福党、国外度假党、鸡汤党、谣言党、养生党、营销党、健身党、隐身党……你总有志愿要加入某个'党'。但你选择将信息

---

[1] [荷]约斯·德·穆尔:《赛博空间的奥德赛》,麦永雄译,广西师范大学出版社2007年版,第186页。

源锁定在封闭的朋友圈，每天大家探讨的话题都出奇一致。朋友圈和'10万+'一起，决定着整个城市的话题。"① 一位网友描述"停电前"自己的网络生活：我的手机上有4个通信软件，iPad上有6个视频播放软件，微信上有1027位联系人和52个群聊小组，其中超过10个是频繁蹦出更新消息的500人大群。停电前的每一刻都有无数热闹涌入这个房间——手机上时不时蹦出来的新提醒，来自天南地北的五花八门消息；视频网站正在播出的新节目，直播平台上看得到世界上另外一个困在房间里的人唠唠叨叨说些有的没的。互联网塑造了一个抵御孤独的防空洞，涵盖了光纤所及的所有社交关系，借此抵御生活真实的乏味。② 可见，网络可以随时随地制造社交文本与话语，它用"热闹"来抵制网民独处时的无聊。加入各种微信群，你可以眼花缭乱地跟随各种朋友在无数个"链接"中取悦自己，忘却时间和物理身体的存在。你的朋友群越多，你翻阅和即时欣赏的机会就越多，你抵御孤独的时间就越长。你有网上的朋友作陪，"节目"的内容并不重要。朋友圈是排解孤独与无聊的"殿堂"，是网络拜物教之后流行的新"圈子主义文化"。

的确，网络给我们创造了社交红利，让我们足不出户便可以广交天下朋友。网络不断满足现代人的需求，为社交提供了便捷的途径。正如雪莉·特克尔（Sherry Turkle）所言，技术是极具诱惑力的，因为它能弥补人性中脆弱的一面。而我们的确是非常脆弱、敏感动物种。我们时常感到孤独，却又害怕被亲密关系所束缚。数字化的社交关系和机器人恰恰给我们制造了一种幻觉：我们有人陪伴，却无须付出友谊。在网络世界中我们彼此连接，同时也可以互相隐身。③ 网络社交更多地从满足需求的角度进行"共享"，信息的复制也成为朋友圈扩张并获取海量"友谊"的重要原因。但是，网络媒体提供

---

① 宗禾：《滚蛋吧，朋友圈》，《新周刊》2016年第6期。
② 《互联网孤独症候群》，《中国青年报》2016年7月13日第11版。
③ ［美］雪莉·特克尔：《群体性孤独》，周逵、刘菁荆译，浙江人民出版社2014年版，第2页。

的"账面社会资本",与网民真正拥有的情感资本之间,并不成正比例增长。我们在网络上拥有无数的朋友,但回到现实中来,却很难找到倾诉的对象。网络"朋友"很多,互动很多,但沟通却很少。网络社交表面上的热闹,类似于通货膨胀,我们看到了表面数字的增长,但情感世界并没有充实,朋友圈很大,但知音难觅。"越微信,越孤独"已成为许多网民的共同感受。网络社交固然热闹,但它并不代表"深情",更不意味情感价值的提升。而真正的沟通,恰恰需要从"心"开始,通过情感交流才能逐步强化。

二 网络社交的视觉景观与沟通困境

德波(Guy Ernest Dobord)在《景观社会》的开篇就指出:在现代生产条件无所不在的社会,生活本身展现为景观(spectacles)的庞大堆聚,直接存在的一切全部转化为一个表象。[①] 德波所言的景观是工业社会的标识。在网络社会,网络本身就是"景观",尤其是微信朋友圈的景观,不仅表现为符号的累积,而且表达了以图像为主导的视觉文化,并发展成为一种"图像至上主义"景观。

微信朋友圈"圈"了数量不等的朋友,每个朋友既是演员,又是观众。在朋友圈这个透明的、无所不包的剧场中,"表演"与"艺术"产生断裂。"表演"是一种形式,是朋友借助"符号"表达主体存在的方式。因此,"转发"和"晒"便成为表演的主要手段。"转发"是"链接"或"复制"别人的表演来表达自己的观念,它无须成本、无须"思考"、无须"劳作"。在网络世界中的游荡者,可以随处遇到各种"鸡汤"、各种"养生"、各种"感想",随手转发,便成为朋友圈的景观。而"晒"则是自我展演的主要手段。在朋友圈发照片、发视频、晒幸福、晒恩爱、晒娃娃、晒旅行、晒聚会、晒美食、晒服装、晒宠物、晒心情,生活无处不"晒"。"晒"表达了自我在朋

---

① [法]居伊·德波:《景观社会》,王昭凤译,南京大学出版社2006年版,第3页。

友圈的角色感,展示了自我的幸福感,表达了主体的存在价值,填补了其内心的空虚和无聊。"晒"的是图像,是生活景观,与文字无关,与思想无缘。"晒"的目的就是要将个人生活图像化,甚至将个人隐私"图片化",让人欣赏,让人"点赞"。不"晒"不成"圈",不"晒"无话题。正如尼古拉斯·米尔佐夫(Nicholas Mirzoeff)所言:"在这个图像的旋涡里,观看远胜于相信,这绝非日常生活的一部分,而正是日常生活本身。"① 但朋友圈的"晒"文化,却是以自我为中心的演出,它没有严格意义上的前台和后台之分。"晒"是一种即兴表演,没有可以参照的剧本;"晒"又是一种竞赛,是朋友圈的一种"攀比"。晒的是图像,但收获的大多也是"图像"。大家心照不宣,竞相输出各种图像中的"自我"。然而,由于朋友圈的"演出"无处不在,作为"他者"的观众很快就会出现审美疲劳,大量的"图像"在视觉瀑布中成为"过眼烟云"。

面对"图像主义"的盛行,朋友们以"点赞"表达形式上的"回应","点赞"成为寒暄式社交的流行动作。"寒暄式交流的焦点是社交联系,而不是信息的意向或对话的意向。"② "点赞"是维持朋友圈"交往"的规则,有人"晒",就需要有观众表示在"看"。这就类似情景喜剧中预先录制好的掌声,需要随机播放,以取得演出效果。对于朋友圈的"点赞"者而言,他们已经形成了"条件反射",不分地点,不分对错,不分对象,一律"点赞"。这种形式上的"肯定",本身就是一种抽空了意义的景观,没有所指,没有内容,没有情感。大家心照不宣,以"点赞"代替文字,代替语言,"无声"的交往是许多微信群的规则。在朋友圈看热闹,深度对话显得不合时宜,对"文本""话语""存在""时间"真实性的讨论常常沦为笑柄。每个人都热衷

---

① [美]尼古拉斯·米尔佐夫:《视觉文化导论》,倪伟译,江苏人民出版社2006年版,第1页。
② [英]詹姆斯·柯兰、娜塔莉·芬顿、德斯·弗里德曼:《互联网的误读》,何道宽译,中国人民大学出版社2014年版,第153页。

于表演,很少有人愿意认真倾听;每个人都希望展现自我,很少有人愿意真情回应。在"图像至上主义"的影响下,网络社交无限放大了视觉文化,却严重排斥了听觉文化的参与。

可见,在网络社交时代,基于听觉的人类情感表达正日益被数字化表达所取代。情感数字化表达指的是:人类主要通过诉诸数字化媒介如微信、微博等各种社交媒体而不是面对面的交流和倾听来表达和交流人际和社会情感。由于我们多少有点忌惮数字化表达媒介的半开放性或者全开放性,加之考虑到数字化媒介交流互动的娱乐性、应景性、新闻性、刺激性和即时性本质,因此,相比较于面对面的听觉互动而言,我们在用数字化媒介表达情感时,更可能倾向于有意无意地遮掩自己的真实感受,进而有意无意地美化、放纵甚至伪装自己的情绪或者情感,以使之契合数字化媒介互动的特性。[①] 从本质上看,尽管网络社交表现手段颇为丰富,但过度的符号化、数字化、图像化遮蔽了语言文字的表达效果,甚至排斥了听觉文化的深度参与。尽管有些朋友圈具有语音对话与视频聊天功能,但在集体交往的过程中,此类交流往往缺乏中心、缺乏可以持续的议题,话题转移极为迅速,于是许多人只好保持沉默,或者继续以"链接""点赞""转发"表达自我的存在,或者充当"隐身党",默默窥视网络剧场中朋友们的演出。

然而,在传统社交礼仪中,关注、倾听是互动的前提。交流从谈话开始,认真听说,积极回应,都需要"声音"的传递。没有听觉器官的参与,对话就无法进行,沟通就会非常困难。因此,"在所有传递思想、沟通信息的方法中,唯一能捕捉人类心灵精髓的是对话的媒介。对话可说是心灵的明镜、观念的培养皿。透过对话,我们得以用最接近实际心灵活动的方式呈现出我们

---

① 王馥芳:《听觉互动之于文化的建构性——基于"图像至上主义"潜在的文化破坏性》,《江西师范大学学报》(哲学社会科学版)2016年第2期。

的思想并与人沟通"①。所谓"言为心声",表明语言是了解对方思想世界的基础。正是由于"伯牙善鼓琴,钟子期善听",才有千古传诵的至交典范。朋友之间的交流,贵在"说到一处"。尽管微信朋友圈改变了朋友交流的时空观念,但是,无声的图像发送,却难以达到心灵沟通的作用。

值得注意的是,许多网民热衷于在朋友圈里生活,就是因为平时"不愿意跟人说话"。他们在现实生活中沉默寡言,缺乏情感交流,却热衷于在网络上寻找"孤独"的解药。在他们看来,进入微信朋友圈,就像进了一个抵抗独孤的防空洞。他们在这里看到的是无声的热闹,各种鸡汤党、红包党、点赞党、营销党、旅游党、健身党粉墨登场,各种图像令人眼花缭乱。但是,转发越来越多,文字越来越少;图像越来越多,意义越来越少;点赞越来越多,真情越来越少;圈子越来越多,好友越来越少。进入朋友圈,"有时人们聊了好几个小时,却感觉不到任何意义。当他们对这种关系根本心不在焉的时候,却口口声声地感受到了亲密无间"②。在一定程度上看,此类不愿付出情感交流的网络交往方式,不但没有排解孤独,反而使人在现实生活中深感孤立无助。

三 情感互动诉求与网络社交的价值回归

应该说,网络社交促进了信息的即时共享和交流,并成为网民实现"社会化"最为重要的途径。但是,网络朋友圈的膨胀,并不与群体团结的程度和网民的"情感能量"增长成正比。许多网民有数十乃至数百个群,不同群里的"主题"转换极为迅速,却很难形成共同的关注焦点。由于缺乏面对面的情感交流,集体意义上的情感共享体验更是难以形成。在网络朋友圈,信

---

① [美]理查·伍尔曼:《资讯焦虑》,张美惠译,时报文化出版企业股份有限公司1994年版,第87页。

② [美]雪莉·特克尔:《群体性孤独》,周逵、刘菁荆译,浙江人民出版社2014年版,第13页。

息瀑布使人目不暇接,每个人都在转发,每个人都竞相"表演",很少有人倾听并认真回应,很少有具体的观念交流和相互沟通。因此,发言者往往是"向网络说话",且很快就会消失在网络信息的海洋中,交流已成为奢望,群体情感能量的互动更难以实现。

然而,"交流"是社交的意义所在。正如彼得斯(John Durham Peters)所言:"交流"(Communication)是现代人诸多渴望的记录簿,它召唤的是一个理想的乌托邦。在乌托邦里,没有被误解的东西,人人敞开心扉,说话无拘无束。看不见的东西,渴望愈加迫切;我们渴望交流,这说明,我们痛感社会关系的缺失。① 可见,交流是人获取社会资本的重要前提,也是人的社会化的基本方式。但是,在网络社交过程中,"符号包围着我们,而且总是拒绝告诉我们该如何去解读。我们犹豫不决,因两难而害怕,既怕得妄想狂又怕失去揭示信息的机会"②。从某种程度上看,网络社交提供的主要作用是"观看",而非"交流"。尤其在微信朋友圈,各类鸡汤党、红包党、晒幸福党、养生党都在忙于提供资讯,促使朋友们"从中获益","转发即走"已成为常态,"点赞"式的回应则是表达"我点赞,故我在"的方式,"沟通"已流于形式。此类点赞的结果就是,"不再把记忆资源、非意图性和游戏式模仿用于个人,使之不再感受到追溯一个未知过去的那种狂喜,忘却自我、生成他者的那种狂喜"③。在朋友圈,我们常常看到不同的"头像",获得的却是类同的"链接"和"回答"。本雅明所言的"光晕"在交流难以寻觅,这与社交的本质渐行渐远。本雅明认为,"在历史转折时期,人类感知器官所面临的任务不可能以视觉方式独立完成——即不能完全通过凝视来承担"④。同样,在

---

① [美]彼得斯:《交流的无奈》,何道宽译,华夏出版社2003年版,第2页。
② 同上书,第189页。
③ [美]露丝·克普尼克:《光晕的再思考:本雅明与当代视觉文化》,陈永国译,陈永国主编《视觉文化读本》,北京大学出版社2009年版,第36页。
④ [法]瓦尔特·本雅明:《技术复制时代的艺术品》,陈永国译,陈永国主编《视觉文化读本》,北京大学出版社2009年版,第19页。

网络社交时代,人的社会化不可能仅仅通过片面的"图像化"过程实现。

在网络社交圈里,每个人都是"生产型消费者",然而,它与传统意义上的生产与消费有着本质的区别。许多朋友圈里的"生产"与"消费"是通过复制和转发实现的。大家都渴望得到关注,但大家都不愿意"说话",更不用奢望表达真实情感。朋友群很热闹,但是朋友之间的真实表达却很难。有时,偶尔的"真话"会引起群内成员的反感,认为是不合时宜的"闯入"。尤其是流行于微信群的红包赌博,在红包"接力"的过程中,如果有人劝阻,往往会遭到攻击。于是,有些厌倦了朋友圈的网民开始有选择地退出无聊的微信群。他们对朋友圈的各种营销、吹捧、势利、赌博现象已深感失望,在圈子里很难找到能够畅所欲言的朋友。正如卡尔·雅斯贝斯(K. Jaspers)所言:当人们像一堆垃圾一样挤在一起的时候,实在性与确定性就只存在于有真正朋友的地方。真正的朋友彼此之间实际地交流着各自的表达并且保持着由个人忠诚所形成的团结。[①] 看似拥挤而热闹的网络社交圈,如果缺乏真诚的表达,群体团结就从无谈起。

因此,我们不能将网络社交作为获取情感的"唯一通道"。相对而言,越是成员混杂的"大群",越难以进行有效的沟通。事实上,许多大型微信群已沦为信息发布的平台,与"朋友"并无多大的关系。在朋友圈泛滥的网络社会,有选择地"入群"显得非常重要。许多网民碍于"面子"而保留了大量无关的微信群,每天被动地接收各种无聊的信息,愤怒却不敢表达,焦虑却难以排解。这就像"皇帝的新装",大家都在"装",你不装,你就不能"与时俱进"。但是,在微信中有选择地与深交的朋友"私聊",可以运用文字、图像、语音、视屏等方式互动,在情感互动方面,与"群聊"有着很大的差异。"群聊"是在一个"透明的剧场"表演,对于参与者而言,被"窥视隐

[①] [德]卡尔·雅斯贝斯:《时代的精神状况》,王德峰译,上海译文出版社 2005 年版,第153页。

私"是一种潜在的风险。因此，网络朋友圈的"圈子"越大，私人情感的沟通就越难以进行。我们不得不接受"交流的无奈"这一事实。

随着加"微信"成为流行社交方式，许多人的微信里存储了成百上千的朋友。但微信朋友圈并非是传统意义上的"熟悉人社会"，一些"朋友"是在会议、餐桌上被动加入的，有些甚至是连名字都不熟悉的"一面之交"者。他们往往会发来各种邀请和消息，让你的"礼节性回复"耗费大量时间。其实，按照一般人最多交往的朋友人数为150人的说法，对于一些点头之交的人，我们无须为了颜面与之"伪交往"。我们没有必要为了表面的热闹，以微信朋友的数量来炫耀自己的社交能力，恰恰相反，朋友圈越大，我们能够与之沟通的人可能越少。在网络泛社交时代，有选择性地加"朋友"显得十分重要。

然而，网络技术是极具诱惑力的，因为它能弥补人性中脆弱的一面。但是，网络并非是万能的社交工具，在某种程度上看，它甚至制造了"脱域"式的孤独。因为亲密的行为是人与人之间的行为，我们看到某个人的脸，听到某个人的声音，分享某个人的喜怒哀乐，需要在特定的情境中表达真实的感受。但网络提供的大多是虚拟的景观，每个人都可以戴着面具表演，真实与虚拟的身份含混不清，现实自我与网络自我有时甚至是分裂的。网络朋友圈看似设立了进入门槛，但"朋友"的泛滥已使圈子没有严格的边界。我们在网络世界中交往的"朋友"，极大地扩展了交往自由主义的范畴，但对情感互动的价值却在不断消减。面对器官化的手机，我们独自消遣，却没有创造独处应有的理智和平静。相反，由于过度沉溺于朋友圈的热闹，我们在现实生活中变得更加孤独。而此类心情涣散的孤独，则是一种失败的独处，带来了诸多情感负能量。

无论技术如何进步，网络社交媒体的发展都是为了促进人的交往而非让人更加孤立无助。网络社交首先是人的交往而非单纯信息的流通，网络社交的目的是促进人的社会化。无论是图片、视频还是丰富多彩的表情包,这些交往的形式不能替代主体的参与,不能消解互相的交流,不能祛除情感的表达。网络社交是一种工具,而非交流的终极意义所在。网络社交具有即时性、消遣性、多样性的特征,它应该进一步促进网民的沟通与理解,而不能成为他们之间沟通的障碍。尽管我们不能像天使一样交流,但我们可以利用网络进行很好的沟通。因为交往是人的价值所在,"当一个个人对另外一个个人——直接地或者通过第三者的媒介——产生影响时,才从人的单纯空间的并存或者也包括时间的先后,变成了一个社会"①。在一个社会中,任何个体都要受到他人的影响。而在网络社会,一般个体都很难脱离网络社交工具进行交流。我们强调网络社交的社会价值,就是要深入认识到它作为媒介的"泛交往"偏向,尤其是交往形式泛滥对情感交流的消解,在网络群体交往中是普遍存在的问题。

  任何工具的使用都应该促进人的全面发展和人类文明的进步。网络社交的目的也应是促进网络文明的健康发展和网民的情感沟通。因此,我们在运用网络社交工具时,不能因"图像至上"而忽略文字与语言,不能以"转发"代替交流,不能以"点赞"掩饰观点,不能以"自我中心主义"而忽略他人的感受。只要我们用心交流,"只要表意的载体不遮蔽我们的眼睛,我们就能够洞悉彼此的心灵和头脑,真正的交流就是可能的"②。同时,只要我们对线上线下的交往保持一定的平衡,注重在现实生活中与朋友沟通与交流;注重书信、电话等媒介交流工具的运用;注重与朋友面对面的交谈与互动,将网络社交与社会交往活动有机地结合起来,健康、适度、文明地使用网络社交工具,我们就能够克服网络社交恐惧症,回归到五彩缤纷的情感互动世界。

---

  ① [德]盖奥尔德·西美尔:《社会学——关于社会化形式的研究》,华夏出版社2002年版,第5页。
  ② [美]彼得斯:《交流的无奈》,何道宽译,华夏出版社2003年版,第59页。

第五章 微信社交与朋友圈的魅惑

第一节 微信朋友圈泛化：交往疲劳与情感疏离

微信的普及，是网络社交史上颇值称道的里程碑式革命，它在一定程度上改变了人们的交往方式和生活方式。微信成为微时代的标志，将用户带入一种碎片化、即时性的新型互动空间。"我微信，我存在"。微信朋友圈为网民建构了现实社交之外的一个"手机朋友圈"，通过手机号码的链接和"准入"，朋友圈便成为用户可以随时随地交流的集群，展现了现实社交的"人脉"，也体现了用户在圈子文化中的价值和作用。但是，微信朋友圈毕竟不同于现实社交圈，微信中被编码的朋友，由于身体的不在场，使现实情境与虚拟情境有较大区别。由于"交往"程度的差异，"话题"参与的热度等方面的原因，对许多用户而言，社会交往的价值和功能，并未在微信社交中得到充分体现。而微信社交泛化所引起的交往疲劳和情感疏离，已成为较为普遍的社会现象，本节拟就此问题展开初步探讨。

一 微信朋友圈与朋友意义的泛滥

交流产生于社会需要，微信交往是网络社交发展的客观反映。按照麦克卢汉"媒介是人体的延伸"的说法,手机媒体则已成为人体的"综合器官"。随着微信技术的完善,手机已融合了新旧媒体的基本功能,相对于传统延时交往而言,微信是一次社交革命。微信对空间的无限度扩张和对时间的无节制消费,是以往任何社交媒体难以企及的。而微信朋友圈对朋友时空上的无限拉近,实现了一对一、一对多、多对多等多种方式的交流。它集私人交往与公共交往于一体,使人际关系摆脱了传统意义上的时空局限,实现了微时代的即时"信件"交流。

尽管微信是私人性质的社交媒体,但它充满着不可预测的开放性想象。任何用户都可以通过"摇一摇""加入附近的人",随时与陌生人交友,从而实现朋友圈的无限制增长。有从事营销的用户号称自己的朋友圈有65万人,是由于许多公众号之间的互联,可以实现"朋友"的共享。而微信用户由于平时工作、生活上的联系,在手机上增加了许多新的号码,每个手机号码都享有申请加入朋友圈的机会。对于手机用户而言,他的号码就是他自身,肉身似乎变成了一个号码,每个人都被抽象成一个手机号。人们一旦开始认识,一定是要彼此交换各自的手机号码,相互将号码存在对方的手机之中。储存了这个号码,就储存了这个人。人的背景、人的地址、人的整个内在性,都被潜伏在一个号码之中。储存了一个手机号,就储存了一个人的种子,他的全部背景可以在手机上萌芽,交往的全部结果也在这个号码上萌芽。[①] 哪怕是一个没有见过面的"朋友",如果他的号码出现在你的手机上,就是你的客人。对于任何一个想进入你圈子的人,拒绝可能是一件十分困难的事情。而各种微信群的任何成员,可以通过互联进入更多的朋友圈。因此,用户使用微信的时间越久,社会活动越多,朋友圈就会增长得越快。当我们打开微信时,看到通讯录上有无数使用昵称的朋友,有些人可能是某个饭局上"被动

[①] 汪民安:《机器身体:微时代的物质根基与文化逻辑》,《探索与争鸣》2014年第7期。

加入的",有些人可能是朋友的朋友拉进来的,有些人可能是因工作需要而被要求加入的。各种不同类型的"朋友",已使情感意义上的交往价值发生了巨大变化。

从词义的角度看,朋友的来源颇为广泛,只要相互尊重、相互帮助、懂得分享就可以成为朋友。但是,"交往"需要双方在时间、精力和情感等方面的付出,并需要在特定的情境中进行交流。因此,我们在工作和生活中可以充当许多社会角色,同学、同事、同乡等关系并不意味着是朋友。成为朋友,则需要在情感上有着相互的认同和默契,在心理上比较接近和认可对方。由此可见,朋友之间的交往半径不会无限扩大,朋友之间,贵在知心。相互信任是建立朋友关系的基础,而信任则需要时间的考验。中国传统文化将君子之交视为文人的优良传统,不以地位、名利为交往原则,而在乎相互之间的相知相助。总之,朋友之间的交往价值往往体现在尊重、信任、共享、关心与帮助等方面。所谓芸芸众生,知音难觅,体现出朋友关系的珍贵。

但是,微信朋友圈所体现的泛交往方式,与传统意义上的朋友关系有着很大的差异。微信朋友圈是一种"总体"上的交往对象,它既包括既往的朋友,也包括一般的交往对象,甚至不相识的陌生人,它使得朋友圈变成各种关系的杂烩。尤其是各种微信群和公众号中的成员,来源更为复杂。对于许多用户而言,朋友圈有时候像闹市。推保险的、卖假药的、搞直销的、煲心灵鸡汤的、晒幸福的、求同情的无所不有。这就使微信的私密性很难得以保障。比如在网络上闹得沸沸扬扬的人大教授"公开信事件",研究生郝相赫认为自己的朋友圈中只有导师孙家洲一人在历史学术圈,其余皆为亲戚朋友,所以自己的朋友圈就是一个私人吐槽的领域。而孙家洲在接受采访时指出:这本是私下的小事,网上所谓的断绝师生关系公开信本是我发在私人的微信朋友圈中的,并不想把他公开到社会上,不知道谁把它传出去,导致网上发酵，我自始至终不想看到这件事闹大。① 双方都认为此事是朋友圈的私人表达，却在网络上引起轩然大波，成为舆论热点。显然，微信朋友圈并非单纯的私人领域，其边界非常模糊，只要有人愿意"泄露"，朋友圈就没有所谓的秘密可言，私人领域很快变为公共空间。因此，朋友圈的"圈"很难封闭运行，其文字、图像往往成为转发的"铁证"，使当事人难以摆脱干系。

从媒介属性的角度看，微信属于强联系的媒体，对陌生人是相对排斥的。然而，随着朋友圈的无限度扩张，许多陌生人可以通过各种通道进入他人的朋友圈。朋友数量的不断增长，意味着用户交往范围的不断扩大。但是，微信作为私人媒体的性质却在悄悄发生改变，微信社交的私人情感也在面临被公共化的危险。从社交属性上看，微信与微博的重要差别在于交往的边界。微博是面向所有人开放的公共媒体，获取粉丝的关注是博主的重要目的。因此，粉丝量也就成为知名度的象征，微博的互动也成为博主的公共活动。但是，微信是"信""短信"功能的延伸，是朋友之间进行互动的工具。信息的交流，建立在一定的边界之内。如果未经朋友的许可而随意泄露私人交往内容，是对交往关系的一种破坏。然而，微信朋友圈的泛滥，已使其私密性难以得到有效保护，面对许多不相识和不熟悉的朋友，私密已成为公开的秘密。尤其是各种微信群里的言论，片刻之间就会在各种圈子中转发。当朋友的朋友再"朋友"几次，微信的朋友圈已形同虚设。因此，微信朋友圈的泛滥，已使微信的性质和功能发生了极大的改变。

二 朋友圈交往：从"互动""运动"到"反动"

许多用户在开通微信之初都有类似的惊喜，通过加入功能，用户可以找到久未联系的朋友，并能立即进行文字、语言、图片、视频等多种形式的互动。而一些平时经常联系的朋友，则通过微信进一步加强沟通，经由朋友圈

---

① 嵇石等：《"在大学谁也不会压制学术批评"》，《南方都市报》2015年9月23日A19版。

的随时发言和即时转发，朋友之间可以跨越时空进行交流。开通微信，便可以将无数朋友"装入"手机中，朋友间在微信中互动，可以省却见面的时间成本，也可以避免其他人的打扰。因此，微信的广泛普及，表明用户对私人交往圈有着迫切需要。

微信为朋友之间的情感互动提供了新的平台，通过微信互动已成为网络交往的主流形式。尤其是朋友之间的双向交流，可以在通过微信进行各种方式的即时传播。但是，用户在微信上与朋友之间的互动，是建立在现实交往基础之上的。尽管通过微信我们可以找回失散多年的朋友，但微信本身不能弥补多年的情感缺失。面对久未联系的朋友，在惊喜和问候之后，朋友间的日常交流却面临"话语贫乏"。多年不见的老友，由于缺乏平时的交往基础，双方在经历各自不同的人生之后，可能由于性格、地位、文化等方面的差异，难以找到持续的聊天话题。如果仅运用微信沟通，持续的联系有时便成为一种心理负担。由于身体的不在场，朋友之间缺乏同一物理空间之间的眼神交流，难以体现身体语言的互动，身体与自我之间存在着一定的区隔。尽管用户在微信虚拟空间中也可以采用多种方式表达情感，但是，从交往情境和情感互动的角度看，朋友圈中的聊天是被加工和过滤的表达，是交流双方在不同地理位置之间的"隔空喊话"。这种由于身体的"缺场"所导致的交流局限性，并不能由微信技术手段弥补。面对一些"远在天边，近在微信"的朋友，交流固然可以随时进行，但是，无数次交流体现的情感效应，可能不如一次见面的热烈拥抱。因此，以微信互动取代现实交往，并不能达到情感互动的预期效果。身体的不在场，是自我意识缺失的重要原因。而找到自我力量的中心，才能"使我们抵制住周围的混乱和困惑"[1]。

在微信朋友圈中，用户面对的是一个数量庞大的群体，这个群体中的朋

---

[1] ［美］罗格·梅：《人的自我寻求》，郭本禹、方红译，中国人民大学出版社2008年版，第29页。

友有许多类型,在交往程度和心理认同上有着明显的差异。不同类型的朋友聚集在圈子中,势必对用户的交往方式和意向产生影响。从操作层面看,任何一条信息进入朋友圈之后,都有可能被阅读、转发、评论,从圈内很快向圈外传播,形成扩散效应。当朋友圈中存在着大量不太信任的对象时,用户就必须对自己聊天行为的后果进行评估,尤其是对一些私密性的内容,可否在朋友圈发表,就会存在疑虑。许多用户都对朋友圈有着一定的心理防备,认为不设防的交流可能会给自己带来麻烦。尤其是针对某个特定朋友的聊天,在朋友圈被其他人围观之后,便成为公共话题,有可能牵涉其他参与者。比如针对较为亲密朋友的私语,可能引起其他朋友的好奇,也可能会引发他们对感情距离的对比,甚至会有误会、怨恨、离散等情况出现。因此,一对一的聊天行为,一旦进入朋友圈之后,就会在"内群"间产生复杂的围观效果,有时,还通过群际之间的传播,对工作、生活产生直接的影响。比如用户在朋友圈议论工作中的不快,恰恰在朋友圈里有领导或者同事看到,或者通过朋友圈的转发获知,一些当事人会由此记下"一笔账",对用户今后的交往和工作带来不利影响。

由于朋友圈越来越缺乏安全感和信任度,许多用户已经对圈内的情感交流心存疑虑,不敢在圈内随便发表言论,更不会轻易倾诉情感。尤其是一些具有指向性的批判意见,一旦被公之于众,就会引发一系列的后续效应。因此,在微信朋友圈中讲"私话"风险极大,不同类型的朋友对于情感性话语的理解有很大差异,也许一些无意的传播也会给当事人带来意想不到的后果。尤其是通讯录里有许多"不懂的人",屏蔽他们若被知道了似乎更麻烦,于是,为了避免他们因"听不懂"而造成的误会,为了不用费心费力地去维护表面的礼貌,最好的方法就是——不发言。[①] 许多资深的微信用户都在朋友圈

---

① 宛小诺:《为什么我们不愿在朋友圈说话了?》,http://mt.sohu.com/20150824/n419631294.shtml,2015年8月24日。

里产生话语贫乏的感觉，许多同学群、同事群、同乡群中，以领导、老板作为地位表征的差序交往过程，人为地在朋友圈里炫耀权力、资本的优势，尤其是一些露骨的恭维和吹捧，显示出群内充满着"明争暗斗"和"地位竞争"。许多用户认为，朋友圈已沦为资本和权力的竞赛圈，情感交流的意义已经被严重消解。长此以往，许多人便失去了交流的热情，情感互动更流于形式。

由于缺乏深度交流的情感话题，于是，娱乐和消费层面的话题，便逐渐流行起来。许多用户热衷于在朋友圈中展示自己的衣食住行，图片、小视频、照片成为重要的交流方式。拍菜、拍衣服、拍风景、拍孩子、拍宠物成为朋友圈的流行动作，大家相互展示自己的生活，暗中开展消费竞赛，就是为了等待一个个"点赞"。但是，当大量此类的链接和图像充斥朋友圈后，点赞的"所指"已经被扭曲。点赞已成为程式化的回应，它并不表示内心的赞美，有时甚至是无聊或者被动的回应，对于发出点赞指令的"朋友"而言，其内心也许对某人的频繁骚扰不胜其烦，但碍于面子，机械而程式化地加上一个"赞"，其所指已是相反的意义。在朋友圈中，"点赞"已成为指尖上的运动，是一种条件反射，是一种程式化的"在场"，是一种自我保护式的伪装，是一种被抽离了意义的空洞符号。此类"点赞"的泛滥，已消解了其交流价值和审美意义，有时甚至包含了某种讥讽之意。过多的"点赞"也使朋友们提不起精神，疲于回应。于是，流行的"点赞"文化对朋友圈的象征意义越来越低，这就像许多微博博主为了获得星级而不断设法增加"僵尸粉"一样，量化指标与情感交流之间出现了悖论。朋友圈里情感互动的效果被逐步消解。我们认识的人越来越多，深交的人却越来越少；点的赞越来越多，其情感价值却越来越低；朋友圈里的朋友越来越多，深度交流却越来越难。

当空洞的"点赞"运动不断增多之后，文本意义上的对话便成为稀缺资源。在朋友圈里，大家热衷于转发各种养生保健、娱乐八卦、心灵鸡汤、社会趣闻，此类转发已成为指尖上的新运动，不需成本、不需情感，对于转发者而言，此类转发虽然不一定讨人喜欢，却不至于得罪圈内的朋友。大家热衷于将各种信息往朋友圈里塞，都以为自己在为朋友制造信息福利，为朋友提供一手资讯。然而，既然这些资讯如此不费心力，大家能够即时转发，怎能避免重复和泛滥？就此类微话语的传播方式来说，点击式转发又让微话语很快变成无主体的言论，从而也就很容易变成仿佛来自抽象空间的思想，也就是"天启"的声音。于是，微话语看似具有负责任者，却又总是"假扮游戏"，其场景、规则和道具都令发言者具有强烈的"表演意识"。[①]当朋友圈里充满各种转发的相同"表演"时，转发的文本便成为用户的信息垃圾，极大地浪费了他们的时间和精力，长此以往，很多朋友圈成为二手资讯的接受站，大量重复的文本让人心烦意乱，成为朋友们设下的垃圾信息圈套。由于朋友圈不断地扩容，我们也越来越多地"看到"各种与我们无关的生活、各种我们并不需要的信息，分散了精力，浪费了时间。因此，"在微信上晒同一种生活影像，表面上是个性彰显，但背后同质化、主体性丧失严重"[②]。

面对朋友圈里的垃圾信息，用户难以进行现场清理，在经过长期累积之后，用户的朋友圈已逐步被"二手资料"控制，在杂乱的信息垃圾里，很难找到真正有价值、有思想的文本。尤其是值得品味、值得思考、值得回应的信息越来越少。由于朋友们的从众行为，一些本来保持联系的朋友，也不再在圈子里面发言，似乎对话已成为一种多余的行为。大家都心照不宣地去填充别人的朋友圈，不管这些转发的文本是否对"朋友"有用，指尖上的转发已经流行，大家唯恐落后，唯恐漏掉了某条颇有"价值"的新闻、某个颇有笑料的段子、某段颇有"哲理"的句子。有些用户甚至每天转发数十条此类信息，以数量体现其在朋友圈里的地位和价值。面对各种杂乱的转发文本，

---

① 周志强：《微客、微话语与"复杂思想"的消解》，《探索与争鸣》2014年第7期。
② 许宁：《微时代的审美趣味新变》，《社会科学辑刊》2014年第6期。

一些用户已对朋友圈产生恐惧心理，对于一些"转发狂"，他们不得不进行"拉黑"处理，迫使其离开朋友圈。此类被"拉黑"的朋友并非与用户有其他方面的矛盾，一旦被"拉黑"者得知对方的行动之后，会产生一定的心理伤害，进而直接影响到双方的友情。从朋友圈当初的频繁互动到最后的被"拉黑"，微信朋友圈的"反动"行为已经成为阻碍朋友关系的一道屏障。许多用户开始设置朋友圈的交往对象，并对朋友进行分组分类，一些经常转发者的信息被隔离，两者之间的交流被人为中断，这是双方都不愿意看到的结果。朋友圈的情感交流功能受到了极大的冲击，微信作为"信"的价值也不断消解。

三　朋友圈情感：从感动、厌倦到无奈

从社会心理的角度看，微信属于自我导向型的媒体，用户开通微信的主要目的是广交朋友、加强沟通、联系感情，以自我为中心建立社会网络。因为单个的交往对象一般都需要用户"接受"才能成为朋友，因此，朋友圈是以用户为中心的群体。此类群体区别于一般的网络社群，网络社群大多是匿名、无序和多中心的，网友可以根据年龄、兴趣、职业等需要比较自由地加入某一群体，成员之间关系较为松散，话语比较多元。一般的网络群体缺乏组织性，是流动的网民在无边际空间的群体活动。它打破了现实社会群体传播的时空限制，以聊天、会话、信息分享和新闻传递为主要方式。群体行为具有匿名性，群体活动具有变动性，群体传播具有信息发现、事态关注、迅速感染、情绪高潮、目标转移等基本过程。微信朋友则更多地体现用户的中心地位，以情感交流作为基本目的和手段，并根据朋友的关系大体可以明确群体成员的交往半径。所谓亲疏有别，也就是以关系来表明朋友的位置。这与一般群体的权力、资本结构有较大的区别。

微信朋友圈是用户将个人虚拟空间融入社会交往空间的便捷途径，朋友圈极大地改变了用户的传统角色定位。在现实交往空间中，朋友之间的交流

受时间、地点的局限，面对面的情感互动需要双方的投入，尤其是眼神和身体语言的运用，有利于双方的深度交流。而微信朋友圈是一个朋友汇集之地，是一个比较透明的剧场，用户自然是舞台的主角，他可以根据需要挑选交往对象，通过"现场直播"让圈内观众欣赏，并可以根据需要邀请新的"观众"加入。"剧本"的内容是公开的，圈内的观众可以即时欣赏、评论、转发，这对于初入朋友圈的用户而言，可以获得一种新型的交往体验。其主角的地位可以带来诸多心理上和情感上的优势，现场交流的过程可以通过朋友们的"点赞"而激发更多的热情。一对一的交流可以引起一对多的关注，其他朋友可以随时变成"演员"而加入演出，通过文字、图片、视频、照片的展出，可以进一步丰富"剧情"。一位网友对此深有感触，他说：刚开始玩儿微信的时候，朋友圈里只有三四十人，拍一张照片恨不得立马上传，期待朋友的点赞和评价；有一些心情，立马写一段矫情的欲说还羞的话上传，期待一门帘子的点赞和鲜花，那时候特别有成就感，装逼指数直逼五颗星。[①] 因此，朋友圈的舞台无限广阔，以用户为主角的演出可以随时进行，而朋友们之间的互动，又可以进一步拓展圈子里的网络关系。

然而，由于朋友圈的朋友都是生产型消费者，每个人都可以成为演员和观众，每个人都可以"看"和"被看"，这就使朋友圈中的情感沟通在透明的"剧场"中进行，所有的演出并无前台和后台之分。如果是人数不多的小型朋友圈，那么，这种即时的情感交流可能不会给双方带来多大的压力，用户会根据观众的构成适当选择话题，对话的内容也可以比较深入，其他朋友还能够"接茬儿"，成员之间的群内认同也可以得到保证。但是，随着朋友圈人数的快速扩张，一些不熟悉的"朋友"加入到圈内，他们又通过无数的微信群邀请到更多人的加入，整个表演的环境就发生了根本变化。无论是观众

---

① 喇嘛哥：《没有那么高尚，朋友圈只是一个圈而已》，http://dy.qq.com/article.htm?id=20150825A01IF700，2015年8月25日。

还是演员，相互之间的信任和认知度没有保障。当用户面对一群不知根底的群体"表演"时，一些敏感、私密的内容就可能通过转发而造成恶劣影响，用户的自由对话权事实上受到了监视，面对一些陌生的"朋友"，圈内的对话充满了不可预测的风险。朋友圈的边界已无多大意义，任何私密的对话都可能演化为公开话题，圈内人需要事先小心翼翼地设置剧本，对私密性、敏感性内容要加以过滤。大量"陌生人"的存在，使用户对情感付出产生疑虑；交往结果的不可知性，使朋友之间的真实情感表达受到极大的影响。

从情感社会学的角度看，朋友圈的交往具有获取情感报酬的目的。微信朋友圈社交报酬更多地体现为情感的回报。用户建立微信朋友圈，就是希望通过手机网络更加便捷地进行情感沟通，获得自我认同和社会归属。所以，朋友圈的建立也应该符合社交的基本原则，能够促使朋友间的交流获得相应的情感能量，而不是降低交往质量或产生交往恐惧。然而，当朋友圈成为各种产品营销、谣言传播、八卦展览的舞台时，其交往功能已经受到极大的威胁。尤其是虚假违法广告的泛滥，使朋友圈沦为"广告圈"。用户打开朋友圈后，不断看到各种重复而无聊的信息，就会产生审美疲劳。面对通过各种途径加入的陌生"朋友"，用户很难在圈子里挥洒自如地进行交流，因为这些陌生的"关注者"，会让人感到不自在，圈子里的信任关系受到了破坏，一些不熟悉的面孔和声音会使交流的意义大打折扣。正如网友喇嘛哥所言：随着朋友圈的人数增加，慢慢地越来越懒得发朋友圈了，不是没有感触，而是那些关乎内心的真正的伤悲和无助，你会下意识地屏蔽，因为能放在朋友圈里的一定是你经过粉饰的文字和图片。你慢慢地离真实的你越来越远，你戴着面具的狂欢，只是让自己把不安全感和无人分享的落寞装饰成玩世不恭和幽默，消费给朋友圈。[①]

[①] 喇嘛哥：《没有那么高尚，朋友圈只是一个圈而已》，http：//dy.qq.com/article.htm?id=20150825A01IF700。

因此，许多用户便不再在朋友圈里发言，原来在熟悉的朋友间的讨论，由于有不熟悉的观众注视，也难以有效进行。尤其是一些私密性话题，更不能轻易面向朋友圈展示，朋友圈不再是一个充满亲密、信任和温暖的精神家园。作为主人的用户反而感受到"无家可归"的失落感，自我身份的丧失感便逐步在朋友圈弥漫。正如可夫斯基和劳勒认为的那样：如果个体知觉到自己失去了定义"我是谁"的能力，将从这种积极情感交换和依恋的循环中退回。当人们感受到"我是谁"的身份感丧失时，将体验到消极情感。这些消极情感会促使人们与网络分离，因此降低整个网络的统一性和团结感。[①]

面对朋友圈的各种乱象，尽管用户可以通过"拉黑"的手段控制朋友圈的人数，但事实上拉黑任何一个不受欢迎人都可能会面对巨大压力。当对方得知被"清除"后，可能会由此产生怨恨，而被人记恨则会给用户在现实生活带来诸多麻烦。因此，许多用户宁愿忍受朋友圈的乌烟瘴气，也不轻易拉黑某个"朋友"。受到此类从众心理的影响，微信朋友圈便不断成为网络信息的"中转站"，"圈"已形同虚设，任何朋友都可以任意抢占位置，在圈中制造无数的信息垃圾。"圈子"则失去了较为紧密的群体关系，打开朋友圈，遇到的不是"朋友"，而是朋友转发的信息。回不回应都没有关系，因为转发的信息不需要任何成本。转发者是面向他的朋友圈群发的，他不会考虑某个具体朋友的个性需求，也不会考虑自己的朋友圈已是惨不忍睹。"转发"已成为朋友之间的常规动作，也是表达朋友存在的象征。别人转了你不转，便似乎变得不仁不义。于是大家便对转发的信息再转发，无数重复的信息便通过病毒式传播在朋友圈之间快速流转。于是，朋友圈里很少有人愿意发言，对于圈内人而言，能说什么，说了谁又会回应？与其自讨没趣，还不如迎合潮流。因此，大家默默地转发各种链接，不管对方是否接受。微信其实已成为转发

---

① 转引自［美］乔纳森·特纳、简·斯戴兹《情感社会学》，孙俊才、文军译，上海人民出版社2007年版，第189页。

信息的工具。因为不能随便发言,在朋友圈内,寒暄式社交成为常态,大家用各种表情符号代替交流,用各种图片、视频表达"在场",自我言说已经过时,主体性的存在已逐步被信息瀑布所淹没,用户有明显的自我身份丧失感。

然而,数亿用户仍然在照看着他们的朋友圈,因为还有许多新的朋友在源源不断地加入。加上微信公众号在朋友圈的营销正风生水起,各种保健品、奢侈品、服装的推销充斥着朋友圈,利用朋友关系的推销似乎更有效果。朋友可以不聊天,朋友却不能拒绝推销。朋友的感情成为低劣和假冒产品的交易基础,许多朋友上当后也只好忍受朋友的"不义"。因为朋友间的面子很重要,一般人即使上当受骗也不好跟"朋友"翻脸,看透而不说透是中国人的处世之道,许多微信朋友圈成为朋友营销设下的圈套。

面对朋友圈的恶性膨胀和种种问题,用户却难以主动地维护自己的权益。所谓牵一发而动全身,对圈内人的流行性行为,既不能上升到法律的高度,也不能从道义上加以批判。因为大家都是如此,用户虽有不满却不至于卸载微信软件。因为微信不再是单独的社交工具,其消费功能的不断扩张,已使许多用户难以割舍,无论是滴滴打车、网络购物还是在线旅游,微信的"可消费性"充满着想象,而"社交性"却不断被消费功能所绑架,并在朋友圈的流行性营销中逐步弱化。因此,微信朋友圈的情感交流已逐渐淡化,在某种程度上成为社交的点缀。正如霍赫希尔德所言,通过表达某种情感(并因此压制了其他的情感),以出售某种商品,或者唤醒客户的特定情感,导致了在商业的意义上而不是在私人水平上运用情感。当所表达的情感一而再、再而三地与内在感受相分离时,自我疏远、异化和不真诚感将会产生。[①]

在一定程度上看,由于微信朋友圈消费功能的不断扩张,社交价值不断消解,许多用户被"圈"住之后,已成为朋友圈的依附者。朋友圈并没有达

---

① [美]乔纳森·特纳、简·斯戴兹:《情感社会学》,孙俊才、文军译,上海人民出版社2007年版,第33页。

到苏格拉底所言"认识你自己"的目的,反而加速了"自我刻板化"(self-stereotyping)的进程。然而,反身性和主体性是人的价值所在,任何社交工具都应该体现交往价值,而不能异化为人的枷锁。面对微信朋友圈的迷乱和泛滥,"作为个体,我们必须找到自己内在的力量,以能够站到自己内心的圣所中去,而且这个事实也意味着,既然我们不能自动地与我们的同胞融合在一起,那我们就必须通过自己的确认来学会彼此相爱"①。因此,朋友圈的交流应该从心开始,己所不欲,勿施于人。朋友圈的交往应该以情感互动为基础,不能沦为应景、排遣、营销的工具。

第二节　微信群:议题、身份与权力话语

随着微信群聊的发展,其作为"微文化"的表现形态,受到网民的高度关注和普遍欢迎。微信群生活则体现了"微生活"的基本特征,它强调微小、快捷、参与与互动,将时间裂割为无数的"当下",将空间汇集为现实的"片断",在微话题中生活与消费,在群聊中展演与把玩。因此,正视微信群生活对个体与社会带来的巨大影响,探讨微信群中议题、资本、权力诸因素的影响,有一定的现实意义。

一　微信群与新群体生活方式的流行

近两年来,随着微信的广泛普及,网络社交从传统的聊天室走向手机媒体的个人空间。而微信群作为网络群聊的新形态,已随着微信用户相继"入群"而成为流行的群体生活方式。绝大多数微信用户都有一个或多个微信群

---

① [美]罗格·梅:《人的自我寻求》,郭本禹、方红译,中国人民大学出版社2013年版,第68页。

号,加入微信群已成为网络生活的"规定动作",微信群聊已成为群体生活的重要方式。正如在现实生活中"离群"将被孤立一样,在微信世界中,一个没有微信群的用户将被认为是"孤单"的,并会被网友所嘲弄。按照微信社交的普遍逻辑,既然用户进入了微信社会,就必须加入微信社群,感受微信群体生活的诸多好处。因此,当用户面对各种微信群的邀请时,并非简单的拒绝就能"逃避",这体现了面对一种新群体生活的"态度"。

在一定程度上看,微信群极大地提高了用户的社交范围,扩大了用户的朋友圈,可谓"一群在手而知天下事"。微信群提供的各种新闻、信息,使用户把握"形势"的能力大为提高。比如在股民的一些微信群里,一些分析师对个股和大盘的点评和预测,对股民的操作有一定参考价值。而一些微信群对养生、保健和生活常识的介绍,也会对一些用户有所启发。至于微信群对某些社会问题的讨论,更具有"公共领域"的某些特征。因此,微信群的火热,体现了用户对社交的多重需求,达到"足不出户"而广交天下朋友的目的,且节约了不少时间和经济成本。因此,微信群作为一种网络群体生活方式,受到不少网民的欢迎。

与现实生活中亲友、同学、同事、同乡等基本交往对象一样,微信群也以"圈子文化"为基础,整合现实群体生活的资源,形成朋友群、同学群、单位群、老乡群等不同类型的微信群。然而,在网络环境下,任何一个微信用户可以随时随地发起群聊并建立新的群。原则上,只要有三人以上的群聊,就可以结成新的群体并赋予新的群聊空间。这就使微信群可以打破地缘、亲缘等方面的局限,在"脱域"的情景下面向"陌生人"社会建立新的群体。有时,用户会面对弗洛伊德所言的"怪熟"现象,对于某些群体成员,"你觉得非常熟悉,但同时又非常陌生,导致一种不舒服的、异样感觉的情形"[1]。

---

[1] [美]雪莉·特克尔:《群体性孤独》,周逵、刘菁荆译,浙江人民出版社2014年版,第54页。

但是，这并不影响用户加入群体的态度。因为习惯了"怪熟"，也就见怪不怪了。因为他们进入的是一个网络社群，需要的是一种新型的生活方式，被"集体"所接受，被他人所喜欢，才是最重要的。而且只要用户有某个方面的共同话题，"发起群聊"便开始了"集体生活"，比如为了一次聚会、一次旅行、一次考试，有了共同的议题，不相识的微信用户便可以临时"结群"，就某些具体问题展开深入讨论。一些团体、学校、学会、企业等组织化的微信公众号，则使许多原本不相识的用户在群聊中"相稔"。而微商则基于微信"连接一切"的能力，实现商品的社交分享、熟人推荐与朋友圈展示。① 事实上许多从事商品营销的微信公众号，可在微信平台上与用户进行全方位沟通、互动，形成了一种主流的线上线下微信互动营销方式，打破了微信建立在熟悉人社会的理念，使微信群不再局限于是否"相识"，而更在乎"相遇"所带来的"商机"。因此许多微信群事实上充当着消费导师的作用，即便是一些日常议题，包括政治，"也是一种商品、一种比赛、一种娱乐和一种消遣，而人们则是购买者、参与者、游玩者和业务观察者"②。

随着微信群的扩容，群成员最多可达 500 人，微信群规模的扩大，可以吸纳更多原本处于"游离"状态的用户，数百人"济济一群"，蔚为壮观。这与原来设定的 40 人的界限有着很大的区别。规模较大的微信群更容易凸显"集体"的影响力。总之，微信群已经成为集体生活的社会表征。群体的心理特征也由此形成，一个偶然的事件，一次公开的讨论，都与个体在孤立状态的生活有着很大的区别。但是，"合群"也须付出一定的代价，在群体心理中，个人的才智被削弱了，从而他们的个性也被削弱了。异质性被同质性所吞没，无意识的品质占了上风。③

---

① http：//baike.haosou.com/doc/2104002 - 2226016.html。
② ［美］大卫·理斯曼：《孤独的人群》，王崑、朱虹译，南京大学出版社 2002 年版，第192 页。
③ ［法］古斯塔夫·勒庞：《乌合之众》，冯克利译，中央编译出版社 2005 年版，第 16 页。

由于微信群具有较大的随机性，对于用户而言，在不同微信群"漂移"已成为常态。各种微信群标识上闪烁的红点具有指示性作用。用户打开微信，便被各种群上的聊天信息所吸引，"浏览"几乎成为一种本能。有些微信群成员每天到群里发个"签到"图片，以凸显自己的"到会率"。许多微信用户每天花大量时间浏览各种群，在各种群里发表言论，将微信群生活作为一种主流的社会方式，每天沉浸在微信群的聊天之中。他们在不同微信群中展示自我，通过微信写作体现自己的主体价值，目光游离于各种微信群的新消息，形成所谓的"超级注意力"。他们不断转移自己的视线，不断制造新的话题，即便是在工作、学习之中，也常常将手机作为随身的"器官"，查看身边各种微信群的动态。这种高强度的注意力转移，使许多用户经常"心不在焉"，明明知道新东西经常是"一文不值的"，可是他们还是对它充满渴望。在信息消费的洪流中，"注意力被分散了，思维过程碎片化了"[1]。在碎片化的微信群生活中，个体的时间和空间被严重割裂，用户倾听着微信群的提示声音，就像得到了某种指令，大脑神经与手机信号紧密相连，微信群已成为网络群生活的新象征。

用户面对微信群的各种议题，发言又似乎必不可少。如果微信私聊是点对点的即时沟通，那么微信群聊则体现多对多的主题讨论。任何用户都可以发起议题，从理论上看，任何成员都有拒绝回应和保持沉默的权利。但是，用户要维持群的存在，就必须不断制造议题，不断引起群组成员的关注，"话语"本身成为微信群的生产和消费方式，而"话语"的存在，与价值和功用并无直接的关联。为了群聊而群聊，群聊是一种群体生活，而拒绝群聊则有可能被其他成员遗忘，也可能被"边缘化"。因此，微信群是对个体生活方式的介入，是一种新的网络群体生活方式，也颠覆了传统社群生活的形态，与

---

[1] ［美］尼古拉斯·卡尔：《浅薄——互联网如何毒化了我们的大脑》，刘纯毅译，中信出版社2010年版，第144页。

网络社区聊天也有明显的差异，尤其是与所谓的发帖、跟帖方式有较大区别。微信群的讨论，更加多元、更加主动、更加直接。同时，微信群的生活方式，则体现了议题的无限"飘移"与话语的无限"流动"。

二　微信群聊与资本、权力的渗透

从技术的层面上，微信群的建立非常容易。但是，从社交的角度看，微信群与现实的社群生活有较大区别。首先，微信群可以"穿越时空"。许多用户拥有多个微信群，这就意味着用户可以"游走"而同时发起多方群聊，然而，各类微信群所展现的群体交流方式，具有较强的主观性，但又会受到"群主"的影响。尽管微信交流并无直接的"指令"，但由于每个微信群都有"群主"，即便是集体意义上的临时微信群，也会存在发起者。"群主"在微信群中作用的发挥，与其个人影响力、话语表述力、社会活动力等都有直接的关联。一个微信群是否能吸引用户的关注，群主的符号价值起着重要作用。比如同学群，建群的群主应该是在同学中有一定威信和号召力的"意见领袖"，他设置班群的名称。这个群固然是一个集体的象征，但是群主作为发起者和召集人，虽然不需要进行"经费投入"，但他必须通过各种途径吸纳班上同学的关注，让更多人加入其中才能有效体现群聊的作用。因此，微信群具有潜在的"组织性"，需要某个具体的发起者和管理者"照看"。而在此过程中，群主尽管不能起决定性的作用，但他在吸纳成员的过程中，事实上存在某种心理优势和"资本"优势。

其次，面对各种微信群，用户在"被邀请"的过程中，存在着"他人导向"的种种困惑。与内在导向者以英雄人物为偶像，强调艰苦奋斗不同，这些"他人导向"的用户，在接到某个群主发出的请求后，往往需要考虑拒绝的"成本"，比如班级群、朋友群、单位群，是集体的象征，一旦微信用户被邀请，无论他对群的认知态度如何，他作为集体成员，就很难拒绝"入群"。因为他需要考虑和谐的人际关系，因此，尽量与群体保持联络，被别人所喜欢，赢得别人的尊重并获得相应的社交报酬，是用户入群的交往动机。

而一些微信公众号，往往又与日常生活相关。比如社区、学校的公众号，加入后可以获得许多有价值的信息，但也会浪费大量时间去浏览各种无关的提示。对于用户而言，是否加入某个微信群，存在人情、面子的问题，也存在现实需求的问题。在许多情况下，用户受到了"他者"的暗示或压力，如果不加入某个群，有得罪对方的可能，也会因为没有被群"收编"而产生孤独感。所以，"入群"在很大程度上受到"他者导向"的影响。畅游数群看起来比较自由，但需要用户付出心理和时间成本。

由于微信群可以使用文字、图片、视频、对话等方式进行聊天，群组成员的互动方式丰富多彩，具有很强的现场体验感。但是，微信毕竟是一种电子场域，群聊的情境需要用户进行"制造"。与人际交往的互动不同，微信群成员可以散落在世界各地，可以摆脱"他者"的凝视，可以选择性输入自己的内容和情感。这种选择，看起来比较随意和自由，但是，微信群聊面对的是一个群体，所有的内容都向群组成员展示。因此，这种群聊本质上是在向"多人"说话，没有明确的个人界限，更不能很好地保护隐私。

微信群的成员，尽管可以选择匿名或以别名登录，但进入群里之后，就成为一个身份符号。尽管微信群区别于现实社群的等级差异，但却体现了群体成员之间的身份和"资本"区隔。对于用户而言，加入某个微信群，便意味着"在场"，他的职业、收入、性别、年龄等要素，通过其成员身份得以象征和展示。因此，微信群里的对话，并非简单的文字输入，而是一个真实的成员在网络空间的呈现。他的文字背后，代表了价值、品味、身份和文化，是布尔迪厄所言文化资本、经济资本和社会资本的综合体现。因此，每个微信群虽然以集体的名义形成组织，但此类组织没有严格的章程和程序，它是以集体交流为目的的"对话体"，而非真正意义上的"共同体"。而交流背后的权力和资本要素，则体现了微信社群的重要特征。

在微信群中，群聊是维持群体活动最基本的形式。从技术层面上看，任何成员都可以随机发起议题，就自己感兴趣的事情向群里倾诉。但是，每个问题所获得的回应，则有很大的差别。问题本身是否符合群聊的需要，是否促使成员集中讨论，显得十分重要。因此，为了吸引群里的关注，发起者需要寻找热点话题。能够吸纳更多的成员讨论，群里才显得"热闹"。由于议题的多元化，成员很难对每个问题感兴趣。从互动的角度看，有些成员在大多数情况下都保持沉默，而活跃的成员，则与其权力和资本有关。他们成为群里话题的主要发起者。在交流过程中，地位高者往往得到更多的回应。因此，微信群交流仍然体现权势的影响，"你的权势越大，就越能把自己的信息传递给他人"[①]。

当大部分微信用户拥有个多微信群号之后，群聊就不单纯是为了社交。对于每位参与者而言，和谁聊、如何聊，则成为对现实社会的"观照"。任何三人以上的微信群，都会体现成员之间的差异性，尤其是"身份"对于群聊起着关键作用。比如在一个班级微信群中，班长自然就成为群的"领导者"，而在一个研究生同门微信群中，导师的地位显然要超越门下的学生。即便是同学之间，由于学识、年龄、地位等方面的原因，也会存在潜在的排位。这种在现实社会中所形成的"差序"，在微信群里有直接的反映。正是由于成员之间的身份区别，每个成员尽管都是微信群的"演员"，但事实上他们扮演的角色却大不相同。比如毕业多年的同学建立的微信群，可以将五湖四海的同学聚集在一起。但是，同学之间的关系，在微信群里往往通过"资本"呈现出来。在群里，许多同学之间不直呼对方的姓名，往往代以"处长""老总""老板"之类的称呼，这显然是给对方贴标签。那些没有头衔的成员，自然受到了冷落。而有"身份"的成员之间，通过相互"抬轿"，则极大地满足了

---

① ［英］詹姆斯·柯兰、娜塔莉·芬顿、德斯·弗里德曼：《互联网的误读》，何道宽译，中国人民大学出版社 2014 年版，第 143 页。

"博名"的需求。此类现象在各种学会、企业、学校等微信群里屡见不鲜。那些地位高者,往往在群聊中居于中心地位。他们一旦发言,就会得到较多的附和。相反,一些地位较低的成员往往处于从属的地位。他们深感自己的"低微",难以主动制造议题。即便是偶尔发表见解,也难以引起群里的共鸣。因此,他们成为"寒暄式"社交的参与者。他们难以发起议题,难以引起回应,只好进行应景式的"点赞"。这在某些具有行政背景的微信群里表现得更为明显。一旦领导在群里发话,下属就会积极响应。而同事之间却很难在群里聊有深度的话题,因为有领导在"浏览"。在微信群里,权力和资本无处不在,所谓聊天自由有很大的局限。

微信群的权力资本对交流模式也有直接影响,尤其是当群里存在着明显的等级差异时。一些权势者的话语往往具有指向意义,他们发出的议题,往往从自身的观点出发,名为交流,实为炫耀和引领。比如群里炫生活、炫富现象层出不穷,面对一个富二代经常遛狗的照片,如果是网络新闻,跟帖者会有许多指责之语,但是在微信群里,许多人会"点赞",虽然他们心里非常讨厌。为了维持某种关系,为了自身的利益,一些人甚至露骨地献媚。再比如,某位领导和学术权威在微信群里发表明显具有偏见的观点,群里的人大多会言不由衷地表示支持。偶尔有反对意见,便会受到某些跟随者的强烈抨击。而且如果领导不高兴,则后果很严重。因此,政治、文化与经济资本在微信群里得到了全面展现。个人地位在很大程度上决定了话语权,因为害怕引发批判,一般人就只好"转发"各种段子,以博一笑。而真正具有哲理和公共价值的议题,反而难以进行持续讨论。因为群里的"权威"会先下结论,有了定论,一般人自然不敢"回击"。从这个层面上看,微信群有公共议题,却难以形成公共领域,有大众聚会,却难以形成公共精神。

三 微信群聊与身心控制

在资本和权力逻辑的运作下,许多用户对创建微信群颇为热衷,因为

"创建者"占据了舆论高地，对微信群的控制和引领能力较强。尽管微信群没有严格的规程，群成员打开即可发言，但是群主却拥有"我是发起者"的心理优势。尽管大部分用户建立微信群是为了社交，许多人都从群体的角度建立社交网络，但这些微信群的创建者既然被成员称为"群主""帮主"，他们自然会觉得自己"高人一等"。虽然这种地位并不一定拥有经济利益和政治权威，但与群里圈外的关系，却有一定的联系。一些群主在邀请他人入群时，对这些新成员便有基本的认知，与其他普通成员之间的沟通也更具"话语权"。因此，这些群主、帮主对于某个微信群具有一定的控制能力。

虽然微信群不同于一般的族群，群内没有组织、没有信仰、没有规则，成员之间的沟通是随意和自由的，但微信群是一对多的交流方式，许多话题会引发成员的关注，群里的各种观点交锋难以避免。在群组讨论的过程中，并非每个话题都会引起成员的参与，对于那些不太相关的话题，成员可能沉默以对。话题背后的人，往往对交流有着直接的影响。群主或者有地位、身份的成员，则容易引起关注，许多成员也愿意"接话"，而且附和的基调比较明显。如同学群里讨论聚会时，如果班长安排妥当，且计划周详，大家自然"点赞"。如果有人愿意提供资助，便会得到成员的一致欢迎。相反，如果有成员遇到经济困难，在群里发出求助，大部分成员则保持沉默。显然，微信群体现出群体交往的基本特征，虽然大家不用相互"注视"，但话语体现了成员的身份符号。

正是由于群聊是没有尽头的接力赛，一些微信用户对各种微信群的泛滥保持警惕，不愿轻易入群。但是，面对一些熟人的邀请，拒绝则有某些潜在的风险。许多用户在接到邀请后，内心较为复杂，加与不加都是一个难题。一旦加入太多的群，则会使自己的微信处于"群"的包围之中。打开微信，便有无数的对话在"呼唤"。对于一些用户而言，拒绝回应也许容易做到，但拒绝观看则非常困难。群上闪烁的红点，具有魔幻般的磁力，点击"红点"

不单纯是出于好奇，而是一种本能的驱使。只要用户发现群上有红色信号，便会对群里的未知世界充满高度的新奇感，不打开浏览似乎会错过许多重要的信息。但是，打开后，又往往感到失望，对其中多数无聊的对话颇不以为然。"看"与"不看"已经不是态度问题，因为微信群本身具有"强迫式观看"的倾向，是用户"微信饥饿症"的表征。对于在多个微信群之间浏览的用户而言，他更像一个客串的配角，不出现是对自己的"不放心"，出现后又对自己感到茫然。每天游离于群聊之中，却找不到群的归属感，更难以找到"群生活"中的自我存在感。微信群已成为"群控"的工具，使用户的私人生活增添了一项被"绑架"的内容。

由于微信群具有超级链接的功能，任何一个微信群都可以在全球范围之内链接。而朋友之间的相互推荐，使微信群成员已大大超出了"熟悉人"的范围。尤其是一些企业和个人利用微信群进行营销，将商品和服务作为"群聊"的基本内容，而且夹杂了许多广告和垃圾信息，许多用户不胜其烦，但碍于"推荐人"的面子不好意思退出。至于社交圈里的各种微信群，由于用户在现实生活中都可能接触到群里的成员，加入后就意味着要履行某种"承诺"。尤其是一些40人以下的小微信群，任何一个成员的退出，很快就会被群里成员发现，很可能今后被群里的朋友"孤立"或"谴责"。因此，即便一个用户已对微信群生活极为不满，但如果选择退出，则会有极大的群体压力。当然，也会有人坚定地选择退出，但被朋友圈拒绝的后果，则会使他在现实生活中遇到困难。对于微信群，无论是加入还是退出，都受到人情因素的很大制约。

显然，用户加入某个微信群，是为了更好地扩展自己的社交圈，获得更多的社交自主权和发言权。在社交过程中，某个人的朋友一旦超过150人，其人际交往的深度便难以保证。而在微信社会，用户大多拥有数个微信群，群中的"朋友"往往在数百人以上。面对群里大量不相识的"朋友"，许多用户有"求交往的诉求",而且这种随意的对话,可以让许多"屌丝"产生社交幻觉,在微信里大胆表现自己的"另一面"。但是,微信群的交流是有限度的,许多用户会因种种原因而不愿展示真实的自我。对于许多敏感话题,一些用户会选择用"表情包"交流。"客套"也许是出于无奈,"应付"却有复杂的因素。微信社交虽然对话颇多,但情感交流却极为欠缺。即便是数年未见的老友或同学,在微信上聊过一次后,也找不到下次聊天的理由。因为在群里,相互之间"太客气",很难深入地聊私密性的话题,也很难通过"注视"体会对方的心理状态。因此,群里聊天很热闹,但是交流却很平淡。深度的情感缺失,使许多用户在狂聊数小时后,并没有找到中心,找到知音,下线后很难产生记忆和感悟,更难以收获友情和新知。为了聊天而聊天,已成为微信群生活的常态。

许多用户明知无聊,却不能放弃。明知在群里言不由衷,却不断制造"美言",明知时间在"指尖"上流逝,却难以抑制对群聊的热情。微信群作为新社群生活方式,已经让许多群迷深陷其中。群迷们不断刷新,不断跟进,害怕自己在群里"失踪",唯恐被"他者"遗忘。为了群聊,可以放弃许多重要的工作,可以整天不与亲友与同事说话。用户为了群生活而甘愿独自拥抱手机,手机成为最可靠的伙伴。即便是见到熟悉的朋友,也难以通过眼神的交流表达情感,而宁愿等待到群里去"问候"。微信群具有较高的"威信",作为新的网络图腾,微信群已成为新的精神"圣殿"。然而,群里却没有神像,没有经典,群迷们也没有"群体信仰",这种漫无目的的"依恋",似乎在心理上难以解释。群聊固然能够获得许多新鲜的话题,却难以产生公共价值,更谈不上社会信仰。群聊的娱乐化则进一步促进了消费主义的蔓延,无论是商品推销还是养生保健,无论是娱乐八卦还是心灵鸡汤,都可以成为可消费的话题。

微信群控已成为一种强大的信息操控工具,使许多群迷自愿接受"管制",全天候听命于其"召唤"。犹如福柯所言"全景监狱",每个用户都是被监控的对象,"这种人体是被操纵、被塑造、被规训的"①。但是群迷们却津津乐道于群聊生活,对其精神控制并无怨言。"我群聊,故我在",群聊已成为他们表达生活意义的手段,至于群聊的内容和品质,却不在他们的考虑范围内。尽管"我群聊,我无聊",但是,无数群迷除了无聊之外,又能如何?尤其是许多"90后",已经将微信群视为"公共生活"的象征,为了群聊,可以茶饭不思,不能群聊,则兴味索然。微信群对群迷们的身心控制,已昭然若揭。正如英国学者娜塔莉·芬顿(Natalie Fenton)所言,社交媒体非但没有拓宽我们交流的范围,没有加深我们的理解,反而强化了既成的社会等级和封闭的社会群体。②

微信群作为新的社交方式,对用户即时交流、广交朋友、获取新知、传播自我都大有裨益。但是,微信群毕竟只是一种交流工具,它与真正意义上的群体生活和社会互动有很大差异,尤其离社会共同体"持久的和真正的共同生活"③还很远。因此,微信群的价值和品质需要群成员去共同维护和创建。我们一方面要正视其传播大众文化的属性,正面看待其群体交流、休闲娱乐、传播资讯的功能;另一方面又必须看到微信群泛滥、低俗、盲从、监控等负面影响,树立正确的微信群交往观、时间观、价值观,防止微信群聊对日常生活造成严重的"碎微化"。

---

① [法]米歇尔·福柯:《规训与惩罚》,刘北成、杨远婴译,生活·读书·新知三联书店2007年版,第154页。
② [英]詹姆斯·柯兰、娜塔莉·芬顿、德斯·弗里德曼:《互联网的误读》,何道宽译,中国人民大学出版社2014年版,第145页。
③ [德]斐迪南·滕尼斯:《共同体与社会》,林荣远译,北京大学出版社2010年版,第45页。

第三节　微信成瘾：社交幻化与自我迷失

自 2011 年以来，微信作为社交媒体迅速崛起。目前全国至少有 8 亿微信用户，且数量在持续攀升，微信已超越微博成为最受欢迎的社交方式。作为微时代最具有代表性的圈子文化，微信所创造的"朋友圈"，在很大程度上改变了"微博迷"们的社交和生活方式。尤其是对于一些年轻网民而言，如果有一天离开微信，简直是一种严重的心理恐慌。显然，以微信为代表的"微时代"，极大地改变了人际交往的时空概念、文化氛围和心理方式，它所创造的新型社交文化，在很大程度上革新了身体、情感、话语与文化的概念内涵，体现出"微文化"的巨大影响。对于微信社交的自由、平等、随性和开放的优势，已经被不断地放大且形成了巨大的营销效应。但是，关于微信成瘾所导致的社交幻化和自我迷失问题，却鲜有专文进行深入探讨。本节将微信成瘾视为网瘾的一种表现方式，以微信社交功能作为研究的重心，探讨微信成瘾所产生的负面影响。

一　微信社交：交流并非意味沟通

按照字面的理解，微信是通过简短的文字进行交流的"信"，是私信、短信功能的扩张，它延伸了互联网的诸多互动与交往功能。随着 Web3.0 时代的来临，网络本身已经成为"社交图谱"①。尤其是多媒体交流方式的发展，使微信交流充满了文字、图片、视频的丰富想象。而微信聊天对外部设立界限，使其圈子文化限定在"朋友"的范围之内，让参与者有心理上的安全感和信任感。但是，作为 Web3.0 时代的时髦交往方式，微信既是一种"圈子文

---

① [美] 安德鲁·基恩：《数字眩晕》，郑友栋等译，安徽人民出版社 2013 年版，第 41 页。

化",又是网络亚文化的重要源头。它虽然属于私人交流方式,却是网络世界中的一种"亚媒介",其朋友圈可以随时携带各类信息进入"内群"。微信圈所展开的交流和讨论,仍然与网络公共领域有着千丝万缕的联系。

微信的"写作"与手写时代的书信有着根本的区别。书信首先是由于地理空间的存在而产生的双方交流,所谓"烽火连三月,家书抵万金",表达了手写文字区别于复制文化的情感效应。"写信"与"读信"是在特定的情感空间里进行的仪式化"场域"。手写的书信是书写者的叙述、思想与情感的交织,是对特定对象一种空间上的倾诉,并通过书信旅行时间上的差异期待对方的回应与交流。"我者"和"他者"在书信交流中存在着情感互动与依恋,字里行间表现了对人物、事件和生活世界的勾连,具有文本的完整性、逻辑性和想象力。而对于"读信人"而言,读信犹如"读人",远在千里可感知友人过去的思想和生活踪迹。因此,"书信和眼泪一直是感情的一种凭证,而见字如见人、睹物思人仿佛也就具有了更充分的理由"[①]。这种时空的回响和情感的互动是书信作为私人交往方式的魅力所在,也是体现手写文本的思想性、逻辑性和生命力之所在。

但是,微信虽然在形式上继承了书信的交流功能,却与书信的情感沟通功能有较大差异。首先,微信是一种集体意义上的圈子文化,缺乏对个人的专注和投入。对于那些建立微信圈的用户而言,尽管他们可以通过电话号码、QQ群、群聊号、公众号和社区寻找合适的交往对象,这看起来似乎有较大的交往选择性,但是,从实践层面上,一般人经常联系和交往的圈子不会超过150人,而大多数微信号加入的朋友远超过这一数量。由于一般手机用户存储的联系人达数百乃至数千人之多,似乎每个人都抽象成为一个手机号码。对于手机中许多的"陌生的熟悉人"的微信邀请,按照许多微信用户的经验,

---

① 赵勇:《大众媒介与文化变迁》,北京大学出版社2010年版,第189页。

从礼貌的角度考虑，一般不会轻易拒绝。因此，微信号联结的朋友圈，并非传统意义上的"朋友"，而是交往意义上的"熟悉人"，有些甚至是仅知其名而不知何时见过的"过客"。一位报社老总谈到不设微信号的原因时就很坦率地说，他手机上有近8000个手机号码，许多手机号是工作和业务上的"保持者"。如果建立微信圈，对于那些突然撞入的"发言者"，不回信不太礼貌，而回信又"无话可说"。这在一定程度上说明了微信朋友圈与现实的社交圈有着较大的差异。微信圈并非是完全基于信任而建立的小众社交圈，圈中的"陌生面孔"也并非个别现象。微信圈将社交圈子进行符号编码和再度链接，并没有强调交往的个人属性。相比较而言，"微博是社交化的媒体，而微信是媒体化的社交"[1]。尽管微信与微博的公共交往有较大差异，但微信仍然是虚拟交往世界中的一个中介和连接点。其点对点、点对多的互动交流方式，与书信用信封限定单一的联系对象有着很大的差别。从这个层面上看，微信的多元交往方式虽然便捷，也具有"强联系"的社交功能，却难以体现对某个交往对象的专注和情感归属。

其次，微信交往是一种"有限度"和"碎片化"的交流，缺乏完整的文本意义。在网络所建构的"片断主义社会"中，微信具有网络文化"涣散"的一般特征。从表面上看，微信用户可以打破时空的局限，随时随地联系朋友圈的任何人。但是，根据大多数微信用户的经验，微信聊天存在着"选择性交往"的问题。对于数百乃至上千的"朋友"，如果平时缺乏联系，突然向对方发信，无论从意愿上还是在情感上，都缺乏"交往动力"。而即便是偶尔与多年未联系的朋友在线聊天，也会由于"话语贫乏"而难以持续。因此，对于许多微信用户而言，"聊天"并非是随意找人，而需要考虑对方的"回应度"。进入微信聊天环节之后，互动就显得特别重要。然而，与书信互动由于

---

[1] 张颐武：《"四跨"与"三改"："微生活"新论》，《探索与争鸣》2014年第7期。

时空差距而存在思考与记忆的环节不同,微信的即时化互动则是"随意"的交流。由于双方并没有为了聊天而准备充足的"主题思想",微信聊天往往是"漫不经心"或者"三心二意"的。对于聊天者而言,文字的输入并非是完整的思想表达,而是某种即时性思绪的电子书写。双方在交流时很难集中精力讨论某一主题,往往会随意性地转移话题。当一个问题还没有来得及回应,另外一个问题已经"降临",这种杂乱的信息碎片让双方难以深入交流,更难以形成深度的情感体验。而由于片段性的输入和漂移,聊天的文字往往缺乏逻辑关联和系统思维。这种漫不经心的互动很难实现情感上的交融和交往上的"凝视",加上双方的身心状态和网络情境的差异,许多话题并非出于真实情感的流露,很多情况下往往是"逃避"式的回应。"交流的无奈"是微信交流普遍存在的问题,而这些随意性的文字更是一些碎片化的信息杂烩,很难形成一个完整的文本。对于"聊过即走"的用户而言,"聊天"仅仅就是"聊聊"而已,那些杂乱的聊天记录根本无须保留和记忆,聊天内容很快成为瞬间即逝的信息符号,难以在聊天者的思想世界产生深刻的影响。在主题的不断转移中,许多聊天者不过是在"向微信说话"而已。

再次,微信朋友圈的"分享链接"制造了"共享文化"的虚假繁荣,并消解了微信的互动沟通价值。微信区别于一般网络社交工具的重要功能就是朋友圈的信息共享。微信用户利用朋友圈建立的各种链接,能及时了解圈子内外的各种信息。可以说,每个"分享链接"就是一个超级文本。而每个文本则建构了一个具体的"事件",让阅读者能够获得新的信息消费通道。然而,由于每个微信用户面对的是一个庞大的网络数据库,而圈子里的朋友们将"分享链接"作为主体性存在的重要方式。如果说有些朋友由于种种原因存在"聊天"的困境,而向自己的朋友圈发布信息则享有充分的权利与自由。这些漂移的链接拥有无法计算的即时性指令,信息可以在数亿用户之间通过各种链接进行复制和传播,任意"转发"是任何微信用户轻点手机界面即可完成的事情。而用户利用微信平台的自我展演，则实现了"微时代"人人都是主角的技术跨越。"我者"与"他者"都可以随意到朋友圈发表言论，展示自己的生活世界，即时性的文字、图片、视频成为书写网络人生的基本方式。如果说"我微信、故我在"是一种新媒体生活方式，那么，"我链接、故我在"则成为微信自我表达的重要动力。而每个链接所具备的评论功能，则为每条信息发布者提供了获得赞赏的机会。在信息"链接"组成的圈子共享文化中，"赞"与"不赞"尽管是阅读者的自由，但是被信息充塞却是无奈的选择。尽管用户也可以遮蔽某些不受欢迎的"闯入者"，但是，却难以逃离朋友圈提供的信息杂烩。当我们进入自己的微信朋友圈之后，情感沟通功能已极大退化，而不自主地浏览却让我们无法"全身而退"。

二　微信成瘾与社交幻化

据《指尖上的网民》在 2014 年的统计，中国网民中，20% 的人每天查看 100 次手机；23% 的人生活中没有手机会心慌；34% 的人起床第一件事是看微信。[①] 所谓"早上不起床，起床就微信；微信到天黑，天黑又微信"。这一网络流行语，反映了当下微信热所导致的微信成瘾状况。微信成瘾是网瘾的一种类型，具有网瘾的一般特征。但是，由于微信作为社交媒体的特殊属性，微信成瘾则更多地表现为"社交成瘾"，或者说陷于虚拟社交而不能自拔。与传统的 SNS 社交方式不一样，微信用户拥有真实的身份，对于每个参与者而言，这种身份符号在网络世界的真实存在，对微信用户的网络交往具有一定的规约性。但是，由于微信强调圈子交往的"小社群主义"，这就在一定程度上改变了现实社交的双向性互动模式，尤其是微信聊天群的广泛存在，极大地增强了集体社交的功能。因此，微信对"熟悉人社会"的强调，在一定程

[①]《〈指尖上的网民〉——2014 移动互联网用户行为分析》，http://www.iydnews.com/2323.html。

度上提高了用户对圈子文化的归属感，也就是社会心理学上指出的"内群认同"，个体能够在内群认同中获得"自我利益"。[①] 这种虚拟的群体交往也折射出现实生活中"集体文化"的缺失。随着生活节奏的加快和工作、学习压力的增大，许多人为生计而奔波，社交圈子日益狭窄，生活方式也极为单调，很少与同事、朋友进行深度交流。对于许多深处焦虑和孤独的人而言，打开手机，虽然能找到无数个号码，却难找出几个合适的倾诉对象。这种现实社交的狭窄和无奈，让许多人以"屌丝""宅男宅女"自嘲。而微信则从技术上改变了现实社交的时空问题，试图让用户随时随地抵达他的交往世界。但是，微信本质上仍然属于网络虚拟交往，并且带有"符号社交"的基本特征。当用户过度依赖这种虚拟化交往，就会陷于"他者世界"而茫然遨游。

首先，微信成瘾是对社交价值的一种消解。交往是人的社会化必然需求，也是人性的本质体现。在现实生活中，被社会接受、"被他人喜欢"之所以具有如此巨大的力量，是因为它们可以阻止孤独感的迫近。[②] 朋友是体现自我价值并获得社会赞赏的基本对象。所谓"人以群分，物以类聚"，就是强调人的社会归属感。对于一个正常人而言，没有朋友就意味被孤立，很难获得无私帮助和精神安抚。因此，获得赞美和认可是正常人的社交动机。但是，微信将现实社交转移到网络空间，试图以"符号社交"代替"现实交往"，以此实现人的交往需求，这在很大程度上消解了现实社交的专注和情感价值。在现实社交中，双方需要用眼神和身体语言表达情感，需要身体与思想的高度统一，需要从内心表达真实的想法。但是，微信社交则体现出身份符号与交往情境的矛盾。用户试图联系一个朋友，这个"他者"的交往状态却是不确定的，他也许在工作，也许在应酬，也许根本无心交流。在这样的背景下，

---

① ［澳］迈克尔·A. 豪格、［英］多米尼亚·阿布拉姆斯：《社会认同过程》，高明华译，中国人民大学出版社2011年版，第66页。
② ［美］罗洛·梅：《人的自我寻求》，郭本禹、方红译，中国人民大学出版社2008年版，第19页。

他的网络表达就是一种没有边际的交流应对。而微信成瘾者如果经常寻找交流对象，遇到这种"无聊应对"的概率就更高。其结果是，"我"者经常叩问"他者"，"他者"却在进行"无聊"式应对，双方无法进行深度互动，更难以达到情感和思想交流的目的。微信成瘾者打开了一个朋友圈子，却没有开打一个心灵世界。尽管他可以不断地点击不同的朋友符码，但是，交往心理和生活节奏的不同步，极大地影响微信对话的质量和效果。尤其是对于圈子中存在的大量"陌生的朋友"，会对对方的频繁打扰而心存不安，应付式的交流也只好用"呵呵"体来表述。

其次，微信成瘾会导致"公共价值"的消解。微信强调朋友圈的信息共享，创造了一对多、多对多的信息分享方式，这显然有利于用户分享圈子文化的诸多红利。尤其是一些朋友发来的具有独特性、思想性的文章，会给用户诸多启迪和思考。但是，微信成瘾者则陷入了"信息消费主义"的泥潭，他们花费大量的时间和精力关注朋友圈，力图不放过任何一条新的链接。然而，他们是"浏览"而非"阅读"，他们并不在乎链接的文本价值，只是以"我看过"作为一种"文化资本"。这种漫无目的的消费倾向，导致了他们对朋友圈的"信号"极度敏感，一旦有提醒的标识他们立即投入到浏览的情境之中。事实上，朋友圈提供的分享，除了少部分体现朋友旅游、居家、工作的"生活现状"之外，大部分是转发的时政、育儿、养生、保健、娱乐、杂谈之类的信息，重复率很高，是一种典型的"复制文化"。尤其是所谓的修身养性的文章，初看几条尚有收获，但每天接触大量所谓"感悟"之后，其文本的思想性已经被稀释甚至消解。此类所谓的"心灵鸡汤"很难具有教化意义，与诸多其他杂乱的信息一样，仅仅是被浏览的对象而已。即便这样，微信成瘾者也对朋友圈的链接充满期待，每天花费大量时间沉浸在缥缈的信息杂烩之中。他们没有预设观看的目的，"浏览"已经成为一种生活方式。与一般的上网浏览新闻网页情形不同，由于这些链接经过朋友们的"推荐"，他们从心理上认同"圈子"所带来的信息，而他们进入这样的一个信息共享环节，似乎能够找到一种"社群主义"的存在感。然而，只要认真分析一下各类链接的内容，就不难发现许多信息不但重复，而且已广为传播，甚至许多朋友圈的链接文本具有较多的雷同。尤其是朋友圈的相互转发，使任何一条信息在极短的时间内快速地流传于无数个朋友圈。由此可见，朋友圈的信息具有很高的复制性、随意性、混杂性，很难体现"共享文化"的个性。

微信成瘾者每天不断浏览大量的"转发文本"，在一定程度上形成了虚假的消费需求。他们不知道自己需要读什么，不理解朋友链接的目的是什么，也很少有时间对各种链接进行"点赞"。过度的信息分享往往让他们轻松离岸，却无法找到上岸的通道。他们是漫无目的的游荡者，在朋友圈制造的信息杂烩中看到的是"无心之果"。频繁的浏览并不能带来心智的提升、精神的愉悦、身体的放松。相反，浏览越是频繁，他们就越感到焦虑。由于过度地沉溺于一个小圈子的信息，他们往往对朋友圈的文化共享和互补功能缺乏应有的认识。对他们而言，谁在转发，谁被转发的意义并不重要，因为复制和粘贴是通用的工具。到朋友圈里并不是看"朋友"，而是看热闹。对于微信成瘾者而言，不断更新圈子里的各种分享信息，比思考信息的价值要重要得多。随着无数链接和垃圾信息的累积，朋友圈里的朋友意识逐步淡化，信息共享与互动的价值也逐步消解。

最后，微信成瘾会导致群体交往的失语。从理论上看，微信所提倡的圈子文化与现实生活中的圈子有一定的耦合，但是现实社交重在实际联系，需要双方的身体在场。比如聚会、谈心、互访等，往往需要双方投入一定的时间和情感，更需要尊重对方才能达到交流的目的。但是，微信创造的群体交往方式，却在一定程度上改变了现实社交的规则，尤其是在"议程设置"上，微信用户的社交往往以"我"为主，"他者"是不确定的多数，"户主"所建构的朋友圈，在交流中处于主动的地位。对于圈子中的朋友，用户拥有选择的自由。而微信成瘾者片面追求这种自由，试图在以自己为中心的社群文化中始终把握话语主导权。在一对一的交往中，也许朋友圈里的个体会根据情境进行选择性对话。但是，微信成瘾者往往会对积极回应者较为关注，并"及时跟进"，不断制造"话题"要求对方回应，这在一定程度上制造了"交往暴力"。"他者"的被动应对即便是心不在焉，也会因此付出大量时间和精力。在现实生活中，如果朋友之间性情不合，便会以各种理由避免见面。但是在微信交往中，"我"者把握了交往主动权。对于那些微信上瘾者而言，话题并不重要，重要的是朋友要"冒泡"，要有人不断来"接茬儿"。这就造成了微信交往的自我中心主义。然而，这种中心主义并非以"舆论领袖"为标识。由于朋友圈的人缺乏话题关顾，微信成瘾者如何说、说了什么，在一对一的交往中，往往不被圈子里的人所发现。所以，朋友圈的人被视为随意挑选的"陪聊对象"，而并非真正意义上的情感互动。虽然朋友圈有无数个体，但对于微信成瘾者而言，他就是"主人"。无数被加入到圈子里的朋友，处于被支配的地位。这显然脱离了社群文化的本质，更谈不上民主协商的精神。

微信聊天群与QQ群有类同之处，但看起来似乎更为紧密。以同学、师门、小团体、同乡等为社群符号的各种聊天群，使群体参与变得便捷和多元。虽然这些聊天群设立了40人的上限，以此限制参与者的数量和范围，但是，它仍然属于小型的公共文化圈，并为核心成员的多元互动和信息共享提供了一个新的平台。然而，在现实的操作过程中，许多微信成瘾者对"群聊"极度偏爱，往往利用这一公共平台来体现"与众不同"，经常在群里发表各种意见，提供各种链接，引发各种议题，意图主导小群体的话语权。对于许多群聊者而言，加入一个新的群体，并非要屈从于某个意见领袖，而是为寻求新的集体交往方式和群体归属感。但微信成瘾者则将群聊作为个人展演的舞台，根本不顾忌群聊成员的感受，任意闯入群中发表各种奇谈怪论，并要求群里的"亲"们及时回应，体现了明显的话语霸权和自我中心主义。这就让许多参与者被"边缘化",无法进行平等对话和交流。有些成员由此而中断此类群聊,不再在此类群里出现。而微信成瘾者似乎不顾忌"他者"的观感,仍然不断地挑逗其他人回应,并利用各种机会在不同的群现身,试图自己强化在群体中的地位。然而,随着此类话语暴力的不断蔓延,许多微信群已逐步丧失群体交往的功能,参与者不断减少,微时代的"微民主"在现实运作中,受到了微信成瘾者话语霸权的挑战,并导致"小社群主义"的话语危机。

三 微信上瘾与自我迷失

微信是以单个用户为中心而建立的社交圈,其目的是利用网络平台实现社交方式的便捷化和多元化,但其社交关系建立在现实朋友圈之上,没有平时的社会交往,网络社交也就没有人脉基础。然而,过度微信不仅使现实交往的频率和动机大为降低,也会使用户陷于盲目的虚拟社交怪圈而无法节制。这种虚拟的社交上瘾行为,不仅没有有效地提高社交活动的质量和效果,反而使社交主体的作用和价值不断地被淡化,形成了"我微信,我茫然"的社交焦虑与恐慌。

首先,微信成瘾者的过度展演导致"表演崩溃"。在现实社交中,向朋友倾诉是社交的正常行为。而对于微信成瘾者而言,他始终将自己当成朋友圈的主角,以自我展演作为主体性存在方式,将微信圈视为自我展示的舞台。因此,他们频繁地进行聊天与转发,并不是为了与圈中朋友沟通与交流,而是为了获得更多的评论和赞美,以此体现自我价值。他们甚至将微信作为全景式的个人博物馆和剧院,期待"观众"为他的精彩演出"点赞"。他们努力展示自己的生活世界,不放过任何可能"公示"的机会,一回朋友聚餐的美食,一条小狗的新装,一次旅行的小插曲,一幅自家孩子的小画作,都成为微信圈里的通用性展示话题,尤其是裸露身体已经成为日常的表演。有时,为了获得"点赞",这些主动的话题发起者还自设竞猜题目,比如,你知道照片上的景观是哪里?照片上的人是谁?此类故弄玄虚的设问,就是要等着朋友圈的赞美。有些"90 后"的"小清新"们还将自己旅行、睡觉、吃饭的图片发在微信圈里,急迫地进行设问。对于这些过度自恋的展演者而言,我"微"故我真,我"秀"故我在。一切深度皆丧失,唯有造成神经短路、思想锈蚀的"秀逗",才是唯一可以确定的感觉。① 然而,此类表演秀却很少得到回应和赞美,偶尔点赞的朋友也许是睡在下铺的室友。狂发各种图片已成为上瘾者的流行偏好,而在微信中暴露隐私也屡见不鲜,尤其是身体展演的方式层出不穷,"无节操"式的暴露甚至成为获得关注的手段。表演者将身体作为展演的道具,关于身体的审美已演变为肉体的暴露。尽管如此,微信成瘾者却难以获得"芙蓉姐姐""天仙妹妹"之类网络红人的知名度,甚至连几个"点赞"都难以呈现。此类自我暴露式的展演,根本没有区分前台和后台的关系,将自我进行透明化的放大,却在费尽心机之后,茫然而不知自己身在何处,陷入越展演、越寂寞、越焦虑的困境。

其次,微信成瘾者沉迷于圈子消费而导致自我"缺位"。由于微信可以通过多种方式添加朋友,偶尔的扫一扫、摇一摇便会新增不少新朋友。这固然有利于增加"偶遇"的机缘,也可以扩大微信圈的信息来源和交流途径,但是,微信毕竟是以个人为中心的社会化媒体,它一方面可以使用户融入"微时代"的信息潮流之中,但另一方面却需要用户进入网络联系的节点之中,成为虚拟世界的一个客体。因此,它是主我与客我、主体与客体、祛魅与魅惑的杂糅。理性的用户应该适度地运用微信进行社交与信息共享,一旦微信成瘾则导致自我迷失和消费迷乱。由于过度关注自我,微信成瘾者往往会不断观看"朋友"的表现,一个议题、一张图片、一段视频,虽然是日常生活的小插曲,但许多微信成瘾者却视为生活的仪式,迫不及待地发起议题。有时实在没有人回应,便只好自问自答。这种博名的心理,势必导致微信成瘾

---

① 韩琛:《"微/伪/萎托邦":自由的幻象》,《探索与争鸣》2014 年第 7 期。

者不断追逐新的话题。如果自己缺乏表演的话题，便需要通过转发提升自身的影响力。因此，他们便不断地刷新朋友圈的链接，寻找合适的文本进行转发，并急切等待下一个点赞。所以，许多微信成瘾者本身便成为信息复制的媒介。"不转发就会死"，他们认为，从朋友圈发来的单个文本具有"观赏"价值，每条转发的信息都会对其朋友圈有用，因此，他们极度紧张地浏览各种链接，对于"心灵鸡汤"和煽情话题尤为看重，不断"分享到朋友圈"，并自以为在为朋友提供精神食粮。显然，此类具有无数通道的超级链接，并不是某个微信用户的专利，微信信息的高度重复性已表明许多转发不仅没有意义，还极大地影响了其他朋友圈的阅读质量，造成信息过剩和视觉疲劳。因此，微信成瘾者过度地进行信息消费，并利用信息的无成本消费让渡，使圈子文化充满着大量无聊、无用和重复的信息。而许多"转发"不仅没有促进其他读者的价值认同，反而因为此类复制文本的泛滥而对转发者感到厌恶。从这个层面上看，过度消费和转发朋友圈的信息，尤其是不加分辨地转发各种谣言，极大地损害了微信的公信力，导致微信圈的散发式个体被迫进行混浊的信息接收和再消费，这不仅没有提高转发者的知名度和美誉度，反而导致许多用户"设置朋友圈权限"，不愿接受这些狂热转发者泛滥的链接。可见，对于微信成瘾者而言，他们沉醉于圈子信息的自我制造和重复传播，造成"不见树木、不见森林"的双输结果。既没有有效地提高自身的影响力，也没有为圈子文化做出应有的贡献。

再次，微信成瘾者的虚拟化生存导致现实自我的社交焦虑。"我微信、故我在"，微信上瘾者已经在网络上构筑了一个新的虚拟交往世界，他们已经成为网络多面人，无论身在何处，只有看微信才能确定"我是谁"。人们常常调侃"世界最遥远的距离是，我在你身边，而你却在玩手机"，现在玩手机已经演变为"玩微信"。现实当中的"我们"，由于有了微信的存在，即便是见到久违的朋友，也缺乏交流与沟通的欲望，手机和微信似乎成为人体的器官，许多人通过浏览微信来表达主体存在。即便是多年不见的同学聚会，大家相见无语，却在对着微信傻笑，人机对话似乎远比面对面交流有意思。在日常生活中，朋友见面也越来越疏于交流，甚至连一个正视对方的眼神都难以见到，更难以深度沟通。但是，在虚拟的空间里，微信成瘾者却自愿展示隐私，毫无顾忌。现实的社交焦虑和虚拟的社交狂欢形成鲜明的对比。多重而矛盾的自我在两个世界中游走，使者"我"的身体、思想产生分裂。在虚拟的交往世界中，心与身、灵与肉是分离的。对于微信成瘾者而言，上线便是一种游走的方式。如何说、说什么都不重要，对话本身就是一种生活方式，他观看微信，犹如检阅一座虚拟的剧院，只要有足够的观众即可。他需要热闹，需要打发时间，需要自我消遣。至于他为何而来，交谈有何价值，有何哲理，则不要进行意义的建构。这种交流很难体现人的"自反性"价值，是自我导向与他人导向的矛盾性结合。但是，情感、记忆是人性的基本标识，微信成瘾者的社交泛化却很难体现真情、专注和关怀，这就导致虚拟社交的无意义漂移，交往双方都很难通过对话建立互信、增进感情。沉溺于微信交往的成瘾者拥有了一个看似庞大的圈子，一旦"下线"，却找不到几个可以说话的朋友。相反，"越微信，越疏远"似乎是一些现实社交的写照。

如果网络精神的本质是为了促进人的全面发展和技术文明的进步，微信作为网络的有机组成部分，至少应该是促进朋友之间交流与信任。如果微信成瘾者由于过度使用微信而导致自己的孤立、茫然和无助，那此类微信社交就异化为身体的枷锁和自我的牢笼，现实中的朋友圈就会不断远离生活世界。这显然违背了人性的本真和社交活动的原初意义。由此可见，正确地使用微信，不仅是健康生活方式的需要，更是提升网络文明和促进人的全面发展的需要。

第六章 网络流行文化的传播

第一节 网晒成瘾：身份焦虑、装饰性消费与自恋主义文化传播

网络社交改变了我们的生活方式，尤其是微信用户的朋友圈"一对多"的即时性社交方式，使用户能够"一呼百应"，具有强大的群聚效应和"博名"效果。而随着表情包、照片、视频的广泛使用，网民已经对"图像至上主义文化"习以为常，网络晒照更是成为流行的社交行为。笔者发现，尽管网络社交研究颇为盛行，但是，关于"网晒"问题的学理探讨尚不深入。而网晒成瘾现象虽也成为人们茶余饭后的"议题"，但对其进行专题研究的论著尚付阙如。本节拟从网晒成瘾的成因出发，以网络晒照活动作为研究对象，从身份焦虑、装饰性消费与自恋主义文化传播的角度进行初步探讨，以期抛砖引玉。

一 网晒成瘾、自我展演与身份焦虑

随着互联网的广泛普及，网络社交已成为网民的日常生活方式。许多网民经常利用微博、微信等社交平台晒出自己的各种照片。"网晒"在微信朋友

圈尤为流行，成为网络社交活动的重要内容。晒旅行、晒服装、晒娃、晒工资、晒奖金、晒会议、晒名车、晒装修、晒情侣、晒隐私……可以说，生活无处不"照"，网络无处不"晒"。"网晒"已经司空见惯，可谓"不晒不上网，上网就晒照"。这在微信朋友圈中表现尤甚。打开朋友圈，便是各路"晒客"的杰作。一些"自拍族"甚至将朋友圈作为他们的"剧场"，他们高举"自拍神器"，持续不断地进行展演，各种自拍作品在朋友圈里"接踵而至"。他们开车自拍、逛街自拍、旅行自拍、吃饭自拍、聚会自拍，拍后快速发至朋友圈，以"晒"其"美丽的容颜"和"美好的生活"，然后等待各种"赞美""颂扬"，从而制造永不满足、永无止境的"网晒盛宴"。

应该说，网络晒照与其他社交方式一样，是网民寻求社会认同、融入群体生活的重要方式。网民有时在生活中有了好心情，通过照片与朋友分享，可以弥补文字交流功能的不足，从而促进了解、沟通情感、加强联系，这本身无可厚非。但是，朋友圈的交流是特别讲究互动的，如果每个人都不顾他人的感受，源源不断地晒出各种照片，刻意制造完美的形象，将自己当作网络社交圈当然的主角，要求观众时刻保持"点赞"的姿势，这势必与网络社交的本质背道而驰。

许多网民不顾时间，不顾场合，不顾身份，不顾后果，盲目地在网络上狂晒自己的各种照片，造成网络晒照泛滥成灾。他们只想博取声名，不顾公私界限；只想超越他人，不会真诚沟通。"晒照"的目的就是突出"完美的自我"，体现"我晒照，故我在；我晒照，故我美"的价值观。"晒照成瘾"已成为"网瘾"的新兴表现形态，网晒成瘾者热衷于在微信朋友圈中进行病毒式传播，发展成为一种具有广泛影响的网络症候。

与网瘾的一般性浏览成瘾不一样，网晒成瘾者将自己视为生产者，而且很多时候是"加工型生产者"。他们在网络上晒出的各种自拍照片，大多通过后期的加工处理，对自己进行图像美化之后上传。美图秀秀可以进行瘦脸瘦身、祛斑祛痘、皮肤美白、腿部增长等各种美颜修饰。此类图片加工技术简单，效果明显，为自拍照片的"我"提供了高度"美化"的机会。因此，自拍者在照片上传网络之前的加工过程，其实是对自我形象进行了有目的的"塑造"。而此类依靠修饰技术的自我修饰，推动了"修图主义"的广泛流行，使自拍与修图成为联合生产流程，制造了修饰性照片的视觉盛宴。

当然，网晒成瘾者如此迷恋于自我展演，与其寻求赞美、获取支持、提高声望、美化自我的社会需求有着密切关系。由于普通网民在微博上晒照获取的"声望效用"并不明显，微信朋友圈便成为他们展演的主要舞台。犹如剧场的座位一样，朋友圈的数量对许多晒照者特别重要。他们利用一切社交机会进行朋友圈"扩容"，使"晒"的演出半径不断扩大。因此，多加朋友，才能获取更多的被关注的机会。朋友圈不仅仅是群体聚集的空间，更是许多自拍和自晒者的"超级市场"，他们可以随意出入，自由挑选，在圈子中拉进许多点头之交的"朋友"。这些平时在圈子里不说话的"朋友"，可以填充微信社交演出的"座位"，其作用与情感沟通并无多少关系。对于网晒成瘾者而言，他们关注的是"此处有掌声"，被观看、被点赞、被吹捧、被热爱，乃是他们晒照的根本目的。

然而，网晒成瘾者将朋友圈作为剧场的同时，却并不在意"前台"的日常管理与情感沟通。他们期待收获掌声和鲜花，却很少关注观众的真实想法。他们对观众有着永不满足的需求，却不在乎观众的心理状态和情感需求。他们不愿意与朋友圈的人"说话"，更缺乏日常的沟通和交流。他们仅仅将朋友圈作为整体的表演对象看待，在他们看来，被人喜欢、被人赞美是绝对重要的，而喜欢别人、赞美别人却显得多余。因此，他们的心理陀螺仪是以他人的赞美为导向的。然而，"他人导向者沉溺于自己所喜欢的东西，但却不知道自己的真正需要"①。对网晒成瘾者而言，当获得了赞同，他认为就是好的。他的眼睛紧盯住观众，在意任何一次点赞。他害怕朋友圈的任何一次细微的批判，认为那是对表演的整体否认。他生怕观众提出改进的意见，尤其是对真相的揭露，会使他如临深渊。他一旦在狂晒的过程中感到了空虚，便以为是面临极大的危险，于是便寻求朋友圈的支持与响应。他希望："他人将会给他某种方向感，或者至少由于认识不到他一个人在恐惧而得到某种安慰。"②对于网晒成瘾者而言，如果他的展演得到了朋友圈的赞美，他便认为自己是成功的。而一旦不被喜欢，他会认为表演失败而陷入莫名的孤独与空虚之中。他将自己的自我认知等同于"观众"的态度。对于他而言，被关注、被赞美便是自我价值的全部意义。他的价值是通过"朋友"挖掘的，他对自己缺乏基本的认识。他通过被喜欢、被关注来祛除内心的焦虑和孤独，他无法找到自己的真实角色定位。正如罗洛·梅（Rollo May）所言：我们之所以焦虑，是因为我们不知道应该追求什么样的角色，应该相信什么样的行为原则。③ 网晒成瘾者总是将网络自我与现实自我混同，他希望通过外在的展演与"点赞之交"获取自我价值，这实际上是对自我力量的怀疑。他有时也知道此类晒照行为的无聊，但由于自我认知的焦虑，他被网络社交圈困住，在期待"点赞"的焦虑中不能自拔。他甚至知道许多"点赞"是形式上的，但陷入了虚假认同的怪圈，竭力展示自我却找不到自信。

作为一种被扭曲的价值观，网晒成瘾有着深刻的社会背景和心理因素。在网络时代，衡量个体价值的标准更为多元，成就自我的途径也更加多样化。然而，普通人要在激烈的市场竞争中博得大名仍然不易。但网络社交媒体的

---

① ［美］大卫·理斯曼：《孤独的人群》，王崑、朱虹译，南京大学出版社2012年版，第193页。
② ［美］罗洛·梅：《人的自我寻求》，郭本禹、杨韶刚译，中国人民大学出版社2013年版，第13页。
③ 同上书，第21页。

高度发达,能够从多方位塑造"像中之我""网中之我"。尤其是网络草根阶层的崛起,为普通网民提供了显声扬名的机会。近年来,一些网民一夜走红的"奇迹",激发了无数人的成名梦想。在网络中寻求新的自我,获取新的社会认同感,成为许多网民开展社交的重要目的。而微信所构筑的社交朋友圈,打破了个体交往的时空限制,使自我价值的展示更为便捷和多元。网民可以通过戏剧化的表演将现实自我和网络自我区隔开来,而网络晒照便成为展示理想自我的重要方式。在网络"晒照"的表演过程中,基于"身份""地位"的需求,"表演者往往会隐瞒那些与他的理想自我及理想化表演不一致的活动、事实和动机"①。他势必通过包装和修饰来展示其美好的一面。为了达到预想的表演效果,网晒成瘾者会根据自身的需要,强化对前台区域的"印象管理",这就需要"假装"。"假装"成为其生活的"艺术"。无论是晒娃、晒服装、晒宴会还是晒豪车,他一定要让观众相信,他的生活就是这样,高雅、富有、浪漫而充满情趣。他晒的是颜值、成功、地位与声望,而且需要通过不断的"晒"来强化自我形象。因此,即便是对生活很不满意,他也必须要装得幸福甜蜜。在朋友圈里,狂晒者总是会找到即兴表演的理由。他要让大家相信,他的生活就是照片所呈现的那样,晒的是真实的自己,他就是一个有情趣、有身份的成功者。他的朋友圈中,便永远呈现的是"诗和远方",没有所谓"眼前的苟且与不堪",他晒出的是"完美的人生"。因为无人愿意说出真相,所以他基本上不会有"表演崩溃"的忧虑。他不断地获取交往报酬,却无须担心过高的交往成本。因此,网晒成瘾者不会觉得有表演风险,在不断的狂晒过程中,他已经将自我价值定位于朋友圈的点赞上。至于现实生活是否满意,那是表演的"后台区域",网络上的朋友不会"不合时宜地闯入"。

---

① [美] 欧文·戈夫曼:《日常生活中的自我呈现》,冯钢译,北京大学出版社 2008 年版,第 39 页。

然而，当朋友圈到处充满技巧拙劣、内容雷同的网晒表演时，观众们虽然不去揭露"皇帝的新装"，但审美疲劳和读图厌倦则不可避免。观众了解了许许多多的晒照表演者，也知道他们的真实生活境况。他们假装在观看，假装在点赞，而内心早已将狂晒者拒之门外。网晒成瘾者企图以晒成名，以晒博位，但他收获的是"虚假的繁荣"，以狂晒作为手段的表演势必难以达到目的。而他的"修图"与"装扮"则更难以找到内心的陀螺仪，持续性的狂晒也会不断降低边际效用，与之相伴的焦虑、空虚与恐惧反而加剧了他的身份和人格分裂。

二 网晒成瘾、装饰性消费与意义消解

日常消费的主要目的是满足自我在物质和精神方面的需要。然而，无论是购物、旅游和餐饮，一些网晒成瘾者往往寻求的只是展示价值和面子消费。在他们看来，商品从幻象中产生意义，商品的外观比内容更具符号价值，他们将商品的幻象视为"诠释"自我的意义所指。此类具有"他人导向"的消费者，"缺乏一个调和的自我和权威性的文化价值，由于缺乏特性与深度，于是个体即使在最枝微末节的层面也都必须受到社会的决定：个体服从于即刻社会环境的期许，被瞬息万变的公共舆论、媒体、广告、同侪群体和爱炫耀的邻居牵着鼻子走"[1]。尤其是在网络社会，网络媒体充当着消费导师的作用，它"鼓励普通人养成不普通的口味，鼓励他们将自己看成有别于芸芸众生的特权阶层，鼓励他们在想象中过一种精致舒适而又富有细腻感觉的生活"[2]。随着手机的普及，绝大多数的消费者伴着手机"移动"。在无线网络的连接下，手机充当着全能消费导师的作用，许多网民将日常消费嵌入手机，先拍

---

[1] ［英］Don Slater：《消费文化与后现代性》，林佑圣、叶欣怡译，台北弘智文化传播有限公司2003年版，第153页。

[2] ［美］克里斯托弗·拉什：《自恋主义文化：心理危机时代的美国生活》，陈红雯、吕明译，上海译文出版社2013年版，第165页。

照后消费已成为许多网晒成瘾者的行为规范。就餐先拍菜，旅游先自拍；无照不生活，无照不消费。正如一首歌词所描述的那样：当你在刷着别人的朋友圈，我在自拍的路上没有尽头，一整天有多少的来不及，打开手机相机，按下该死的快门，恍然大悟早已远去……手机已经器官化，在一些网晒成瘾者看来，没有手机照片的留存和网络传播，所有的消费活动便毫无意义。对于他们而言，消费只是一个形式化的过程，晒出照片供人观看才是真正的目的，照片不仅具有展览意义，更重要的是提供膜拜价值，正如豪格（Wolfgang Fritz Haug）所言："这些图像如同镜子一样具有移情的作用，他们照向基础，从表象中提取秘密，并且传播出去。"[①] 因此，消费是为晒照提供背景和"注解"。消费的目的不是享受，而是为他人提供图像和景观，以获取炫耀的资本。我们将此类为拍照而博取名声的消费称为装饰性消费。

显然，装饰性消费的本质并不是为了体现消费的内涵和价值，而是将消费作为展示的过程，商品符号更多地体现出消费者的时尚、地位、品位和潮流。装饰性消费在某种程度上体现出时尚的流行需求，波德里亚用"文化再循环"描述时尚的功能转变，在消费社会，时尚的"循环"与翻新更快。因此，"每个人同样都应该做到'跟上潮流'，并且每年、每月、每个季度对自己的服装、物品、汽车等进行再循环。假如不这么做，就不是消费社会的真正成员"[②]。为了证明自己跟上潮流，许多网民便将手机作为"此在"的工具，通过晒出照片展示出自身生活的奢华与时尚，体现出"再循环"的种种成果。无论身在何处，网晒成瘾者都会讨好、邀请或者恳请他的观众观看，希望得到赞同。他不仅在进行自我消费，而且与他人形成了一种被消费的关系。照片凸显了符号化、功用性的自我，其所指就是消费的展示价值。网晒

[①] ［德］沃尔夫冈·弗里茨·豪格：《商品美学批判》，董璐译，北京大学出版社2013年版，第52页。

[②] ［法］让·波德里亚：《消费社会》，刘成富、全志钢译，南京大学出版社2001年版，第101页。

不仅仅是晒生活，而是将照片变成网晒者的"名片"，展示出其象征意义和资本价值。

由于网晒成瘾者将他人的赞赏作为消费的终极意义，他的日常生活就为了展示而存在。有了美食，他不是为了品味，而首先想到让大众欣赏，以证实他是美食家；到了景点，他无心欣赏美景，而是拉开自拍杆，让自己与景点"合影"，表明"我来了"；穿了新衣服，他不是对镜自赏，而是先上传朋友圈，期待大家羡慕自己"别具一格"的喜悦。为了表达自己生活得很好、很有品位，他必须通过"晒照"证实自己是消费达人，即便是一盘普通的菜，拍照时也要讲究光线和角度；在景点自拍，则通过美图进行自我形象"美饰"；与情侣合影，更是要达到"郎才女貌""才子佳人"的效果。因为要"晒"，就需要精心设计，刻意装扮甚至进行伪装。比如他明明对旅游景点不满意，但偏偏要晒出自己度假的靓照，表明自己很开心、很享受、很有品位。对于网晒成瘾者而言，生活本身就是装饰，生活的感受都是形式的，他的目的是要向社会证实，他的生活很时尚，事业有成就，精神很充实，他是生活的强者、成功者。

这些刻意装扮的晒照成瘾者对自身"美好生活"的过度展示，将晒照视为炫耀与攀比的消费竞赛。其实，对于芸芸众生而言，日常生活充满了喜怒哀乐，遭遇挫折和不快并不稀奇。但是网晒成瘾者却刻意遮蔽生活中的缺憾，将自己装扮成为"唯美主义者"，似乎他们所经历的一切都是美好和幸福的，以此来证实自身在社交上的心理优势，以身体、金钱、地位来炫耀自己的与众不同。他们是以势利的眼光来进行日常消费与网络社交的。正如艾本斯坦（Joseph Epstein）所言，像宗教一样，势利是靠着希望和恐惧来起作用的。势利眼希望自己稳稳地站在他认为是最有成就、最华美精致、最流行的一群人之中。他害怕受到那些低下的人污染。他全力以赴地在那些尚不如自己的人中间鼓吹绝望。他们就跟害怕癌症一样害怕被拒绝——被拒绝在他们眼里就是社会生活中的癌症。① 对于网晒成瘾者而言,他发到网络上的照片不仅是自己的作品,还是一种具有心理优势的代言广告,其言外之意就是自己比一般人要强。他需要通过别人的点赞确定自己的身份优越感。"如果感觉不到自己的优越感,那么他不是陷入低人一等的痛苦,就是陷入可望而不可得的深渊。"② 因此,这种永不满足的优越感,是网晒成瘾者预先设定的立场,他通过不断地发送照片来确定这种心理优势。

但是,即便是在人数较少的朋友圈,网晒者之间都存在着比较和竞争,无论是晒美食、晒娃、晒时装还是晒美颜,网晒者之间的"地位竞争"不可避免,他们需要通过不断的"美学革新"来刺激观众的感官需求,体现他们的不同凡响之处。比如晒美食,你晒一盘乡下野味,他晒一门高档酒店的绝艺,各有千秋。朋友圈的点赞也会因人而异,这本是非常平常的事情,但对于一些网晒成瘾者而言,一旦没有得到预想的成就感,或者没有晒出他们的优越感,便大为不快,与"对手"暗中角力,相互攀比。晒到激烈处,便会恶语相加,相互诋毁,让观众大倒胃口,甚为厌倦。

一些网晒成瘾者为了达到炫耀性消费的目的,甚至将身体"美丽化""色欲化"来获取炫耀的资本。他们将身体当成商品,通过露点乃至裸照的形式展示身体。他们在网络上开展身体展示竞赛,他们"把自己当成物品,当成最美的物品,当成最珍贵的交换材料,以便使一种效益经济程式得以在被解构了的身体、被解构了的性欲相适应的基础上建立起来"③。而大量经过"加工处理"的艳照在朋友圈滥发之后,可能连礼节性点赞都难以获取。这就是说,身体的色欲化作网晒的潮流并不能一如既往地制造"热点",供人"膜

---

① [美]艾本斯坦:《势利:当代美国上流社会解读》,晓荣、董欣梅译,社会科学文献出版社 2007 年版,第 17 页。
② 同上书,第 13 页。
③ [法]让·波德里亚:《消费社会》,刘成福、全志钢译,南京大学出版社 2001 年版,第 147 页。

拜"。身体并非皮囊,仅靠外观的装饰就能体现自我价值。但一些网晒成瘾者为盲目追求"轰动效应",甚至将自己的隐私和"艳照"视为一种展演商品,毫无顾忌地供大众消费,这不但有违公序良俗,而且践踏了自己的人格和尊严。尤其是一些狂晒者在朋友圈随意传送不雅照片,更是让自己在"熟悉人社会"声誉扫地,其身体消费的价值更是无从谈起。正如布尔迪厄(Pierre Boudieu)所言:"炫耀性消费"的天真表现癖通过对一种奢华的难以克服的低级炫耀来追求与众不同,这种表现癖与纯粹目光独一无二的能力,即几近创造性的力量相比毫无价值。①

就照片本身而言,可读性和观赏性是衡量其价值的重要标准。"人们根据一张照片传达的信息趣味和它完成这种交流功能的明晰程度,总之,根据它的可读性来衡量它的价值,这种可读性本身也与它的意图或功能的可读性有关,能指和所指的表达一致越彻底,这张照片引起的判断越有利。"② 同样,如果一张照片内容浮浅,技法拙劣,低级趣味,能指与所指分裂,是无法吸引观众的眼球的。然而,网晒成瘾者不顾基本的审美标准,在微信朋友圈和公众平台滥发各种毫无新意的照片,意图以视觉冲击来获取大众的关注,这事实上违背了照片审美的基本要求。在网络时代,信息泛滥而热点不断转移,企图以滥发照片获取关注的做法难以取得预想的效果。一些网民对朋友圈中制造图片垃圾的人拒绝关注甚至加以屏蔽。大量没有创意、毫无趣味的照片事实上缺乏观众,更遑论提供审美价值了。因此,网晒成瘾者对拍照与晒照的迷恋,是以自身的价值误判而制造虚幻成就感,即便是得到了一些形式上的点赞,也是被抽空了意义的符码而已。许多人对于此类狂发照片者极为厌倦,认为他们越发照,越空虚,越焦虑。可见,泛滥的晒照行为消解了其社

---

① [法]皮埃尔·布尔迪厄:《区分:判断力的社会批判》(上册),刘晖译,商务印书馆2015年版,第45页。
② 同上书,第69页。

交的本质意义。

三　网晒成瘾与自恋主义文化传播

与网瘾一样，网晒成瘾已经广为流行，成为一种社会病。今天，自拍杆已成为旅游者的标配，美图软件拥有大量热衷"修图"的用户，手机拍照与上传朋友圈已成为"习惯"动作。与网瘾者沉溺于网络中的自我不一样，网晒成瘾者则需要一个巨大的"剧场"来进行表演。他们自以为是剧场的绝对主角，且要求观众不断报以掌声和赞许。没有观众的点赞，他的生活便失去了动力，焦虑、狂躁、无聊与空虚便应运而生。但是，他们高高在上，却对观众不屑一顾，观众仅仅是满足他们虚荣心的对象而已。这种过分的自我关注便是人格障碍，也就是自恋。

从本质上看，网晒成瘾者是以"装饰性消费""表面风光"来获取炫耀的资本。他们不断在网络上晒照，无非是证明他们的"高大上"，表明他们有品位、有创意。而所有的这些，都与他们的真实需求无关，更与情感交流无关。因此，他们"身上的行动源泉是在表面，而个体必须要通过让内在和外在的人物来抚慰和刺激这个表面，以激活其行动"[1]。对于网晒成瘾者而言，他们热衷晒照，就是要获得外在的荣耀，他们不愿意、不期待观众了解他们的内心世界。正如史密登（Nelle Symington）所言：在自恋的自体的核心有一个空洞，也就是说内在没有支撑生命的力量——用以前的话说就是没有"性格力量"。所以，"我"得被抚慰，但是这份抚慰仅仅影响到表面；"我"必须被刺激，但那也是让表层兴奋起来。在两种情况下，其作用都不持久。[2] 对于网晒成瘾者而言，只有通过不断拍照、不断网晒才能为观众提供"客体"和"素材"。但是，照片仅仅是一种能感知的客体，不是一个心理的客体。作

---

[1] ［澳］Nelle Symington：《自恋：一个新理论》，吴艳茹译，中国轻工业出版社2016年版，第65页。
[2] 同上。

为主体的观众并不能与这个"客体"本身交流,客体的能指与所指之间往往缺乏内在的联系。

随着微信朋友圈的范围不断扩大,网晒的对象不仅仅是"熟人社会",网络时代的社交,不再需要"名片",名片就是微信的二维码。在社交场合"扫""被扫"二维码已成为流行的交往方式,许多初次见面者都"盯"着对方的手机,将对方加入"朋友圈"。因此,朋友的定义也由此发生改变,只要被加入自己的朋友圈了,对方就是"朋友",一些连名字都不记得的朋友,仍然是网晒的对象。许多微信用户的朋友圈里的朋友多达数千人,然而他们对许多"朋友"毫无印象。显然,微信社交面对的可能是许多陌生的"朋友",一些网晒成瘾者更是热衷于加"微信",面对许多并无情感沟通的朋友,可能是半熟人社交或陌生人社交。但他们的"晒"就是为了"显摆",是患上自恋情结后寻求抚慰和夸耀的一种方式。对于他们而言,"没有持续的抚慰他是过不下去的,所以他会调动自己全部的能力去进入到一个他总能得到这种安慰的团体中。他会回避不能支持他的团体。如果没有他的陪伴者,他无法维持这种竭尽全力的努力"①。

值得注意的是,这些热衷于网晒的自恋者只在乎别人的点赞,对朋友圈的情感互动丝毫不感兴趣。他们平时懒得与朋友交流,他们将朋友圈当作自己的私人领域,"朋友"仅仅是一个能够发出赞美的符号而已。他们看重朋友圈点赞的人数,一旦缺乏掌声,便会感到焦虑甚至愤怒。他们看不起一般的观众,却需要观众崇拜他们。然而,他们的自恋式晒照,是以观众的存在为前提的。正如拉什所言:尽管自恋主义者不时会幻想自己权力无限,但是他却要依靠别人才能感到自尊。离开了对他崇拜得五体投地的观众,他就活不下去。他那种脱离家庭纽带和社会机构束缚的表面自由并不能使他傲然挺立,

---

① [澳] Nelle Symington:《自恋:一个新理论》,吴艳茹译,中国轻工业出版社 2016 年版,第 67 页。

也不能使他作为一个个人发出光辉。相反，这种自由带来了他的不安全感，只有当他看到自己那"辉煌的自我"形象反映在观众全神贯注的眼神里时，或者只有当他依附于那些出类拔萃、声名显赫、具有领袖才华的人物时，才能克服这种不安全感。① 对于网晒成瘾者而言，他们表演的目的就是想获取赞美，他们想方设法对朋友圈扩围，就是通过更多的点赞获取荣耀和认同。"晒"的是照片，映射的是自恋。

然而，网晒成瘾者在迷恋"镜中之我"的过程中，并没有通过展示而获得真正的自我价值。作为现代的自恋主义者，他们有着更为强烈的焦虑与漂浮感，工作上的竞争，生活上的压力，情感上的烦恼，本来是许多网晒成瘾者需面对的现实问题。但是，他们过度关注媒体、广告所塑造的美好生活景观。值得注意的是，"大众文化又用浪漫的遁世的描述使人们的头脑充满了他们所不能企及的，既超过他们的情感体验能力也超过他们的想象能力的生活镜头。这就使日常生活得到了进一步的贬值。浪漫和现实的差异以及真善美世界与日常世界的差异使人们采取讽刺的超然态度；这种态度一方面能缓和痛苦，但另一方面使人们放弃了改变社会状况的愿望，放弃了哪怕略微改善工作和娱乐条件的愿望，放弃了使日常生活重新恢复意义和尊严的愿望"②。然而，作为自恋者，他们要尽力回避自我认知，对向内看有着强烈的恐惧。他们不愿意面对现实，更不愿意展示生活的真实情景。他们认为网晒是遮蔽现实困境的很好方式，他们要通过照片来证明自身的一切都是美好而时尚的。他们要尽力装扮成为生活的成功者，而且将观众作为类比的对象而获得优越感。但是，他的认知并非来自自信，通过照片，他们假装生活得像贵族，但私下里却要面对现实生活的种种煎熬。他们的表演具有明显的人格分裂症。

---

① ［美］克里斯托弗·拉什：《自恋主义文化：心理危机时代的美国生活》，陈红雯、吕明译，上海译文出版社2013年版，第7页。

② 同上书，第89页。

因此,"作为一种性格疾病,自恋和强烈的自爱是恰恰相反的。自我迷恋并不会产生满足,它导致了对自我的伤害;抹掉了自我和他者的边界意味着进入自我的东西不可能是新的、'其他的';……所以自恋的临床症状并不是一种活动的状态,而是一种存在的状态"[①]。

应该指出的是,作为网络自恋的主要形态,网晒自恋易于传播和模仿,尤其在微信社交广为普及的情形下,已经成为一种流行文化现象。由于网晒者以展示私人生活为主,只要不触犯法律,每个人都可以在网络上"自晒"。在一些网晒成瘾者看来,晒照不仅是自我价值的呈现,还是社会竞争的方式。尤其是朋友圈中,当圈子里有不同网晒者的表演之后,一些人会在比较与模仿的过程中激发"自晒"的欲望。在他们看来,与别人在圈子里的晒照相比,他们更有特色和优势。既然别人也在疯晒,自己也不能袖手旁观,充当看客。老是给别人点赞,也需要别人看看自己的不同凡响之处。于是,不晒白不晒,网晒不断地在朋友圈流行与膨胀。网晒成瘾便成为网络自恋主义文化的重要源头。

偶尔网晒与网晒成瘾有着很大的差异。网民偶尔晒出自己的照片并期望获得好评,这是正常的获取社会赞赏的需求。但是网晒成瘾则是把"世界当成是自己的一面镜子",持续不断地向社会索取"赞美",是一种贪婪式的自我表演,这就导致了网络自恋主义文化的蔓延。网晒成瘾与网络社会的永不满足、充满欲望的文化生态有着密切关系。网晒成瘾者在网络中挖掘自我,寻求赞美,他们往往对自我修养与情感交流不以为然。在以"我"为中心的网络空间中,自我的幻觉可以无限制扩张。他们模糊了公共与私人领域的边界,"我晒,故我在"意味着自我利益至上,他们对他人利益和公共价值视而不见。这种只想自晒、不管他人的自恋主义倾向,对公共领域和社会风气有

[①] [美]理查德·桑内特:《公共人的衰落》,李继宏译,上海译文出版社2014年版,第409页。

着极大的危害。正如理查德·桑内特（Richard Sennet）所言：如今这种不再相信公共领域的意义并被作为衡量现实的意义的亲密性情感所统治的文化也导致了自恋在各种社会关系中的出现。当阶级、种族和权力斗争等社会议题不能够被亲密性情感加以衡量的时候，当它们不能够充当一面镜子的时候，它们不再能够引起人们的情感或者关注。这种自恋式的现实观造成了成年人的表达能力的衰退。[①] 由此可见，网晒成瘾的泛滥，不仅会导致公共讨论与情感交流的衰微，而且使图像至上主义文化广为传播。网晒成瘾者不愿关注他人，不喜欢听别人说话，更不主动与朋友进行情感沟通。他们生活在照片组成的图像幻象之中，他们为眼前而活，没有历史延续感和责任感，"失去了属于源于过去伸向未来的代代相连的整体的感觉"[②]。从而陷入越网晒、越焦虑、越自恋的怪圈而不能自拔。

显然，网晒成瘾者以自我为中心的自恋情结，对网络公共领域与情感交流都有着极大的负面影响。而他们标榜"网晒"纯粹是私人行为，是个人事务，这在一定程度上助长了网络的盲目作秀之风。尤其是对一些缺乏判断力的青少年网民而言，"网晒"具有强烈的吸引力。他们看到了"网晒"所带来的炫耀性效果，对网晒成瘾的心理与后果缺乏基本的分析。于是，竞相效仿又进一步加剧了自恋主义文化的传播。然而，无论是在法律还是伦理层面，对于网晒成瘾者的举动，都保持着比较宽容的态度。作为"看客"，谁也不愿意为他人的晒照行为大动干戈。这就为网络自恋主义的传播提供了宽松的媒介环境。网晒成瘾者在网络上肆意狂晒的同时，也在客观上推动了自恋主义文化的广泛传播。

当下，网晒成瘾者借助于网络技术的发展，以自我消遣的方式在网络上

---

① ［美］理查德·桑内特：《公共人的衰落》，李继宏译，上海译文出版社2014年版，第409页。
② ［美］克里斯托弗·拉什：《自恋主义文化：心理危机时代的美国生活》，陈红雯、吕明译，上海译文出版社2013年版，第3页。

推行自恋主义文化。"网晒"与"吐槽"一样,成为网络文化与大众文化生产的重要源头。"吐槽"在某种程度上代表了对社会或"他者"的不满,而"网晒"则以展示自我美好的一面为主,是对自身的"修饰"与"维护"。由于网晒成瘾者大多在社交圈进行照片展示,其传播的自恋主义文化经过"装饰",很少直接危及公共利益,社会宽容度和容忍度较高。然而,此类自恋主义文化的广为流行,对个人身心健康却有着极大的危害。网晒成瘾者对自己"倒影"的过度关注和迷恋,在价值观上是一种误导,并造成自我认知的颠倒错乱。对虚荣的盲目追逐,也导致他们在"网晒"过程中迷失自我,加剧了人格的分裂。同时,网晒成瘾者对他人与社会公共事务漠不关心,缺乏基本的沟通能力和人文关怀精神,对社会风气有着较大的负面影响。因此,我们应高度关注网晒成瘾所导致的自恋心态,防止"网晒"行为演变成为"网晒主义"。要通过心理疏导和价值引导,使网晒成瘾者认识到自恋的危害,纠正自我认知偏差,找到内心的陀螺仪,回到自我认知的正确轨道上。而对于网晒成瘾所导致的自恋主义文化潮流,则应从社会心理和文化危害的层面进行深入剖析,从源头上厘清此类不良行为的社会危害,抵制虚伪的名利观,重申"美人之美,美美与共"的文化价值,树立正确的网络消费观、名誉观、交往观与价值观,促进网络精神文明建设。

第二节　网络"小清新"亚文化的展演与魅惑

20世纪中后期,青年亚文化的存在模式基本上可概括为:亚文化群体的产生——夸张的风格——风格的解码——亚文化的收编。而互联网的发展则在某种程度上打破了这种模式。当今的青年一代伴随着电子产品和互联网络长大,他们的世界观以及审美情趣已经与其父辈一代有了很大不同。当我们再次审视当代青年亚文化时，发现许多现象已经远远不似当初那样"简单"。当代青年亚文化的产生与互联网，特别是新媒体平台的发展有着越来越密切的联系，而网络世界的虚拟性为青年亚文化带来了新的风格，同样也带来了新的问题和困境。本节以小清新亚文化为具体案例进行分析，从小清新这种亚文化现象中探讨在网络空间中当代青年亚文化如何演变发展，同时，考察与传统的青年亚文化现象相比，小清新亚文化表现出了怎样的变化以及这种变化所带来的困惑，从而进一步探讨亚文化的发展趋势。

一　亚文化 2.0 之转变：从"激烈"到"清新"

有青年的地方就一定有青年亚文化，因为青年群体具备的是一种内在叛逆、迷茫、性冲动和渴望挣脱，这一切与亚文化的特质是契合的。如果我们从 20 世纪算起，在前网络社会的中国，青年亚文化已经以各种姿态依次登上了历史的舞台：从五四新青年到"文革"期间的红卫兵、知青；从摇滚音乐到韩流；从涂鸦、恶搞到 cosplay 等，还有如今的小清新亚文化。这些亚文化群体都展示了属于自己的风格，其中最为典型的便是中国摇滚乐，它彰显了 20 世纪 80 年代热血青年的自由与张扬，他们用批判和热血编织了整整一个时代的青年的青春记忆；青年亚文化一次次地用自己的风格喊出自己年代的"青春宣言"，尽管风格千差万别，但我们依旧可以从千变万化的表达中发现传统青年亚文化风格的相似之处：他们的风格都具有开创性的意义；他们的风格是一种脱离世俗的仪式；他们带着一种抵抗和冲撞的姿态。

但是，以小清新亚文化为代表的网络亚文化，呈现出了网络时代一种风格的巨大转变，由激烈的对抗转向了温和的表达：他们依旧具有反抗的精神，然而这种反抗的精神不再激烈，而是以温和的形式表现出来；他们依旧拥有属于自己独特的风格特征，但这种风格已经不再具有仪式感，反而与日常生活融合在一起，成为一种生活方式；他们依旧具有群体的身份，但是在网络上"抱团取暖"的亚文化群体没有了传统意义上"组织"的概念，没有严格的纪律，没有共同的纲领。他们散落在网络的各个角落，以比较灵活的方式展示自身的存在。

正如赫迪伯格（Hebdige）所言，我们如果想要深入研究亚文化，就要"透过风格的表面去挖掘它的潜在意义"[1]。青年亚文化风格的转变是一个值得深思的社会现象，这些现象透露出的"潜在意义"需要我们进一步挖掘。从某种意义上讲，它是青年一代面临社会转型所带来的迷茫和困惑的体现。当今青年一代由所谓的"80后""90后"构成，由于中国社会的急速转型，"80后""90后"实际上承受着社会转轨所带来的阵痛，如消费主义潮流对欲望的过度扩张；价值混乱对青少年造成的危机；社会断裂性所带来的紧张不安，等等。这些问题是父辈们所没有经历过的。因此，在这样的社会背景下，青年一代所缔造的亚文化也自然与之前的亚文化有较大区别。

80年代以后出生的一代是当今互联网的主要使用群体，而随着Web 2.0技术的出现，人们的传播方式逐渐摆脱时空束缚，各种观念异彩纷呈，传播主客体互动性增强，传播平台层出不穷。仿佛一夜之间，青年群体开始在父辈主导的社会中掌握了"话语权"，进入了所谓"后亚文化"（post-subculture）的时代。与传统媒体环境下的亚文化不同，网络媒体影响下的后亚文化开始表现出前所未有的"虚拟性、短暂性、碎片化、异质和个人主义等近乎后现代的特征"[2]。在中国，青年亚文化虽然没有完全进入到学者们所说的"后亚文化"的阶段，但其风格的转变是毫无疑问的。在这种语境下，我们称为"亚文化2.0"。

在"亚文化2.0"时代，基于Web 2.0技术的新媒体对青年亚文化的形成和发展起着至关重要的作用：首先，Web 2.0的全球性使得亚文化群体的风格

---

[1] ［英］迪克·赫迪伯格：《亚文化：风格的意义》，陆道夫、胡疆锋译，北京大学出版社2012年版，第99页。

[2] K. Gelder (eds.), *The Subcultures Reader* (second edition), New York: Routledge, 2005, p. 1.

出现了跨文化特征。这一点在小清新亚文化的形成过程中体现得最为明显。小清新最初作为一种英国独立音乐的风格存在，这种风格传入中国以后迅速在互联网上散播开来，通过以豆瓣网为代表的多种互联网渠道的传播和整合，小清新亚文化在中国兼具了英国独立音乐的淡雅、日本摄影的随性、台湾书籍的文艺等多种风格，综合了不同文化区域的特点。其次，Web2.0的多媒体表现形式使得新媒体成为亚文化展示的窗口。在亚文化2.0时代，亚文化群体的形象是立体的，他们熟练地利用图片、视频、音频、文字等各种方式表达自我，从而告别了传统亚文化较为平面和单一的群体形象。如小清新，不再是单一领域的一种亚文化风格，他们通过分享音乐传递流行文化，通过摄影图片表明审美情趣，通过电影确立观赏风格，通过旅行表达生活方式，他们的整体风格是由各种多媒体的碎片拼凑而成的。最后，Web2.0的交互性大大强化了青年亚文化群体的聚合性。新一代的青年亚文化缔造者见证了电视、MP3、电脑、智能手机的推陈出新，也熟练地使用着IM（即时通信）、SNS（社交网络）等新媒体平台。这些传播工具使得实时传播、多对多的传播成为可能。群体凝聚力在无形之中得到了强化。

"亚文化2.0"是网络发展到Web2.0时代的重要"标识"。传统亚文化在现实生活中的种种反抗与呐喊现在主要转移到网络，青年一代在网络上表达、交往、展示属于自己的文化。网络平台为当代青年亚文化赋予了新的意义，但同时也带来许多困境，如网络上的海量信息使网民的独立思辨能力日益萎缩，网民很容易被信息所奴役；网络成瘾现象磨蚀了青年的意志，消解了其行动力；缺乏认同感使得个人主义极为严重。从总体上看，一方面是新媒体为亚文化群体提供了广阔的空间；另一方面，青年亚文化群体也极其容易迷失在漫无边际的网络世界中，这在近年来兴起的小清新亚文化现象中表现尤为明显。

二　小清新：网络亚文化的风格化呈现

小清新本是一种音乐风格，源于20世纪80年代的英国独立音乐（Indie Pop）。但在当下的中国青年群体中，小清新早已跨越了音乐的范畴，发展成为一种生活方式。小清新作为名词时既可以表示一种风格，也可以表示接受并践行这种风格的人；作为一个形容词时则表达一种清新脱俗的感觉。要具体对这种文化现象下一个准确的定义较为困难。不过，我们可以通过对其特征的归纳来界定这种文化现象的所指。

在年龄与性别上，推崇践行小清新的群体多为1980年以后出生的女性，有一定的文化和教育背景，生活在城市，有稳定的收入来源；在审美情趣上，小清新偏向于小众的、舒缓的艺术作品，他们喜欢清新淡雅、低调不张扬的艺术风格；在生活方式上，他们追求一种随性而至、无拘无束的生活，不喜欢被太多的条条框框束缚，所以极力推崇一种"在路上"的生活方式，即旅行，似乎在旅行中才能找到自我。

小清新的这些特征通过他们听的歌、看的电影、拍的照片、读的书、穿的衣服而被大众所识别。他们听歌从来不听激烈的摇滚、滥情的流行歌，他们听民谣，听爵士，听蓝调，听低吟浅唱的哀伤小调以表达个人情感；他们也不会去尝试昆汀的暴力美学或者贾樟柯的沉重现实主义，他们热衷于岩井俊二，热衷来自日韩和中国台湾的青春文艺片，充满着阳光和暧昧的情愫；他们拍照时很少会正对着相机露出微笑，他们依照着固定的模式：逆光、侧脸、背影、滤镜、过曝，传达着一种雾里看花的朦胧感；他们读书不会选择热门的成功学，更不会选择难啃的哲学社会学，他们整天捧着一本安妮宝贝或是郭敬明的书，那种用大量优美华丽的辞藻描述青春和爱情的书是他们的最爱；他们穿衣风格异常统一，帆布鞋、白衬衫、白裙子，看不到名牌产品大大的logo，一切都是最简约的搭配。

通过梳理小清新亚文化在中国的发展足迹，我们不难发现，小清新亚文化形成的鲜明风格和引发的文化潮流都与网络密不可分,尤其是豆瓣网常常作为小清新风格的展演场域。豆瓣网创建于 2005 年,是一个集书评、影评、乐评以及小组为一体的网站。网站以 UGC(用户创造的内容)为主,每个网民都可以在这个空间里发表自己对特定的音乐、电影和书籍的看法和评价,不论是只言片语还是长篇大论,无论是个人观感还是学术讨论。而小组板块也是用户自由创建,用户可以加入或者创建任何他们感兴趣的小组。因此豆瓣网的小组板块出现了五花八门的小组,从公众人物的粉丝小组到完全抒发个人情绪的咆哮小组,网民甚至能找到"我们都有拖延症""密集恐惧症"此类的小组。因此,小组成员可能是几个到上万个不等。小清新之风由此在豆瓣网上开始发育并由此走红于大江南北。第一个名为"小清新"的小组创建于 2006 年,目前此小组成员人数已经接近 6 万人。小清新群体在豆瓣网上分享自己喜欢的音乐、电影、书籍等,并且在这里还可以找到志同道合的人。网络将来自天南海北却拥有共同兴趣的人聚集在一个"屋檐"下,小清新们因此得以成功抱团成为一支不可忽视的亚文化力量。

可见,小清新策源并生长于网络 Web2.0 的特殊环境。作为一种新型网络亚文化,一方面,网络创造了小清新亚文化聚结的空间。小清新群体尽管欣赏水平小众化,但是网络却利用其强大的聚结性和跨时空性使陌生人相遇相识。比如当今很多小清新狂热地支持着 Keren Ann、My Little Airport、陈绮贞一类的小众独立音乐人,这是因为网络将他们的作品以低廉的成本散播到了世界各地;同时在人们想要交流对这些歌者的偏好时,网络将他们从世界各个角落聚集到了一起。他们表达喜爱之情并得到回应。在表达流行风格喜好方面,小清新就不再以弱势出现,而是以一个虚拟而庞大的集体出现在公众的视野,群体传播力得到了大幅提升。另一方面,网络也是小清新亚文化最重要的展示平台。网络是多媒体的集合,这里有图片、音频、视频等各种传播方式,这些更具有感官刺激效果的传播方式无疑将小清新渲染得更加美好和吸引人。从豆瓣网整体的设计风格来看，充满了文艺和小清新的气息，不论网站的整体布局还是色调，都给人一种简约、恬淡的感觉。而网站提供的丰富的多媒体形式也为小清新提供了广阔的展示空间：他们可以在豆瓣网上上传具有强烈视觉识别度的小清新照片，各种旅行的游记，还有生活感悟的只言片语。这些私人空间的公开展示不仅表达了自身的生活态度取向，更传播了新潮的生活态度和价值观念。

三 "小清新"困境：独白式传播与逃兵主义

新媒体的去中心化和个人化使亚文化的传播成为"独白式传播"。"自媒体"（We Media）、草根性，这是学界对新媒体常用的溢美之词。但"人人都有麦克风"的时代也带来了"众声喧哗"的失控场面，其背后隐藏着这样一个现实：人们越来越自说自话，沉浸在自我营造的网络小世界中。

在豆瓣网上，爱好、审美、生活品位的相似性是人们交往的前提。正如肖鹰所说："渴望得到超越的支持、得到根本性的肯定，是现代个人深层的欲望。"[①] 但不难发现，小清新亚文化群体在欣赏品位上属于很小众的一群人。比如被封为"小清新教母"的台湾女歌手陈绮贞，在出道时自己掏钱出唱片，开小型的音乐会，许多人甚至没听过她的名字。这体现了很多小清新追捧的艺术家的"风格"：其作品只在小范围内传播，而作品所描述的也是一些很个人的情绪和心情。这就造就了小清新亚文化独特的传播方式：一方面，小清新希望他人认可其审美水平，也希望被人赞赏；但另一方面，其审美的"小众化"注定其同质群体也是小的，所以并不能引起大范围的互动和关注。这就自然造成了一种悖论：人们在传播，但这种传播是"独白式"的，缺乏广泛的互动与观照。小清新们乐此不疲地将他们欣赏的人物和作品放到网络空间中，希望得到大众的共鸣和好评；但每个人都预设了这样一个逻辑前提，

[①] 肖鹰：《青春亚文化论》，《艺苑》2006 年第 5 期，第 4—14 页。

即"我"是传播的中心。这就是新媒体带给我们的错觉,自以为是网络关系链的"中心",但本质上是"去中心化"的。因此,独白式传播竟然最终成了许多新媒体上亚文化群体风格传播的主要方式。

这种独白式的传播使亚文化群体应有的行动力被消解。在网络世界中,人人都可以吐槽,而一旦拔掉网线,现实世界却出奇的平静。这就是新媒体为我们营造出的"拟态环境",这样的环境却折射出网络亚文化群体整体行动力的缺失和对现实生活的逃避。每个人都急不可耐地表达自己的观点,却少有人愿意冷静下来倾听他人的看法。这就造成了亚文化群体归属感的缺失和认同感的漂移。

因此,小清新的风格受到网络离散性的挑战。菲斯克(Fiske)等人在对风格进行定义时曾说:"风格就是文化认同与社会定位得以协商与表达的方法手段。"[①] 也就是说传统的亚文化群体通过风格来确定群体归属感,来表明一种文化认同。但是在新媒体的环境下,年轻人穿梭于各种社交网络,甚至在同一社交网络平台都拥有多个账号。这种身份的多重性无疑将群体认同感变成了一种漂浮和虚无的概念。有些网民可能在某个社交平台上遇到人际交往的挫折,但他们不寻求问题的解决,而是仅仅动动鼠标,换一个账号或者换一个社交平台开始新的自我展演。

而这种行动力的瓦解和逃避的冲动如果投射在现实生活中,便是小清新们极力提倡的"旅行"。旅行作为一种休闲活动在本质上是与小清新亚文化同构的,其关键就在于旅行给了当代青年一个逃离的契机,人们可以通过旅行远离繁忙的大都市,远离生活中不尽如人意的人际关系,投入到一个陌生的环境。于是我们看到当下越来越多的鼓励年轻人出游的论调,如"身体和心灵,总有一个要在路上""年轻时总要有一场说走就走的旅行"等,此类极富

---

① [美]约翰·菲斯克编:《关键概念:传播与文化研究辞典》,李彬译注,新华出版社2004年版,第243页。

煽动性的文字在互联网上比比皆是。这些观念本无可厚非，但当我们将其放在亚文化的语境下进行思考时，其背后的逻辑是，当年轻人遇到问题时无须寻求解决之道，而是可以选择逃避。当小清新们生活得很如意时，他们很少想到要去旅行，而所谓的"说走就走的旅行"一般都出现在小清新们难以解决问题之时。有学者将小清新这种类似"鸵鸟"式的生活方式称为"逃兵主义"，"与其说小清新是物质社会中出淤泥而不染的精神胜利者，不如说他们是在现实压力面前无所适从的精神'逃兵'"[1]。

四 宿命：商业收编与道德恐慌

对于小清新的"逃兵主义"，麦克卢比（Angela McRobbie）的解释颇有深意，他指出"资本需要为休闲提供个人空间，但是同时也需要对它进行控制，显然达到目的的最好办法就是通过消费"[2]。旅行是一种休闲，显然，以麦克卢比的观点来看小清新们倡导的"旅行"，其实质是一种资本的控制，只是大多数小清新并没有意识到这个问题。当他们在微博上看到"当你做出这个决定时，旅程中最困难的部分已经完成了"言论时，他们便不由自主地背着包开始了"心灵的旅程"。通过网络媒体类似无休止的宣传，消费主义已内化为当代亚文化群体的价值观，新媒体利用表现优势将许多生活场景变成了消费符号，亚文化的风格表达因此也就随之沦为了一场消费符号的盛宴。

消费主义是小清新亚文化无法回避的一个命题。随着市场经济的发展，中国已步入消费社会，消费主义的氛围日益浓厚。小清新对消费主义有着极为复杂的心态。有学者认为小清新"是 21 世纪消费主义文化泛滥后，想象性地抵抗消费主义文化的一个族群"[3]。因此，小清新一方面无法与"富二代"

---

[1] 行超：《"逃兵"主义的现实困境——小清新文化分析》，《南方文坛》2013 年第 3 期，第 17—20 页。

[2] ［英］安吉拉·麦克卢比：《〈杰姬〉：一种未成年少女的意识形态》，陶东风、胡疆锋主编《亚文化读本》，北京大学出版社 2005 年版，第 228 页。

[3] 陈军吉：《"小清新"敌对"小资"》，《南方周末》2011 年 4 月 21 日（E28）。

一样进行网络炫富,对奢侈消费保持着一定的距离;但另一方面却受到消费主义潮流的诱惑,尝试融入和体验,这样的姿态直接导致了小清新们反消费主义的想象性和身份的尴尬。

以小清新群体在微博平台上的表现为例。微博是一个集图片、视频、音频、链接等多种形式为一体的新媒体平台。小清新群体热衷于在微博上用图文并茂的方式记录下他们的"日常生活"——其实质是他们的消费生活。他们会以各种不经意和云淡风轻的口吻描述他们如何到具有小资情调的咖啡馆消磨时光,他们如何勇敢地进行了一次"说走就走"的旅行,他们如何得到了梦寐以求的高级消费品……凡此种种,在新媒体多重感官符号的刺激下,这些生活方式逐渐成了"神话"。这种"神话"无时无刻不围绕在我们周围,只要我们打开网络便能看到。正如居伊·德波(Debord)所言:"在现代生产条件无所不在的社会,生活本身展现为景观的庞大聚积。"[1] "分享"(share)在新媒体的亚文化群体中渐渐变成了"晒"。"晒幸福""晒富""晒衣晒食"等,这些无意中展示的生活方式,表明小清新们无法抗拒物欲的诱惑,他们在微博上的各种"晒"表达了对消费潮流的向往。

因此,小清新亚文化虽然高举反消费主义的大旗,但本质上却与消费主义所倡导的精神相契合。他们往往面临着这样的矛盾:口头上喊着反消费主义,实际上却在新媒体的物欲诱惑下迅速被消费主义所收编。新媒体时代的电子商务在某种程度上便充当了"收编者"的角色。在小清新们看来,淘宝网等电子商务网站成为"点击可得"的消费场所。许多小清新是"淘宝族"的忠实拥趸,他们相信能在淘宝上实现消费梦想。也正是这种消费主义的信念,使网络购物发展成为"我买故我在"的象征行为。白色棉裙、帆布鞋、白T恤、大耳机、LOMO相机……这些元素曾经是小清新群体独有的身份认

---

[1] [法]居伊·德波:《景观社会》,王昭凤译,南京大学出版社2007年版,第3页。

同和风格体现。对于小清新而言，这是一种属于亚文化群体独特的时尚，但是趋新与厌旧往往联系在一起。正如西美尔（Simmel）所言："一旦一种时尚被广泛地接受，我们就不再把它叫做时尚了。"① 商业收编就是这样一种过程，把本来特别的"时尚"变得"平庸"。小清新风格的"标识物"一旦进入大众消费的流程，一切便可以用金钱换取。一旦小清新们的风格和品味成为商家出售的商品，小清新们的抵抗精神也就被商业文化消解。

对于小清新亚文化而言，另一种宿命便是道德恐慌———一种被标签化、污名化的宿命。2012年12月，一名女子在微博上表示要体验"面朝大海，春暖花开"的曼妙，于是只身一人前往东海一座无人小岛，结果被困岛上。她便打了110求助，并在微博上直播求助过程。报警后，各种海军、武警、消防员、专业救援队力量从下午一直折腾到深夜。此事在微博上引起广泛关注，新浪微博将此话题列为当天热门话题，并在专题页面介绍此女子时强调了其"小清新驴友"的身份。该女子的行为自然遭到了微博上网友的各种指责，包括她浪费公共资源，获救后态度不佳等。当然更多人带着嘲笑的口吻对其所谓的"小清新"大加讽刺，甚至冠以"脑残"的称号。

在贴上了如此标签之后，公众的谴责必然会指向小清新群体的生活方式本身。小清新们一些自我张扬的表现方式开始引起道德恐慌，一些危及公共利益的举动受到社会的广泛批评。这与原本淡雅、与世无争的生活态度有着很大的差异，其风格也在人们的恐慌和质疑中被消解，甚至被抛弃。特别是当这种舆论出现在网络平台上时，其负面影响被不断放大。所以，网络上频现"你才是小清新""老清新"这样的反讽。

商业收编和道德恐慌一直以来是亚文化的宿命。对于处于Web2.0阶段的小清新亚文化而言，其表达渠道变得畅通和多元，但是被收编的速度和概率

---

① ［德］齐奥尔格·西美尔：《时尚的哲学》，费勇译，文化艺术出版社2001年版，第77页。

也不断增长。就像陈绮贞最终还是将演唱会地点由只能容纳不到百人的小酒馆搬到了台北可以容纳上万人的小巨蛋体育馆，小清新亚文化最精彩的时代也在万人的荧光棒和大合唱中消弭。而且，小清新亚文化作为网络时代引人注目的流行文化，却只是当下青年亚文化的一种表现方式。随着中国改革开放的不断深入，互联网技术的更新换代，网络消费方式的日新月异，中国的网络亚文化也将会有更多新的形态和特色，这是今后亚文化研究要持续关注的话题。

第三节 网络涂鸦表情包与亚文化传播

随着网络自媒体的广泛普及与网络社交的流行，网络涂鸦表情包已成为流行的网络景观，如"暴走漫画""还珠格格""杜甫很忙"形象涂鸦等表情包系列颇受网民欢迎。网络涂鸦表情包的生产与消费迎合了网民社交与娱乐需求，又在其传播过程中衍生的新出亚文化现象，值得我们高度关注。

一 网络涂鸦表情包的主要元素与类型

作为青年亚文化的典型代表，涂鸦文化起源于纽约黑人街区。生活于纽约社会底层的青年在城市公共实体空间如天台、过道墙、地铁等用油漆涂画形式表现"随心所欲"。随着互联网的快速发展，涂鸦艺术已不局限于实体空间创作，更多呈现于抽象的网络虚拟空间。电脑屏幕、虚拟画板代替了城市墙面，鼠标、简单的修图软件工具代替了喷漆罐。原有寓意的图像被二次编码与解码，解构与再创作，理念上追求搞笑、怪诞，形成了相对扭曲、颠覆传统审美观的新图像，在网络社交媒体中隐喻地表达某种情感，诸如嘲讽、无奈、愤懑等。网络涂鸦实质与"网络恶搞文化"一脉相承，意图用滑稽的、莫名其妙的无厘头表达特定的意义。

网络涂鸦表情包一般包含三种元素：原型视觉影像、改造增添的视觉符号、文字符号。原型视觉影像大多选取面部夸张的人脸，且所用原型人物多为争议性较大的名人。根据社交媒体的不同语境，涂鸦生产者在原型视图上增添所需的夸张性视觉符号，如"掀起桌子愤懑的表情""肥硕的身体""鄙视的眼神""厌烦嫌弃的白眼""俗气的辫子"等。而文字符号附着于视觉图像之上，用鲜亮颜色标出，内容主要是青年网民在社交媒体上使用的网络流行语，包括现实社会中的各种语料题材，表达上追求口语化的叙述。增涂的视觉、文字符号排版更无特定规则可言，随意呈现于原型视觉影像空白部分。

表情包虽风格各异，但整体上能将其归纳为四种表现类型，如表6-1所示。

表6-1　　　　　　　　表情包类型及其示例

类型展现	示例
原影视剧截图式涂鸦	"还珠格格"系列
现实场景照片图像涂鸦	黄子韬演唱会系列、金正恩系列、傅园慧表情包
漫画式涂鸦	暴走漫画、"杜甫很忙"系列
萌元素涂鸦	Doge狗、日本熊本熊系列、韩国童星宋民国系列

影视剧中人物影像截图是原型视觉影像重要的取材领域。戏剧表演中演员的面部表情相对夸张，颇具视觉冲击力，方便青年网民进行涂鸦再生产。如演员马景涛在影视剧中"卖力咆哮"的夸张表演画面；《还珠格格》电视剧中周杰饰演的尔康夸张的神态展演等。青年网民热衷于选取此类富有强烈表现符号的截图进行二次编码涂鸦。

现实场景图像作为原型视觉影像，多选取富有戏谑、搞笑、娱乐成分的照片进行创作,选用的人物也兼具争议性。如朝鲜领导人金正恩在国庆日视察军队时一脸严肃地鼓掌的新闻照片。网民们惊奇于金正恩机械式鼓掌与"面瘫"式的神态,出于恶搞心态而对该照片进行涂鸦处理。

"暴走漫画"则开创了另一种涂鸦风格。该涂鸦风格源自北美,以简单的手绘表情(Race Faces)在原型视觉图像上增涂粗糙线条。整体上构成开放式漫画,具有独特的叙事特色,呈现简单粗暴的美学形式。如被网友称为"表情三巨头"的明星姚明、崔成国、花泽香菜,他们"笑出皱纹"的画面被选作"暴走漫画"最受欢迎的涂鸦原型视图。涂鸦者在他们脸部周围涂画上简单的人型轮廓,组构成"暴走表情包"。暴走漫画式表情包最先在贴吧、弹幕网等青年人聚集的社区网络中传播,并蔓延于各大社交媒体。目前暴走漫画官网每天访问量多达百万次,团队每天更新7000多份涂鸦作品,其官方微博粉丝量也多达600万。漫画式涂鸦成为当前涂鸦表情包最为重要的一种风格形式。

"萌元素"涂鸦则是受日本动漫文化影响而产生。这类表情包多以萌宠、可爱的小朋友等为视觉原型,涂鸦上"猫耳朵""蝴蝶结"以展示"萌点",加以"萌萌哒"等网络文字涂鸦,成为女性群体偏重喜爱的表情包类型之一。如2013年底走红的日本柴犬doge,其可爱、故意搞笑的拟人形象深受网民喜爱。全球网民疯狂地在社交媒体上分享涂鸦doge狗图片的状况被NBC等电视台评为年度文化现象。

二 涂鸦表情包与网络社交的审丑狂欢

各类型的涂鸦表情包是社交空间的符码,其在网络社交过程中不断地被拼贴、分类、模拟等。表面上看涂鸦表情包形态各样,实质上都是用超真实的、肤浅的视觉影像代替了深层次的叙事。正如鲍德里亚所言:"模拟的超真实主义通过与真实非常类同的方式，到处表现出来。"① 网民通过制作、收藏、转发表情包，形成全新的社交生产图景。

这些视觉表现肤浅的涂鸦表情包实质是网络社交过程中的替身。拉康在镜像理论中提出"我"的自我意识是在"想象的激情"和"与本身身体形象的关系活力"中得以形成，并在象征语言符号中重建我的主体功能。镜中的"我"是主体我所构想出的客体。现实肉身不和谐，镜像则建构出"完整的我"作为现实的替身。网民运用"想象的激情"，在网络中二次编码出涂鸦表情包。这些表情包代替主体的"我"在社交过程中表达话语。如此个性化涂鸦方式塑造的虚拟替身，可以在网络中相对自由地表达自己所认同的非主流政治、文化符号，同时又能逃避现实权力规训的风险。②

诸如"杜甫很忙"系列的涂鸦，青年网民将原本忧国忧民的诗人杜甫涂鸦成举着狙击枪、骑着摩托车、吸着大烟、怀抱美女的古惑仔形象。又如暴走漫画表情包，网民把歌星张学友在某影视剧中"训斥状"的面部表情截图，并涂鸦上熊猫的轮廓，画上竖着的中指，在视图下方喷涂上"去死啦""吃屎啦"等字样。镜像生产出的表情包诸如"离经叛道的杜甫""训斥他人的张学友"，在社交过程中作为替身，代替了网民现实中的"自我"。拥有了替身的网民似乎挣脱了现实话语规训的束缚，释放了表达欲望，可以随心所欲地表达情感。

涂鸦表情包表现了青年网民在社交媒体时代的美学评判标准，也颠覆了原有的审美范式。传统美学理论上，"丑"是对事物正常尺度的畸形与偏离，是对"美"的否定。涂鸦表情包大体上呈现一种荒诞、幽默的"丑感"，扭曲变形的图像人物表情、粗俗的文字表达、简单的图案拼接和无序的符号呈现，都以"审丑"作为价值标准。诸如"暴走漫画"系列中的头上长草、鼻

---

① 谢立中编：《西方社会学经典读本》（下册），北京大学出版社2008年版，第972页。
② 杜丹：《网络涂鸦中的身体重塑与"怪诞"狂欢》，《青年研究》2015年第5期。

孔巨大、双眼突出的"王尼玛"形象，青年网民膜拜这些丑陋的形象，并在社交过程中以角色降格的方式，即"自我调侃""自我矮化"，将自己丑化为嘲讽、戏谑的对象，从而宣泄自己在现实环境中被规训的压抑心态。最终以丑陋抵抗优雅，意图解构与取代原有的美学标准。

当社会出现某一舆论热点时，青年网民的群体性"审丑"表达更为集中，由此衍生出许多网络狂欢事件。巴赫金称狂欢为"把肉搬走"，属于一种用喜剧式的言语创作和各种类型粗话相融合的仪式景观，是一种对高雅形式报以的滑稽模仿和嘲弄。①"审丑"最终流向是形成滑稽形式的狂欢。正如伊格尔顿所言："口号结构上的对称和乌托邦式的冲动微妙地掩饰了它所挑战的政治不平等。"②民众狂欢中所运用的"口号"便是一种复调形式文本，打破了固有的语法和语义学定义，是对社会和政治的抗议。③网络群体通过统一行为进行井喷式话语表达。这类表达无视既定规律，肆意地宣泄情感，以达到自我满足的目的。如青年网民流行的"斗图"行为，其始于QQ群聊时群内成员互发表情包的消遣与娱乐，后发展到互联网论坛、贴吧上，网友间言论不合就以涂鸦表情包进行谩骂、攻击等，所谓"一言不合就狂发表情包""用表情包充斥屏幕""用表情包堵住你的嘴"。

三 涂鸦表情包与网络社交报酬

表情包之所以流行，在于其富含意指功能，能在社交过程中更为便捷地传递情感。媒介技术的发展丰富了社交方式，原本单一的文字社交拓展出文字、语音、视图等多维度表达。视图符号比文字符号、语音符号更轻易展现

---

① ［美］于连·沃尔夫莱：《批评关键词——文学与文化理论》，陈永国译，北京大学出版社2015年版，第32—33页。
② ［英］伊格尔顿：《瓦尔特·本雅明或走向革命批评》，郭国良、陆汉臻译，商务印书馆2015年版，第148页。
③ ［美］于连·沃尔夫莱：《批评关键词——文学与文化理论》，陈永国译，北京大学出版社2015年版，第37—38页。

情感，更容易直观地表达内涵意义。视觉社交建构了一套全新的、不同于文字社交时代的认知制度与秩序。作为当前视觉社交的重要符号，视图符号涂鸦表情包也提供了一套全新的青年话语表达体系。涂鸦表情包是由青年网民自行依照兴趣进行的艺术创作，这些涂鸦符号让社交内容充满趣味性，夸张的视图张力与吐槽式的文本信息在社交过程起到润滑作用，舒缓社交话语场景。利用"有趣"的元素，让社交过程中更多人产生围观与互动的实践。

获得社交报酬是青年使用表情包的重要原因。表情包的狂欢犹如一场娱乐化的喜剧表演。社交媒体营造的公共空间类似剧场。涂鸦者扮演着整出喜剧的主角，通过夸张化呈现（即"化妆"过程）展演现实生活美好或荒诞的一面，卖力的表演"试图给台下来来去去的观众留下深刻印象"①，以期获得观众的围观与赞许。为了使得剧情更丰满，观众与涂鸦表演者甚至可以"角色互换"，参与剧情与角色的创作，达成表演秀的互动。安排的喜剧剧情必然是跌宕起伏，且话语可塑性强。涂鸦表演者意图打造自己为"正面角色"，并臆想出主角在剧情中应嘲讽、挖苦的"反派"，而表情包便是整场喜剧中"主角的武器"。一场喧闹的表演展演完毕，观众从娱乐的表演中获得了快感，产生了共鸣，从而会鼓掌、赞美、欢呼，社交实践上便表现为对自己喜欢的表情包进行点赞、评论、收藏、转发等。而涂鸦表演者收到这些回馈报酬时，又会产生自我满足感，认为这场自我的娱乐表演产生了互动的意义，娱乐的喜剧被赋予成功的属性，并由此强化了其对涂鸦表情包的社交实践。

值得一提的是，自恋心理会直接影响表演效果。表演者想象着观众的掌声与自己所演绎的剧本能够被广泛传播，并自我陶醉地演出。即便没有观众对其展现的喜剧表演感兴趣，涂鸦者依旧会"自我欺骗"地在观众的围观下进行表演。一些涂鸦者在微信群、朋友圈、微博上发布"搏出位"的涂鸦表

---

① ［英］迈克尔·比利希等：《论辩与思考》，李康译，中国人民大学出版社2011版，第15页。

情包，画上如政治人物或敏感词，涉及性器官等的视觉或文字符号、脏话、搞笑言语等，其涂鸦创作的最初心理便是为博取观众关注、点赞、转发等社交报酬行为，显示自身的"与众不同""抵抗权威""高端水平"。如 2015 年末网络红人叶良辰与百度帝吧吧主在网上互骂，网友各站两队，互用表情包进行"图像攻击"。海量的表情包被生产，社交媒体上一时间充斥带有谩骂性质的涂鸦表情包。最后事件演变成双方互刷表情包，表情包制作得越有喜感，越能提升自身的话语优势。整个事件犹如狂欢奇观，呈现快感的表情包成为网友言语斗争的工具。哪一队制作出的表情包被围观与点赞的数量多，其群体更能在整场狂欢中获得满足与优越感。

网络社交的重要目的是形成特定的身份认同。社会范畴化在很大程度上与自我相关，它涉及在社会上如何定位自我与他人。① 个体缺乏身份归属，将会导致孤独无助。相反，个人获得群体身份认同，集体荣誉感亦为之增强。因此，获得身份认同是个体社交的动机之一。表情包社交便是试图以"符号社交"僭越"现实社交"，并使网民在视觉符号社交中获得亚文化族群的接纳与认可，由此获得身份认同。如 2016 年 7 月 12 日"南海仲裁案"判定菲律宾胜诉，中国领海边线被否认。一些中国网民愤而制作涂鸦表情包，如用"水果摊""芒果干"等符号隐喻热带盛产水果的"菲律宾"，"穿着红背心的肌肉男人""熊猫""强大的鲸鱼"来隐喻中国。隐喻贬义的菲律宾符号屈服于隐喻强大、褒义的中国符号。改造的文字涂鸦如"保卫南海，禁卖芒果干""饿死菲律宾人""掀翻你们的水果摊"等。表情包显眼处还附上中国国旗、红色五角星、中国包括南海领海的地图等景观符号。又如 2016 年 3 月的"维珍事件"，中国女乘客搭乘维珍航空客机时遭受种族歧视与不公待遇，得知此事的中国青年网民在维珍航空的 Facebook 上用涂鸦表情包刷屏辱骂，号召更

---

① ［澳］迈克尔·A. 豪格、［英］多米尼亚·阿布拉姆斯：《社会认同过程》，高明华译，中国人民大学出版社 2011 年版，第 66 页。

多"团结的中国人"出征抵抗"外国敌对势力"。事件中所用表情包含有诸如"中国不满""强烈抗议""外国猪"等愤懑的符号,甚至用极端性符号进行情绪宣泄。诸如此类表情包事件中,许多网民个体的国家认同意识被激发,纷纷在微信、微博等社交媒体上传、转发"爱国类型"的表情包,以表达"国家领土不容侵犯"的群体共识,最终在隐喻的表达与解码中得到情感满足与价值认同。

表情包的使用从某种程度上是为了强化群体标识。青年网民不断地进行符号互动,将重复使用的符号累积成特定群体或阶层的文化资本,并形成群体共同追求的趣味,最终维系着身份标识的阶级运作。正如社会学家布尔迪厄所认为的:趣味预先作为"等级"的特别标志起作用。[①] 阶层的分割线便是群体的象征符号。对于"我群"身处的文化阶层,"积极或消极的符号拥有深远价值的特征"[②],"我群"的象征符号在群体内部互动中被赋予情感能量,甚至是道德品质。一旦"他群"与"我群"发生意见冲突,"我群"所做的第一步反击便是冒犯"他群"的象征符号。"我群"与"他群"的分隔造成个体的内群偏好与外群敌意。群体认同会让个体解释"他群"行为时,夸大"他群"的差异与敌意,偏于消极地解释他群行为。如赵薇电影新片疑似选用"台独艺人"戴某为主角,消息经网络酝酿引起哗然。网民将赵薇及其选用的"台独艺人"划分出"我群"领域,视为"他群"处理,并用其肖像照片作为涂鸦对象,丑化其形象。对"台独"的象征符号"绿色""台湾地图""民进党领袖"等也一并做涂鸦丑化处理,以自身正义的制高点,攻击明确划分界限的"他群",由此欲求"他群"对"我群"进行妥协与屈服。

"我群"所在的同一趣味阶层在分化过程中除了"排他",还力求"团

---

① [法] 布尔迪厄:《区分:判断力的社会批判》,刘晖译,商务印书馆2015年版,第2页。
② [美] 柯林斯:《互动仪式链》,林聚任、王鹏、宋丽君译,商务印书馆2009年版,第147页。

结"。工业社会里,社会和谐像组织社会一样从劳动分工中产生。① "团结"作为一种集体表征,需要被赋予群体意义的符号不断地在群体内部进行人际互动。且"团结"又明确表现出阶层内部的深度分工,分工后个体角色的集体意识会出现相互依赖的有机团结。在角色互补的流动性（flow）社交空间中,"涂鸦制作专家""涂鸦表情包收藏者""涂鸦表情包观察者""涂鸦表情包转发者""点评者"等形成分工明确但角色可换的聚合社群。如"帝吧出征事件","出征爆吧"过程中角色分工明确。有一定慑力的"涂鸦生产者"在整场娱乐抗争事件中扮演"领袖"的角色,下层精密分工,如有人翻译各国文字并涂鸦入表情包,有人负责寻找 Facebook 上支持"台独"的媒体账号,有人充当"先行小队长"在规定时间地点进行"出征爆吧"等。为了方便阶层内部"团结"运作,他们利用 QQ 群、微信群等进行信息互动,搭建出一个井然有序的阶层内部框架。

四 涂鸦狂欢的亚文化症候与反思

涂鸦表情包在社交媒体营造的空间中泛滥,印证了本雅明所批判的"灵韵的消解",同时也展示出资本生产空间社会化实践的随意性、大众性及无逻辑性。

在网络涂鸦文化的消费过程中,身体符号的消费是不容忽视的现象。被维特根斯坦称为"灵魂的图景"的身体在网络空间中却成为可出售的商品,并在情色传播中承担载体角色。"身体消费"契合了青年网民色情心理的需求,成了具有强大诱惑力的娱乐消遣方式,实质是满足与释放性欲。性欲隐喻于身体符号成为消费社会中的"头等大事",从多个方面不可思议地决定大众传播过程的整体意义。② 涂鸦表情包的制作者与消费者都在关注肉体所展示

---

① ［法］涂尔干：《社会分工论》,渠东译,生活·读书·新知三联书店 2013 年版,第 159 页。
② ［法］鲍德里亚：《消费社会》,刘成富、全志刚译,南京大学出版社 2001 年版,第 159 页。

的欲望。制作者通过对原身体符号的头部或下身改造从而产生世俗化审美，塑造虚拟"替身"。譬如以"生殖器"为原型视觉图像的"污文化"恶搞漫画式涂鸦，涂鸦过程增添的"操""屌""逼"等涉及性符号的文字景观符号等，一切给人消费的东西都沾上性暴露癖。消费者赞美、评论、享受涂鸦者所造的"替身"，在消费身体的过程中不断互动与分享情色符号。虚拟空间中各种"替身"出售、审丑出售、色情出售现象，表明身体本身成了商品，它因其生产性目的而被进行各种开发，从而使效益经济程式在被解构的身体、被解构的性欲中建立起来。① 生产与消费链因"情欲窥视"而得以壮大。链条中的参与者通过这些身体文本的情色符号获得娱乐的"革命与幸福"共存，以快感满足为存在的唯一准则，形成了虚无意识的精神消费。当情色符号因互相共享传播而在公共生产空间中游离、盛行，以"性符号"为话语本位的表达行为被默许甚至推崇。肆意传播情色与纵欲，最终导致公众无视道德、伦理、理性，荼毒公共生产空间的叙事表达。

另一方面，涂鸦表情包盛行体现青年网络对消遣性内容的高度关注。消遣是娱乐活动的一种，具有自我放纵、自我排遣、自我表现的特征。在网络消费中，消遣又体现于即时性遗忘。费瑟斯通认为消费文化中的自我消遣遵从享乐主义原则，追逐眼前的快感，培养自我表现的生活方式。当前以最大快乐为目的，强调自我言语的无拘束表达。人们通过消费实践而获得即时性的快感，最终形成自私、自恋的人格类型。② 马尔库塞认为这种消遣快感源于人们在共同文化消遣中获得平等，不同阶层的青年网民运用涂鸦表情包在虚拟空间获得了平等自由表达的快感。社交媒体营造的涂鸦空间是消遣的自我空间，消费的对象是"他者"的世界。青年网民通过生产涂鸦进行无助、沮

---

① ［法］鲍德里亚：《消费社会》，刘成富、全志刚译，南京大学出版社2001年版，第147页。
② ［英］迈克·费瑟斯通：《消费文化与后现代主义》，刘精明译，译林出版社2000年版，第165页。

丧、愤懑等情感宣泄,用含有脏话符号的表情包消遣"屌丝"的自我,试图在虚拟空间中营造出自身群体的话语主权,颠覆父辈仪式与认同。如在涂鸦表情包中将父辈领袖人物、神灵、老师等形象涂鸦上"绿军装""毛泽东语录"等父辈所崇尚的神圣符号,最终形成一种消遣、戏谑、荒诞的话语表达。解构父辈群体所认知为神圣的符号,从根本上否定父辈尊崇的仪式,将旧有"尊重师长""膜拜神灵""崇敬领袖"等道德观念进行破坏与颠覆,以此宣告青年群体的话语存在。而这一切恰恰与吉登斯所言的"犬儒主义"心态相吻合。

现代犬儒主义最重要的特征就是抛弃道德原则和虚无主义。现代犬儒主义者只关注自身幸福与安逸,对公共生活持冷漠态度,不满且逃避现实,乐于奉行得过且过、随遇而安,甚至浑水摸鱼的游戏人生的态度。对于现代犬儒主义者而言,所沉溺的景观世界"成了令人激动、快乐和意味深长的'真实世界',现实的日常生活相比反而显得贬值且毫无意义"[1]。涂鸦狂欢、自我戏谑的青年网民正逐步成为现代犬儒主义者的代表。表面上看青年网民用表情包抨击社会现象,抗争社会不公,但对现实社会存在的问题并无深入的剖析或理性认识,也无意寻求解决之道,仅运用"游戏"方式沉溺于抵抗的幻觉中。

符号的消解与过度消费又会加深大众文化碎微化的危机。碎微化始于后现代主义思潮,强调从时间的连续中断裂出来,转向空间并置。滕尼斯便认为脱离社群关系的现代社会不可避免地会产生碎片化。本雅明也认为,现代社会呈现更为复杂多样且碎片的状态。鲍曼则提出,随着现代化的进程,碎片化提升到全新阶段——碎微化,如同"水滴"态般更为杂碎。[2] 现如今的

---

[1] [美]斯蒂芬·贝斯特、道格拉斯·凯尔纳:《后现代转向》,陈刚译,南京大学出版社2002年版,第115页。
[2] 周宪:《时代碎微化及其反思》,《学术月刊》2014年第12期。

网络"微视图"便是如此,其解构了原有严谨且缜密的文字叙事形式。单幅涂鸦表情包包含各类符号如文字符号、图片符号、涂鸦符号,每个符号都可独立被解码,符号与符号之间的连续性不强,从而颠覆传统线性逻辑式叙事。像涂鸦表情包这类网络"微视图"语言特点便在于符号的碎微化拼接,且碎微形象传递实时极速。碎微化容易导致人们断章取义与偏见,记忆稍纵即逝,无法沉淀有价值的思想。长此以往,我们将迎来"肤浅低智"的时代,人们只愿意浸淫在碎微化的垃圾宣泄中,却不愿深刻了解、思索社会所出现的问题。

在物质消费方面,涂鸦符号经过文化工业的收编与改造,又会形成风格化的消费品和商业利润,推动物质消费的发展,譬如在微博、微信等社交媒体出现的付费表情包;专门网站出售的表情包涂鸦服务;淘宝上兜售印有自制涂鸦表情包的T恤衫、水杯、饰品……物质品的消费俨然形成一种独属亚文化群体的时尚。对消费品的过度依赖,弱化了消费者间的情感交流。青年群体意图以戏谑、娱乐的方式对抗权力与秩序,其标识却在进入大众消费过程中成为商家追寻的目标,商业将"流行"变得"平庸",一切用金钱衡量其价值,最终涂鸦表情包仅有的隐喻抗争精神也被商业化所消解,丧失了反讽、批判的本质。

值得注意的是,审丑狂欢的最后,涂鸦表情包演变成了"娱乐的大麻",麻痹了大众的神经。一旦离开表情包,会产生焦虑,甚至精神空虚。青年网民由此丧失了主体意识、深度的思考和独立判断能力,在自我麻醉的狂欢中失去"自我",变成"异化"的群体。泛滥的涂鸦符号抒发会导致"乌合之众"的聚集,"亚审丑狂欢"带来的负面影响值得我们高度警觉。从这个层面上看,重申网民的主体性,注重网络意义生产与消费的文化价值,显得十分重要。

第四节 金钱游戏与社交幻象：微信群抢红包乱象的伦理反思

近两年来，每当春节前后，关于微信红包的问题便会引发广泛讨论。中国的微信用户大多有过抢红包的经历。据统计，2016年春节，微信红包总收发次数达321亿次，总计5.16亿人通过红包与亲朋好友分享节日欢乐。相较于羊年春节6天收发32.7亿次，增长了近10倍。[①]"上微信，抢红包"比观看春晚更能吸引眼球。在"微时代"，红包无论从形式、包装、内涵、价值等方面都发生了巨大的改变。本节关于微信红包问题的讨论，重点探讨微信群的抢红包乱象所引发的伦理问题，对于一对一的红包发送和非群体性的微信收发红包问题，则不在本书"抢红包"的讨论范畴。

一 微信群红包泛滥：金钱刺激与话语贫乏

随着微信社交的广泛流行，建微信群已成为许多用户的社交偏好，尤其是"面对面"建群，简单快捷。对于微信用户而言，只要有心"经营"，乐意设"群"，一不小心便成为"群主"。尤其是随着微信用户的快速增长，微信群的生产与消费已呈爆炸式发展，许多用户在微信群的交往活动已成为主流的网络社交方式，有些用户甚至对微信的一对一交往不再感兴趣，"泡在群里"已成为网络社交的新趋势。

相对于加单个朋友的微信号，添加微信群可以实现"朋友"的几何级数增长。尤其是一些同学群、同乡群、同事群，一旦加入，顷刻之间便可以与数十上百人交流，还可以任意欣赏群体的即时"表演"。因此，拥有无数个微信群的用户，其"朋友"已经不可胜数。而朋友之间的"拉群"便成为流行

[①]《微信红包春节总收发次数达321亿次》，http://mt.sohu.com/20160302/n439146927.shtml。

的动作，尤其一些群主，为了提升影响力，经常在朋友圈里"拉人"。在"拉"与"被拉"之间，并不需要合约和默契。当朋友将你拉进一个看似熟悉、实为陌生的群时，退群则是一种艰难的选择。因此，许多"进去"的朋友，即使不愿意加入"展演"的行列，也只好当一个忠实的观众。微信群生活的介入，已使绝大部分网民进入了网络群体交往的新阶段。对于微信用户而言，入"群"便是社会交往的重要方式，也是新型社会化的象征行为。

由于手机的器官化倾向日益明显，用户可以随时随地"翻开"各种微信群，看群里的各种热闹，获取各种即时信息，这就为许多用户获取社交报酬提供了极为便利的条件。正如社会学家布劳（Peter M. Blau）所言：某些社会交往具有内在性报酬，朋友们在相互交往中找到了乐趣。[①]而微信群的抢红包现象，则是红包发放者对群内朋友的一种"金钱"刺激，更是兼具内在性和外在性报酬的特征，对于发放者与争抢者而言，都可以增加许多乐趣。尤其是春节期间，通过微信群抢红包已成为最流行的网络行为。对于红包发放者而言，除非他标明特定的领取者，一般情况下，只要红包进入一个群，所有的群内参与者都有获取红包的机会。因此，抢红包具有快速、分享、娱乐等方面的特征，是一种典型的内群集体行为和价值偏好。应该说，每逢佳节或喜事，在微信群里发红包与朋友们共享喜悦，是无可厚非的。但是，随着"抢红包"现象的流行，"红包"成为微信群生活的第一主题之后，"红包"作为金钱游戏的效应被任意放大和快速膨胀，这便消解了微信群作为群体交流平台的本质意义。

从交流的角度看，微信是"微小"的"信"，其本质是用户进行情感沟通的工具。但是，微信群内抢红包现象的泛滥，使红包作为情感沟通的象征价值被消解和庸俗化。在传统礼仪上，亲友相见，递上红包，是传递情感、

[①] ［美］彼得·M. 布劳：《社会生活中的交换与权力》，李国武译，商务印书馆2008年版，第50页。

增进喜庆、表达关爱的重要方式。对于双方而言,"给"与"接受"代表了礼物流动的交换意义,体现了传统节日文化的情感正能量,也体现了红包在人际交流中的共享价值。因此,礼物本质上是具有情感价值的信用物。在道德层面上看,"未被回报的礼物仍会使接受礼物的人显得卑下,尤其是当收礼者无意回报的时候"①。但是,当网民蜂拥参与微信群"抢"红包潮流时,"抢"意味着无序和竞争,也表达了对"红包"的占有欲望,而非赠予和付出。对于许多参与抢红包的人而言,获取金钱是第一位的,加"好友"就是为了"加钱",为自己博取更多"抢"的机会,这就使许多用户对情感付出产生疑虑。交往结果的高度利益化,使朋友之间的真实情感表达受到极大的负面影响。

值得注意的是,一些平时很少交流的"朋友",每逢节假日,便在微信群里讨要红包,并指名道姓要某某出来发,文字中带有明显的威逼利诱、吹捧起哄之意。许多网友对此极为厌恶,认为此类"微信乞丐"是在绑架友谊,对情感交流毫无益处。微信群里因为"红包"问题而引发朋友反目甚至犯罪活动,更是令人担忧。由于抢红包而反目成仇、违法犯罪的新闻经常见诸网络报道。据搜狐网报道,2015年7月14日晚,成某因抢红包在微信群里与一祝姓女群友言语不和互骂,引起祝女士男友杨先生不满。杨先生在群内刷屏阻止他人看到成、祝互骂的内容,并指责成某不该骂女人,成某继而和杨先生恶语相向。之后二人约在顺义南彩镇的世纪华联超市门口见面。21时许,杨先生伙同朋友白先生和被害人郭先生到达约定地点,成某随身携带一把单刃水果刀到达,与杨、郭发生争执并互殴。期间,成某持刀刺中郭先生左胸一刀,郭因伤及左肺上叶及心脏致失血性休克死亡。② 2015年10月7日,河

---

① [法]马塞尔·莫斯:《礼物》,汲喆译,上海人民出版社2002年版,第186页。
② 《微信红包群言语不合线下约架 男子持刀扎死对方》,http://news.sohu.com/20160223/n438208381.shtml,2016年2月23日。

北清苑县一男子，因为抢了三分钱红包之后未按约定规则，再次发红包，被人用刀捅伤，最终死亡。在微信上发"红包"，本意是增进友谊、调动情绪。但是，当其沦为一种获取利益的工具时，已丧失了应有的情感价值。

随着用户所拥有的微信群不断增多，各种群上闪烁的红点刺激着用户的眼球。"红点"逼迫用户进入各种微信群进行"巡视"，浏览群内的各种"话题"。然而，随着群生活的过度膨胀，群内有吸引力的话题也越来越少，于是，许多人甘当观众，不轻易登"群"表演，一些微信群已失去了昔日的繁荣景象，原创的语言和文字越来越少。一些用户便在群内转发各种链接，诸如心灵鸡汤之类的文字在各种群内招摇过市。这些所谓鸡汤哲学主张退出对现实世界的反思与批判，逃离公共领域的讨论与追问，只要内心达到圆融，就是最大的成功。这种姿态不仅误导大众的关注焦点，同时会给人带来认知错觉：一切讨论都是无稽之谈，内心安逸方为上上之策，最终成为犬儒主义导向下的"精致的利己主义者"。当群体的"鸡汤"被大量复制后，集体沉默便成为常态。一些用户由于话语贫乏，便运用各种表情符号吸纳关注。如采用各种发动聊天的表情包来引发群内人参与，用各种搞笑的图片和小视频吸引大家关注，等等。但是，不用多久，此类转发便失去吸纳人气的作用。

于是，红包成为刺激微信群成员参与的最简单、最有效的手段。一旦有红包可抢，多日不出现的"朋友"会蜂拥而至，许多人练就了抢红包的看家本领，各种抢红包软件也招摇过市。为了抢红包，大家便聚在一起。一旦红包结束，便各自打道回府，群内又恢复寂静。在微信群内，红包似乎是天上掉下的馅饼，不抢白不抢。有打油诗描写抢红包的现象："锄禾日当午，一抢一上午。问你抢多少，总共两块五。一查流量费，超过两百五！"这说明，微信群的红包含金量严重不足，许多红包是几分几角钱，这在现实生活中本不足道，但是在微信群的"抢钱"活动，却别有一番滋味。对于参与者而言，这场金钱游戏是充满未知的不均等分配，一旦红包发出后，参与者的速度、运气都很重要，一些人获取较多的份额时，会产生胜利者的心理优越感，进而炫耀自己不同凡响的"手气"。"抢红包"事实上对所有参与者提供了某种不确定的概率，对红包份额的无规律分配使"哄抢"具有不可预测性。这就使"红包"本质上脱离了情感互动的意义，大家抢红包并非是对发放者的对等"回馈"。那些在争抢过程中的获胜者，会很快发出感谢的各种表情和点赞符号，但是此类运用表情包表达的"点赞"，已抽离了赞赏本身的价值，离发自内心的真诚越来越远。因此，"如果别人怀疑他提供赞同仅仅是为了使他们高兴，而不是因为它反映出他对他们行为的实际判断，那么他的赞同就失去了意义"[①]。由此可见，为了领取红包而表达的"赞同"已经被抽离了意义，沦为一种形式上的应付。

由于"点赞"的泛滥导致其边际效应递减。在点赞贬值的情形下，许多人发红包便具有功利性目的，或者有事相求，或者引发话题，或者干脆进行红包赌博。许多发放者的私欲通过红包进行巧妙的伪装，而抢夺者则仅对数目和机会感兴趣。于是，抢红包便成为微信群的临时性游戏，属于永不厌倦的金钱游戏。它与金钱的数量并不直接相关，因为"抢"仅仅是瞬间的点击行为，对于任何参与者而言，均可轻松完成。面对一个个充满未知的红包，对于参与者而言，不点击就意味着失去了获得惊喜的机会。尽管事实上惊喜难以出现，但对"意外之财"的向往却是大多数人的共同心态。

然而，当抢红包游戏广为普及之后，参与者获取狂喜的边际效应也会递减。尽管大家仍然会对抢红包乐此不疲，但对发红包者的感谢也越来越流于形式。抢完之后，一些人发个简单的"谢谢老板"表情包便走了，一些人干脆自抢不说，对形式上的感谢也懒得表达。从情感层面上看，频繁的抢红包活动，已使红包作为礼物的情感价值被"抢"掉了。对于参与者而言，他们

---

① [美] 彼得·M. 布劳：《社会生活中的交换与权力》，李国武译，商务印书馆2008年版，第109页。

获得的红包是"抢"来的,是他们积极行动的结果。因此,此类一对多的竞争性金钱游戏,失去了礼物本身的"光晕",成为一种缺乏情感价值的机会争夺和临时演出。但是发红包者的主角地位却由于观众的喧闹和"疯狂"而逐渐边缘化了,"抢"才是真正的"所指",红包未能包住情感,反而成为一种程式化的工具,被视为群体的狂欢对象。

二 微信群抢红包乱象:私欲膨胀与社交伪装

在传统观念上,红包本质上是一种礼物。为了表现送礼者的庆祝之意,送礼者特地用红纸将现金包裹起来。对送礼和收礼的双方而言,红包代表了祝贺和喜庆之意。双方看到的礼物,由于隔着一层纸,而避免了直接递上现金的尴尬,也体现出红包作为信用物的符号价值。这表明送礼者是一种自觉的赠送行为,接受者则需要对此表达谢意,体现"礼尚往来"的情感价值。除了长辈给予晚辈的红包可以淡化"回报"义务之外,一般情况下,朋友之间的红包馈赠,是需要"回礼"的。当然,回赠的时机可以选择,而红包流动的时空差距,恰恰体现了礼物的情感积淀。对于双方而言,红包本质上是一种"人情",如果只收不送,就违背了红包流动的情感原则。红包表达的是关切、问候、祝贺等美好的意愿,即便红包上没有标注姓名,收礼者也应该记住红包的具体数目。因此,在中国传统的生辰嫁娶之喜中,要委托专人登记红包,以备将来"回礼"之用,这便是对送礼者表达的一种人情义务。从这个层面上,红包体现了双方的情面,隔着红包,双方都领会到金钱背后的心意。给予与回报并非是红包的法定义务,却是人情来往的基本原则。而无故接受有钱人带有歧视性的恩惠,被认为是一种羞辱。这是中国传统礼仪文化的重要象征。

然而,微信群的红包赠送与获取的原则却发生了很大的改变。在一定程度上看,此类红包接受的过程由于"抢"的规则存在而丧失了传统红包的基本情感价值。

首先,从红包发放者的角度看,他淡化了礼物流动的信用观念和文化意义,主要是寻求自我价值和群体认同。春节期间,在微信群里固然有许多人为了表达喜庆发红包,但由于发放者的数量和参与者的规模之间往往存在着矛盾,发包者虽能以娱乐的心态随机选择红包数量和金额,但是,微信群本身就是一种具有差异身份的群体,群内成员的地位往往与其文化资本、经济资本和权力资本相关。从群内聊天的称谓可以看出,那些经常被称为老板、领导的人,往往容易引领"话题",一些"屌丝"虽然活跃,但难以引发关注。这对于那些具有"较高身份者"而言,在节庆时发红包就不能太"小气",且要照顾群内人的情绪。因此,他要面对一定的群体压力。此类在虚拟空间一对多的礼物发放,与现实生活面对一个特定的交往对象,在交往心态上有着很大的差异。

在平时的群聊中,一些人往往按照交往报酬的原则发红包。此类"红包"大多有一个理由,让群内人沾沾喜气,自己也可以获得"被人喜欢""受人尊敬"的满足感。在平时的群聊中,一些人为了引发话题、排遣孤寂,以发红包吸引大家出来聊天;一些人为了各种"评选"在群里拉票,往往会发红包激发大家的参与热情;一些人则为了产品营销而先在群里以红包为诱饵;一些人被群内人"鼓捣"而不得不投放红包。总之,"发红包"可以有很多理由和借口,却与发放者的情感状态有着密切的联系。群里的红包并非从天而降,无论是谁,他在群内的发红包行为,都在遵循着一对多的群体交往原则,希望获取群体的情感增值。但是,由于微信群是一个虚拟的群体社区,发红包者对每个成员之间的情感距离是不对称的,一些成员由于各种原因被拉进群内,相互之间可能都不认识,这在微信群爆发式增长之后已颇为常见。当某人发放红包后,群体成员都有机会参与,一些不熟悉的人便轻易获得了"奖赏"。他们也许会礼节性地表示感谢,但对增进"友谊"却并无多少实际意义。

由于微信红包每次都不会超过 200 元的总额限制，因此，对于绝大多数发放者而言，不至于有"切肤之痛"。娱乐之后，也不会记在心上。但是，对于"红包"的情感效应，却不能不引起他们的关注。他们通过"红包"表达对群体活动的重视，希望与群体成员有更多的互动与沟通。但此类微信"红包"本身已脱离了传统意义上的情感基础。在传统礼仪上，送红包往往是送给亲友，是平时具有情感基础的对象，红包是巩固双方感情的纽带。而在微信群里，发红包的对象是一群无须面对的"成员"，而且许多成员是匿名的，一些成员拥有数十个乃至数百个微信群，"朋友"已成为泛指的符号。当我们面对数百人的大群发放红包时，谁领走了红包，其实也仅仅是"走程序"。因此，微信群的红包在很大程度上缺乏情感交互价值，面对不确定的多数群体成员，发与收的过程缺乏明显的情感能量互动。

其次，从"抢"红包的角度看，群体成员具有参与金钱游戏和满足私欲的目的。微信群的抢红包活动体现了游戏的一般特征，正如约翰·赫伊津哈（Johan Huizinga）所言，游戏自有其目的，伴有紧张、欢乐的情感，游戏的人具有明确"不同于""平常生活"的自我意识。① 在微信群里，抢红包已经成为最为热闹的"金钱游戏"景观。由于群聊话题的逐步淡化，红包便是激发群体情绪的重要主题。一旦有红包出现，群里的人便蜂拥而至，极为快速地抢，其反应之灵敏，动作之迅速，体现出 4G 技术的优势。由于是随机疯抢，无须次序，无须规则，无须礼仪。红包发出之时，便是"群情激昂"之时，许多平时不冒泡的人都突然活跃起来。疯抢后，得到者自鸣得意，失手者暗自晦气。面对红包，除了游戏和娱乐之外，争抢的过程体现了红包对人性的鉴别。从整体上看，群内也有只发不抢的人，对微信红包保持着一种无私的礼仪态度，但这类人的比例较低。也有又发又抢的人，这类人的比例较高，

---

① ［荷兰］约翰·赫伊津哈：《游戏的人：文化中游戏成分的研究》，何道宽译，花城出版社 2007 年版，第 31 页。

他们对金钱游戏颇感兴趣，虽然有许多人是"抢多发少"，但还保持着"礼尚往来"的规矩。还有只抢不发的人，此类人抢完就跑，从来一毛不拔，甚至经常在群里怂恿别人发，追着别人要。此类人的比例不低，很多微信群里都有，且已经演变成为一种网络现象。我们对正常的红包游戏互动并不持反对态度，但对贪婪而不付出的抢红包现象，需要加以反思和批判。

在微信群里，"发""抢"红包都应该是活跃群体气氛的手段，但是，微信抢红包活动已经成为群体生活的重要表征，这就超出其本身的游戏与娱乐的目的。在争抢的过程中，由于存在着机会博弈，每个群成员都可以查看红包份额分配的结果，于是，对发放者的点赞也体现出"金钱效应"。那些经常参与且手气很好的群成员，往往对"老板"报以热烈的"点赞"，而对"小气者"往往报以冷嘲热讽。在一定程度上看，许多参与者对红包的态度充满着"势利"。一般而言，势利眼分为两种："瞧不起不如自己的，和艳羡强过自己并在他们面前自甘下贱的。"[①] 这也折射出群体内部的地位竞赛和资本效应。在某种程度上看，疯抢红包现象的背后，体现出利益博弈过程中的"势利"心理。

最后，微信群对红包的过度金钱刺激会导致社交价值贬值。如果一个微信群是为了抢红包才有集体话语和群体行动，那么，其本身就失去了群体团结和互动交流的价值。当抢红包成为满足个人利益的手段时，许多人就会对微信群的存在价值表示质疑。一位网友在天涯社区里吐槽：

> 我建了个亲戚群，都是表兄妹关系，比较亲了哈。我每次主动发红包，几块钱分几个，经常性地发。我表弟媳妇，从来都是只抢别人的，就只发过一次5毛钱。每天早上第一个在群里出现，开口就是找群主要

---

① ［美］艾本斯坦：《势利：当代美国上流社会解读》，晓荣、董欣梅译，社会科学文献出版社2007年版，第13页。

红包，不停地刷屏要红包。除夕晚上我先发了10块钱，后来表弟礼貌性地发过2次几块钱的，我总共抢了他2.10。他老婆就在群里吼他，你发什么发，我抢的还不够你发了。然后@我，说我什么意思，要抢她老公的红包，简直不能更生气了！群里都是我在给他们发红包，好像天经地义，抢了他2.10就不应该了！表弟媳追着要我把红包还给他，不然今晚就睡不着……除夕本来计划继续发一些的，经表弟媳妇一闹腾，也没人说话了。都是红包惹的祸啊，我现在算是明白，那些为抢红包打架的事情了。哈哈，冷笑三声。①

相信许多网友都有相似的经历，亲戚群如此，一些朋友群、同事群、同学群里为了"抢红包"口诛笔伐甚至大打出手的事情也就见怪不怪了。发红包本是为了调节群体情绪，促进群体交流，但是群内为了抢红包涌现出来的怪现状，却使红包成为检测人性的工具。一些红包猎手、红包乞丐在群内频频出现，对群体情感交流产生了极大的破坏作用。许多人虽然碍于面子没有退出，但从此沦为看客，不再参与群体的讨论。

可见，当红包成为许多微信群交流的障碍时，红包作为礼物的原初意义已消失殆尽。无论是发包者还是抢包者，大家围绕数额不大的数字进行争夺、猜疑、指责甚至谩骂，这在现实生活中难以见到的景观，反而成为"微时代"的新消费主义现象。消费主义以"我消费，故我在"为口号，而微信群的新消费主义则体现了"我抢红包，故我在"的特征。

三 微信群"抢红包"乱象的伦理反思

如果在朋友聚会中，大家面对几个红包，多数情况下不会出现疯抢的场景。因为在面对面的目光注视下，朋友之间要顾及面子，无序乱抢会伤了和气。然而，红包一旦在微信群出现之后，大家却以"抢"为先，以"抢"为

---

① http://bbs.tianya.cn/post-funinfo-6830235-1.shtml.

荣。不但疯抢，而且会成瘾。一些人为了抢红包可谓全神贯注，废寝忘食，无论是去洗手间、洗澡还是睡觉，手机都不能离开视线。一些人为了抢红包而失去了对工作和学习的兴趣，甚至产生焦虑、抑郁、狂躁、嫉恨等心理问题。同样是红包，为何在微信群里便有截然不同的遭际，这需要从网络伦理层面进行深度思考。

首先，微信红包淡化了礼物的对等交换或补偿关系，这刺激了人的占有欲望。在微信群里，传统人际关系中的面子观念，由于缺乏现实社会的目光"注视"而变得较为淡薄。人们可以因为各种缘由结成微信群，群体关系由于群成员的身份差异而具有多元的特征。有些微信群成员之间甚至未曾谋面，在群里也很少沟通。也有些以亲友、同学、同乡为名建立的微信群，虽然有交往基础，但时过境迁，成员之间的年龄、身份、收入、地位等方面的差距很大。因此，微信群不是一种严格意义上的组织，它没有规章的约束，更没有所谓的会员制义务。随着各种微信群的爆炸式增长，用户可以在无数个群里游走。他们虽然属于许多群的成员，却缺乏严格意义上的群体价值观。从生产与消费的角度看，一般情况下，微信群成形后，随着短期交往新鲜感的衰竭，群内便逐步归于寂静。很少能够有新的话题满足群成员的消费欲望。而在群内投放红包则可以起到明显的金钱效应，大家可以不说话，但不可以拒绝红包的诱惑。尽管发红包者有各种动机，但抢红包者以"点击"表达了强烈的私欲。这就是说，无论在何种情境下，抢红包都是一种常规行为，任何微信群成员都有资格参加这种金钱游戏。你可以批评某人"只抢不发"，却不能制止他继续疯抢。即便是发给某人的专属红包被其他人抢走了，也很难从法律上进行"追讨"。这种毫无规则的抢，极大地激发了人的贪婪劣性，尽管谁也不可能通过抢红包而一夜暴富，但是，又有多少人能够抵御"不劳而获"的诱惑呢？面对充满未知的红包，人们在争抢过程中，不但在比拼运气，也在展开非对称性的金钱竞赛。抢得快，抢得巧，抢得多，成为一种炫耀的资本。

其次,"疯抢红包"制造了"红包崇拜症",远离了群体情感互动的本质需求。微信红包已成为腾讯营销的重要手段,红包经济利用了用户投机的心理,红包概念也为各种欺诈软件和网络黑客行为大开方便之门。微信红包已远离传统礼物的基本特征,成为一种包含风险与危害的"产品"。尽管如此,微信群内的红包相对安全一些,微信群的"红包崇拜症"与个人主义、消费主义思潮一脉相承,具有明显的拜金主义倾向。在许多微信群里,抢红包是规定动作,聊天是附加动作。你可以发红包引发话题,但是你不发红包,就难有话题。于是,当有人在群内有事相求时,首先要发红包,然后再说"正事",大家抢完红包后才有心情讨论,没有金钱刺激的话题显得毫无生气。但"红包+话题"的策略,并不经常奏效。有些人领完红包之后,会快速撤退,对于公共话题毫无兴趣。因此,即使是下红包雨,也难以激发群体的共同愿景。人们用"成群结队"来描述日常生活中的集体行动,但是在微信群里,这种现象较为罕见。在Web2.0时代,名人的微博具有强烈的话语导向。在Web3.0时代,随着微信群的普及,人们对公共议题兴味索然,信息瀑布已遮蔽了"低头党"的目光,所谓的公共领域已经很难激发他们的表达意愿。而抢红包所体现出的高度猎奇和占有欲望,契合了他们新的消费需求,填补了他们无所事事的娱乐需要。因此,微信群的群体失语便成为常态。而微信群的抢红包活动却极为火爆,因为有很多人有抢与被抢的强烈需求。对于那些想引发话题的人而言,发个红包就可以引来围观和捧场,下点"毛毛雨"自然不在话下。而那些苦等红包雨的人,则无时无刻不在期盼"天降甘露"。只是在各取所需之后,大家不谈感情,不谈回报,唯有红包,才是最爱。这与微信作为社交平台的意义背道而驰,与传统意义上红包作为礼物的流动规则毫无关联。

最后,用户沉溺于微信群的抢红包活动,背离了传统礼仪文化与人际交往的规则。礼尚往来是中华民族的传统美德。人们在日常交往过程中，讲究道义，推崇信誉，提倡礼仪。"道问学、尊德性"被视为儒家道统精神的核心。中国人所谓面子，至少包括接人待物中的互利互爱原则。中国传统的送红包活动，是礼仪文明的重要体现。但是，微信推出的抢红包活动，却没有任何约束，不讲究任何秩序，离真正的游戏活动都有较大的距离。微信红包数额虽不大，但在抢的过程中，体现出个体对金钱的高度占有欲。游戏中的快乐元素被抢的结果所消解。群内因为抢红包而出现的各种讽刺、谩骂声不绝于耳，一些人为了几元红包而吵闹不休甚至公开翻脸，这与红包作为礼物的交往原则大相径庭。在微信群里，许多人以"不劳而获"的心态参与抢红包活动，他们从来没有考虑到互惠的原则，也不会考虑到自己作为游戏一分子的义务，这就鼓励更多的人谋求"不当之利"。因为没有付出，没有风险，许多年轻人更热衷于在群里刷屏，在群里找别人的发红包，甚至在春节期间充当微信乞丐。中国传统文化中强调"勿以恶小而为之"，就是告诫人们要防微杜渐。而在微信群里讨要红包虽是"小恶"，却体现出自私自利问题。显然，微信群抢红包成瘾的问题，折射出部分用户对金钱占有的贪欲，对情感沟通的淡漠，对礼尚往来的抛弃。这种过度自私的行为，对其个人品质和现实交往都会有极大的损害。而这种现象的蔓延，则会对礼仪文明和社会价值观带来诸多不利的影响。

从书信、短信到微信的发展进程中，社交媒介始终是为便利人的交往而不断进步的。但其本质是情感交往的工具，而不能异化为控制人的枷锁。微信群发红包活动的本意是增进群体互动和情感交流，但是，过度的抢红包活动却违背了群体社交的初衷。抢红包过程呈现的种种乱象，表明个人主义、拜金主义、消费主义思潮颇为盛行，这违背了中国传统的道义精神，也消解了红包作为礼物的符号价值。因此，面对网络营销商的红包活动，面对"触手可及"的种种诱惑，我们应该从网络文明的基本要求出发，培育良好的消费习惯和道德素养,坚持"君子爱财、取之有道"的基本原则,不跟风、不攀比、不造势,树立正确的微信红包消费观,倡导合情、合理、和群的微信红包收发观念,既要适度娱乐,又要节制私欲,自觉抵制各种红包假象、乱象,在微信社交中始终坚持道德与情感的底线,不为金钱炫目,不为私利所惑。面对"红包雨"的诱惑,"我们的任务是加强自我意识,找到自我力量的中心,这些中心能使我们抵制住周围的混乱和困惑"①。从而让微信红包回归礼物的本意,促进网络社交的健康发展。

第五节 "佛系"亚文化的动向、样态与社会观照

2017年12月11日,知名文化类公号"新世相"发布题为《第一批90后已经出家了》的文章,引爆上百万人浏览。文章开篇直指"手里的保温杯水温未凉,办公室的90后已经找到人生新方向:他们宣布成佛了"。宣称青年一代,特别是刚踏入社会的"90后",生活方式是"凡事怎么都行、做事不大走心、看淡一切"②。此文一出便在朋友圈、微信群聊等社交媒体及网站上迅速流传。文中所提的"佛系"一词也成为年度现象级传播热词,微信搜索热度高达3000万指数。"佛系"一词还进一步衍生/创造出"佛系文化"系列话语,如佛系买家、佛系恋爱、佛系球迷、佛系养生、佛系育儿、佛系养蛙、佛系打车等。不少"90后"青年表现出强烈的情绪共鸣,纷纷自称"佛系青年",一切随缘、随遇而安、无欲无求。"佛系"的推崇与狂欢,无疑成为2017年末值得关注与思考的青年亚文化现象。

---

① [美]罗洛·梅:《人的自我寻求》,郭本禹、方红译,中国人民大学出版社2013年版,第28页。
② 新世相:《第一批90后已经出家了》, http://mp.weixin.qq.com/s/6CntOmrBf-VjlzzSpZG-ToA。

一 "佛系"新潮与青年亚文化的新趋向

众所周知,英国伯明翰学派关于青年亚文化的分析沿袭"边缘群体风格化——风格化强烈抵抗主流——主流收编"的研究范式,始终逃离不了"抵抗""风格""协商""收编"等理论研究关键词。[①] 但随着互联网的兴起,尤其是社交工具的发展,全球化取代地域性,多元文化取代一元文化,青年亚文化出现"新族群""新文化场景"等现象。[②] 新近出现的"佛系"文化新特征无法在传统青年亚文化研究的框架下进行全面阐释。相比于以往青年亚文化体现出的强风格区隔与集体狂欢符号、基于趣缘形成的关系集群、强集体性反抗等特征,新兴亚文化随着青年网民心态的变化而逐渐形成新趋向——弱风格化、易变的身份认同以及以话语创造、意义争夺为核心的温和式反抗。

美国学者费斯克对"风格"的定义是:"文化认同与社会定位得以协商与表达的方法手段。"[③] 风格是青年亚文化的图腾,是群体内具有强大吸引力的符号,也是集体认同的象征意义所在。传统亚文化有明显且易于区隔的集体符号作为达成共识性"我群"的认知标识。如剃成鸡冠头、染红发的朋克文化;热衷大金链子、鸭舌帽、蛤蟆镜的嘻哈文化;热爱白色帆布鞋、LOMO相机的小清新文化;热衷讨论男同性恋情感故事的耽美文化等。相比之下,一些互联网场景下产生的新兴青年亚文化却出现了缺乏具象性集体风格化符号的现象。近几年大热的互联网亚文化形态如"屌丝"文化、丧文化、"佛系"文化,更多是在渲染一些年轻人的共同情感体验。如"屌丝"文化着重展现网民调侃自身低贱社会地位的自嘲心态;"佛系"文化也并非以"佛"为集体狂欢符号进行仪式互动,而是一种强调网民个体"不要太过作为"的认知

---

① 胡疆锋、陆道夫:《抵抗·风格·收编——英国伯明翰学派亚文化理论关键词解读》,《南京社会科学》2006 年第 4 期。
② 马中红:《西方后亚文化研究的理论走向》,《国外社会科学》2010 年第 1 期。
③ [美]约翰·费斯克等编:《关键概念:传播与文化研究辞典》,李彬译注,新华出版社 2004 年版,第 279 页。

范式。

　　正由于风格化的程度不同，亚文化狂欢背后的动因也有所变化。之前高度风格化的青年亚文化产生的狂欢，是认同该文化的群体进行社会互动与情感交流的结果。如表情包文化爱好者在社交过程中不断使用表情包进行"斗图"，通过符号互动达到情感体验的目的。而弱风格化的"佛系"文化，在失去可供群体膜拜的具象性符号的情况下，更多是以个体的情感状态作为"象征符号"。正如《境界》杂志"90后佛系青年"专题的受访对象Barnabas所言，"'佛系'代表90后青年人对世界的一种态度，探索世界之后的态度，青年人想用这个来表达一种温和的心态"①。

　　集体的风格化符号既是"我群"内部互动的标识，也是区隔"我群"与"他群"的重要内容。而在网络社交平台中，一旦"我群"失去了集体的风格化符号，就意味着难以形成明显的群体区隔，进入"我群"的门槛大为降低，从而导致流动性群体身份认同产生易变性。个体进入"我群"更多基于自身可变的情感或情绪，而非群体信仰与团结使然。个体可以随时随地轻易改变身份认同，"我群"中个体间关系也变得更为疏离。由此组成的"我群"必然是强流动性的，网民可轻易加入或离开该文化群体。如不少口是心非的"佛系青年"，在工作劳累时会唉声叹气宣称自己是"佛系"，不愿再花力气关心杂事，但机会一来，或是工作压迫之下，"佛系青年"立马转变成"狼性青年"，投入"物竞天择"的职场狼性竞争之中。

　　"我群"与"他群"的分隔是形成个体内群偏好与群际差异的重要原因。传统青年亚文化会对"他群"产生强烈的敌意，通过不断冒犯、污名"他群"崇尚的集体符号实现抵抗。赫伯迪克认为无赖青年、摩登族和朋克通过亚文化群体特立独行的风格体现，以惊世骇俗的举止反抗他们视为他者的文

---

　　① 境界：《穿过"佛系"和"丧"，真实的90后是啥样?》，https://mp.weixin.qq.com/s/kaT-wEdAwjA5Rx89xQ–QUDg。

化,"挑战了团体一致的原则,驳斥了共识的神话"①。比如杀马特文化,参与者用蓬松爆炸的发型、吸引人眼球的着衣风格展现自己独有的风格特征,并与日常生活相结合,以"我行我素"的行为抗议主流文化;嘻哈文化爱好者喜欢自诩"自己是地下音乐的灵魂",不屑与鄙视其他主流音乐形态,创作出许多反社会主流价值的歌曲。相比之下,"佛系"亚文化的新抵抗模式表现得更为随意与温和。当风格弱化、易变的身份认同而导致"我群"的凝聚度与团结性降低时,也必然会出现对"他群"敌意的弱化趋势。大卫·钱尼提出当前亚文化研究中的核心(core)概念不再必要,任何权威性的再现已经不再可能存在。②反抗形式明显被削弱,更多集中体现为制造群体话语新词与争夺话语意义。"佛系"正是"90后"青年利用网络创造出的话语新词,是在解构颠覆原有"佛"符号的基础上,交由"我群"中的个体根据情感需求而进行的意义编码。

"佛"原是梵文音译,全称"佛陀"。《后汉纪·明帝纪下》记载:"浮屠者,佛也。西域天竺有佛道焉。佛者,汉言觉,将悟群生也。"随着佛教兴盛与发展,"佛"的所指不断拓展,除了表达"有觉悟并普度众生的人"的意义外,还指代如涵盖理智、情感和能力都同时达到圆满境地的人格,供奉的佛像、佛经等多重意义。"佛性"一词在《佛教小词典》中则指"佛陀本性",在顿悟中发现人生的真理与智慧。③佛教思想讲究普度众生、慈悲为怀、缘起性空,最终能达到无常无我的境地。其思想延绵千年,形成特有的哲学体系,其中不乏"我不入地狱,谁入地狱"等相对入世的社会责任观;自我苦练修行,获得真知而告诫众生的公共情怀;"大彻大悟"的了然心境。"90

---

① [美]迪克·赫伯迪格:《亚文化:风格的意义》,陆道夫、胡疆锋译,北京大学出版社2009年版,第20页。
② [英]安迪·班尼特、[英]基恩·哈恩·哈里斯编:《亚文化之后:对于当代青年文化的批判研究》,中国青年政治学院青年文化译介小组翻译,中国青年出版社2012年版,第57—58页。
③ 杜继文、黄明信编:《佛教小词典》,上海辞书出版社2006年版,第275页。

后"青年意图争夺"佛"这一话语的意义，基于两大潜在条件——佛教边缘化与网络青年亚文化的崛起。一方面，佛教自印度传入中国后几经立废，到如今渐渐从主流空间中淡出，囿于佛寺与民间社会之中，与主流社会精英阶层逐渐拉开距离。主流社会缺乏对"佛"的意义的阐述，势必会让公众不熟悉话语的意指概念与精神内核。另一方面，青年网民是网络最活跃的群体，据2017年的《中国互联网络发展状况统计报告》显示，中国网民规模达7.51亿，其中10—39岁群体占72.1%，20—29岁年龄段占比高达29.7%。[①] 青年网民在网络空间拥有较强话语权，能根据自身需求建构话语符号。

因此，青年网民充分利用话语主导权，对边缘式微的佛教符号话语进行意指改造，通过四大步骤完成意义的嫁接与重塑：首先，青年网民从佛教词语中截取"片段性"符号，如"佛""无欲无求""出家""随缘"，并改造符号的能指。如抽离出"佛"符素（moneme）叠加上"系"符素，组合成改变原符号能指的新符素"佛系"；其次，将"佛"的宗教所指剥离抽空；紧接着，青年网民根据"我群"的情感、意指及心理需求生成所指概念，在网络新语境下重新编码，利用话语权的调控，把所要表达的所指与改造的元语言符号的能指相融合，新符号的能指与所指的关系固定，成为传播的元语言（metalanguage）；最后，新造的元语言在群体传播中不断拓展影响力。传播过程中元语言的意义得以盘活，同时不断承载传播者的传播动机与信念等意识因素，从而生成新符号的"涵指"（Connotations）。人类认知的三要素"知、情、意"中，认知（Perceptions）对应概念的所指，情绪（Emotions）与意志（Intentions）隐含在符号流动性使用过程中，对应的便是涵指。[②] 流动性符号话语也意味着传播过程中涵指的不稳定性。青年网民认知"佛系"的所指是

[①]《第40次中国互联网络发展状况统计报告》，http://www.cac.gov.cn/2017-08/04/c_1121427728.htm。

[②] 李明洁:《流行语的符号本质及其意指结构》，《语言文字应用》2011年第4期。

"随遇而安,放弃努力"的意义,但在不同的社交媒体与话语场景下,他们使用与传播"佛系"这一新词的情绪或意志却有差别,如有时是出于悲观发出的"佛系"抱怨,有时是出于无奈发出的"佛系"感叹。

表6-2　　　　元符号"佛"与新造符号"佛系"结构对比

符号	能指	所指	涵指
佛	佛（S_1）	佛陀（G_1） 圆满境地的人格（G_2） 佛陀本性,顿悟人生（G_3）	历史上长时间演变而形成的大众共识,无空间限定,相对稳定
"佛系"	佛（S_1）+ 系（S_2）	随遇而安,放弃努力（G_4）	青年情感话语,特定时间产生,不稳定

若单凭"佛系"一词进行话语的意义抗争,力量是薄弱的。此时便需要青年网民不断利用新造符号进行"兼并",基于新造的元符号而衍生出一整套话语体系。如将"佛系"与"粉丝"结合,形成新符号"佛系粉丝",指的是一些人因懒惰或其他自身因素,排斥自发性付出,不狂热追星;"佛系朋友圈"则意味着不管好友所发内容如何,随机性点赞,不太在意社交过程中的交往报酬。

表6-3　　　　　　"佛系"话语体系的意指结构

符号	所指	涵指$_1$（情绪）	涵指$_2$（意志）
"佛系"	随遇而安,放弃努力	消极、悲观、无奈	无所谓、否定性、感叹
"佛系"青年	焦虑、难以抵抗现实的青年	消极、悲观	怀疑、否定、颓丧、认同
"佛系"粉丝	不狂热追星	中性、理性	排斥狂热
"佛系"购物	不疯狂购物,不给商家点评	中性	懒惰

这种以争夺意义为主的渐进式、温和抗争的重要特征便是不正面诉诸暴力。暴力的反抗意味着对现有社会秩序的彻底决裂，会遭受"权力精英"更为强大的压制。"佛系"青年自我矮化、自我嘲讽、自我作践、自视弱者地以"不合作"的态度抵抗主流社会的规训与收编，以相对曲折、温和的方式表现青年对当前压力社会的烦闷甚至不满。

总之，旧有符码"佛"与青年新造的"佛系"话语有着明显的区别。佛教是指信仰，"佛系"只不过是消费时代被大众媒体生产出的娱乐与消费符号，与真正倡导内心平静、慈悲为怀的佛教伦理有天壤之别。新符号强调"凡事都行、可以、没关系、不争不抢、认命、随缘"，试图展现自我"无为、无能为力"的形象与心态特征。创造这些新符号与意义旨在帮助青年群体展现社会心态，建立起使社会生活秩序化和得以控制的各种规则、标准和惯例。[①]

二 "佛系"心态的深描与因由

社会心态是宏观的社会心理趋势；社会心态是动态的，会受到特定时期社会文化的影响。社交信息及符号传播速度越快，背后引起的社会心态变动也越明显。以微信为例，它引爆了网络社交的变革，可以迅速将信息或情感以强关系为核心扩散到弱关系圈层，并在社交过程中逐步形成集体意识形态。这种集体意识继而形成广义的社会心态。"佛系"这一概念的扩散、普及，以及符号的解码、传递，是以微信公众平台以及朋友圈为媒介，经过锚定和具象化、概念化的界定，逐步产生集体化的表征。

新造符号"佛系"背后隐藏的涵指，映射了青年的"佛系心态"的特征——沮丧颓废、无欲无求、得过且过。网民制作"都行、可以、没关系"

[①] ［英］斯图亚特·霍尔编：《表征：文化表象与意指实践》，徐亮、陆兴华译，商务印书馆2003年版，第4页。

的"佛系三连表情包"正好高度概括了这一心态。"佛系"心态的产生与三大因素息息相关——社会压力、媒体营造的焦虑环境以及青年自身的命运框架假想。

首先,"90后"青年面临的社会压力催生了"佛系"心态。中国社会在现代转型进程中都会面临"阵痛",过度追求效率让时间成了稀缺商品。移动互联网时代更是进一步鞭策及警醒人们:"时间就是金钱,落后一步就会错失商机。"而时间的匮乏、资源的固化与人口基数不断递增之间的冲突与矛盾,必然让刚踏入职场的"90后"青年倍感恐慌与压力。一些青年因无法及时缓解社会压力,极易产生习得性无助。此类"习得性无助"是指因压力之下重复性失败,事情始终无法如愿完成,最终形成沮丧、放弃、听人摆布的心理与行为,这便是"佛系心态"的雏形。青年越渴望进入社会的精英阶层,越容易遭遇压力与风险,受到挫折的可能性越大,不断的挫败且得不到期待的回报,不理性不成熟的心智极易让青年感到懊恼与沮丧,从而产生"可有可无""万事努力也是皆空"的态度,便形成逃避现实、逃避挫折的心理。正如知乎网友甘斫弗所言,"90后都才20啷当岁,谁没在梦里有过那腔热血。但在这个世界,我无力,我无所谓,我不在乎,我逃避。这就是我贯彻的佛道"[1]。《都市快报》采访的"佛系青年"毕女士也说道:"原本怀着理想进入单位,但是入职以后发现,每天打杂、超负荷的工作与自己的想象相去甚远,当初的雄心壮志现在已经差不多磨损消耗殆尽了。"[2] 可见,"佛系"中"什么都行、无欲无求、看淡一切"的态度,逐渐被身处压力不断碰壁的青年人奉为圭臬,他们更愿意带着"万事随缘"的无奈心态苟且生存。

其次,网络媒体不断制造焦虑感与紧迫感,加剧了青年群体"佛系"心

---

[1] 《如何看待〈第一批90后已经出家了〉这篇文章?为什么一些90后过着"佛系"生活?——甘斫弗的回答》,https://www.zhihu.com/question/263958643/answer/275286175。
[2] 杜晓霞、董佳妮:《90后新标签"佛系青年"是伪装还是自我调侃》,《都市快报》2017年12月25日。

态的蔓延。一些知名公众号不断发出《第一批90后已经秃头了》《第一批90后已经离婚了》等极具噱头的文章，试图搭建"青年成功学模板"的叙事框架。诸如"30岁还未有车有房，这辈子便没机会""30岁没赚到100万只能打一辈子光棍""当代首富多半学历不高"等叙事框架不断成为炒作性话题。久而久之，"90后"青年会潜移默化地担心在"规定"的时间内无法完成既定的目标，且随着时间推移，实现目标的可能性越发渺小。当青年人无法快速证明自身价值，会被贴上"多余"的标签，最终焦虑感也会不断增加。[①]据2017年12月中国社会科学院社会学研究所发布的调查结果显示：当前"90后"主观幸福感最低，普遍感觉焦虑。[②] 作家陈楸帆在一次公开的演讲中也提到，"佛系这个风潮的背后其实隐藏着巨大的时代焦虑，在这种态度的背后折射出这代人对于焦虑背后不同的心理应对的机制"[③]。各类媒体极力渲染的社会焦虑感俨然成为青年人的"心理病灶"，而强调"佛系"心态则成了青年暂时舒缓焦虑的快捷方式。

最后，"90后"青年出现"佛系"心态，与他们容易陷入"阶层固化"的假想怪圈有关。2017年的北京高考文科状元在接受媒体采访时直言："能得到状元是因为家里衣食无忧，有得天独厚的资源条件，外地或是农村的孩子很难享受到同等的教育资源。"与之对应的是，四川大凉山格斗孤儿，流血流汗却仅求温饱。媒体报道建构的"官二代""富二代""学二代""贫二代"等形象，已然让"寒门难出贵子""读书无用论"等"阶层固化"观念不断升温。当舆论场潜移默化地通过"身份标签"预设一代人的命运与未来，不断出现"阶层固化"的叙事框架与概念时，无疑会挫伤许多无助青年人的主

[①] 陈昌凯：《时间维度下的社会心态与情感重建》，《探索与争鸣》2016年第11期。
[②] 《2017年中国〈社会心态蓝皮书〉"90后"主管幸福感最低》，闽南网，http://www.mnw.cn/news/shehui/1900358.html。
[③] 陈楸帆：《"佛系"风潮背后隐藏着巨大的时代焦虑》，http://k.sina.com.cn/article_5890585170_v15f1b3252019003dz7.html。

观积极性。青年人会产生心理落差，出现情绪低落和不安。当青年人觉得"阶层固化"已然成为难以跨越的鸿沟时，"佛系""丧文化"修辞话语便会出现，成为青年人的无奈表达与现实写照。"佛系"人生也成了一部青年人放弃抵抗的生活史。

三 "佛系"的文化症候与理性审视

应该看到，"佛系"心态具有一定的积极意义。在日常生活与社群交往中，有时表达"佛系"情绪，或许能让焦虑不安的青年从中获得内心的几许安宁和自在，能够舒缓当前的社会压力，缓和生活中的冲突与矛盾，调适强烈的社会对抗情绪。因此，"有所坚持之后的'佛系生活'，本质是断舍离，是极简主义，是聚焦。是心系做实验把怀表搁锅里煮，是撞上大树还道歉，不拘小节，不理细务，是所求者大，是把有限的精力集中到一点上，好求一针捅破天"[1]。延参法师也认为，"佛系"也非完全悲观，也有温和、谦让、和气、勇敢、善良、憧憬希望等美好之意。[2]

但是，我们不能否认"佛系文化"背后折射的社会问题，如原子化孤独的加剧、自嘲与犬儒的盛行以及懒人心态，这些负面情绪的广泛传播和流行，值得我们深思与批判。

首先，佛系青年如果缺乏现实交往与人文关怀，网络会让他们变得孤独并缺乏情感归属感。《大西洋月刊》有报道称：在非互联网时代的1985年，一个人的平均"密友"数量是2.94个，仅10%的人称自己没有能够谈心的朋友；而到了互联网时代的2004年，一个人的平均"密友"数量下降至2.08个，25%的人称自己没有可以谈心的朋友。在这20年间，致使数量变化归因

---

[1] 刘念：《也说"佛系青年"（民生观）》，《人民日报》2017年12月13日第13版。
[2] 延参法师：《佛系青年的客观解读》，http://fo.sina.com.cn/intro/lecture/2017-12-20/doc-ifypvuqe0168707.shtml。

是互联网的出现。① 移动互联网时代,一个人可以生成很多圈子,组建出以自我为中心的社交网,但许多青少年成了网络化的"原子个体"。一方面,他们较之传统的社群方式,有更高的自主性;另一方面,原子化个体也深陷各式"圈子"中,不断从中谋求社交报酬以维系自我情感需求。

"佛系"亚文化的传播、认同与宣扬更是加剧了网民的原子化存在。"佛"本是无依无靠、一世孤立的形象,在"佛系亚文化"话语体系中却成了孤独网民的"模仿对象"。"佛系青年""佛系单身""佛系购物"等此类修辞话语不断衍生裂变,反映出青年群体自我边缘的孤独感。新兴的佛系、丧系等网络亚文化逐渐摒弃以往基于趣缘形成弱关系集群的方式,他们更多地倡导个体的文化实践。不需要甚至反对以群体风格作为融入集群的文化实践,他们厌倦群体生活,只关注自我的心境,以个人好恶作为评判标准,一味追求自我的情感抒发,拒绝"被风格化"。正如自称"佛系"的网友"博主2吉不二"说道:"我天性乐观,骨子里又透着悲观。而当下我能获得的最大安全感和舒适感来自对与这个世界保持一点距离。自己看得开就是佛。"② "随缘安乐"让佛系青年们远离公共生活,企图出落凡尘,遗世独立。

然而,佛系青年一方面渴求独立空间排斥集体身份,另一方面又害怕自我孤立而不断扩大"网络社交圈",从而在矛盾中挣扎与徘徊,更加依赖能瞬间提供快感的事物,"我消费,故我在"。佛系青年表面上随缘,但在消费上任性,他们在网络购物方面往往体现出"狼性"的一面,甚至以消费来表达"佛性"的存在,在他们看来,既然已经"佛系"了,那就放心去享受消费主义的盛宴吧。他们对消费快感的推崇与精神上的无欲无求形成巨大的反差。如流行于网络的"佛系养蛙"游戏,青年玩家不断花时间、金钱与精力去

---

① Yvette Vickers, "Is Facebook Making Us Lonely?", *The Atlantic*, https://www.theatlantic.com/magazine/archive/2012/05/is-facebook-making-us-lonely/308930/, 2012-05.
② 概率论:《25 岁以后,就交不到朋友了》, http://www.sohu.com/a/216529732_99944059。

"养成"一只虚拟的爱旅行的青蛙,甚至把它当自己的孩子一样"供养"着,把它当成网络社会中的情感寄托。但当青年人消费这些"佛系"符号之后,又迅速感到无聊与烦闷。他们的生活似乎没有明确的目标。长此以往,更是心无所归,情无所寄。

其次,佛系话语风靡社交网络,与青年网民热衷于自嘲与犬儒心态有关。"90后"青年自称"佛系",可看成是精神胜利法的新样态,他们以此表明并非自己不努力,而是运气不行,所以多做无益,不如随便糊弄。他们自我矮化、身份降格、拒绝"上进",以自嘲来消解正统,以降格来反对崇高。青年人或者将"佛系"视为标签,当作标新立异的手段;或者因自我麻醉的需要,用无为的方式拉低自我期待,以达到舒缓压力的目的;或者出于戏谑与好奇,贬低自己从而形成社交的谈资。"佛系"似乎成了青年网民自我保护的躯壳话语,在各种隐喻之中体现对主流的抵抗以及规避规训的意图,但从客观效果看,他们是在自嘲中谋求自我慰藉,并不能向社会传递出正能量,更不能形成有独特见解的思想。

"佛系"心态既提倡对待坏事"随缘""都好""云淡风轻",也主张"努力无用""凑合就行"等消极想法,这与犬儒主义心态颇为类似。学者徐贲曾将这种既有乐观一面、也有悲观一面的犬儒视为最诡异、最病态的心理现象。[1] 波兰诗人米沃什(Czeslaw Milosz)更是刻画了犬儒主义当道的假面社会:"他所遇到的人都非常轻松、神态自若,在这些人当中看不到那种在低垂的脑袋和不安的转动的眼球中表现出的内心紧张情绪,他们是想说什么就说什么。"[2] 在犬儒主义盛行的假面社会中,犬儒者内心实则不相信现实承诺,怀疑一切,但却囿于现实权力、资本、话语体系等规训而选择假装糊涂,违

---

[1] 徐贲:《颓废与沉默:透视犬儒文化》,东方出版社2015年版,第95、18页。
[2] [波兰]切斯瓦夫·米沃什:《被禁锢的头脑》,易丽君译,广西师范大学出版社2013年版,第64页。

背自己的"怀疑"而公然展示出相信的样子。他们戴着自己制作的面具，似乎明哲保身，一切顺从"天命"，配合当权者的愿望进行表演。不少自称"佛系"的青年便是如此，他们内心并不认为安稳与不争不抢是立命之道，但故作姿态地宣传自己"凡事皆好"。毕竟装作"两耳不闻、一切随缘都行"的态度，会比公开质疑权威、公然表达不满更容易获得社会安全感。同时，自称"佛系"的青年利用装傻卖乖、逆来顺受、假戏真做的方法作为对抗"权力精英"的武器，在大多数时候沉默不语，暗地却阳奉阴违。久而久之，这种戴面具的伪装幻觉极有可能让犬儒式青年沉浸其中而不能自拔，从而使他们丧失直面挫败的勇气，更难以培育"自由之思想、独立之精神"，渐渐沦落为维持现状、不思进取的保守主义者。

最后，对"佛系"的推崇，也体现了许多青年网民的懒人心态。"佛系"文化名义上主张无欲无求，实则是让网络社会的"无聊青年"为自身的懒惰行为与心理提供借口。"我佛系，固我慵懒。""佛系考研"的青年主张"考研考得上是缘，考不上是命"，"佛系白领"主张工作不求加薪升职，只求安稳做条咸鱼，这一切都在表明自身懒惰成性，不愿努力，还未奋斗却早已为失败找好借口。不少"佛系青年"将自在和懒惰混为一谈。自在是人能享受自己所做之事，并尽心完成；懒惰本就是负面的状态，是虚度光阴。佛教教诲也常批驳懒惰是"于断恶修善之事不尽力也"。

"佛系青年"的懒惰还体现在他们对公共事务漠不关心，不愿对现实世界或公共事务进行深度思考。哈贝马斯理想中的乌托邦社会，是在私人领域的市民社会与公权力（国家政府）间能形成公共领域，公民能热心向上，理性沟通，形成商讨事宜的公众。① 年轻人如果过于"佛系"，懒于发表自己对公众事务的见解，甚至对有违伦理、不正之风持以"得过且过、一切随缘"的

---

① 黄瑞祺：《批判社会学》，三民书局2001年版，第283页。

态度，势必导致对公共领域的冷漠，甚至会出现"公共领域的再封建化"。鲁迅在杂文集《热风》中曾批驳这样冷漠懒惰的人是"在如此空气里萎缩腐败，以至老死"，他呼吁中国青年能"摆脱冷气，只是向上走，不必听自暴自弃者流的话。能做事的做事，能发声的发声。有一分热，发一分光，就令萤火一般，也可以在黑暗里发一点光，不必等候炬火"[①]。这对慵懒的"佛系青年"而言，无疑是穿越时空的"呐喊"。

在批驳与反思当代青年"佛系"心态时，我们很容易陷入戈德法勃所言的"嘲讽者犬儒主义"的怪圈，即认为随遇而安的佛系大众天生就是素质差、不可救药的废柴与群氓，是社会底层无力抗争的个体，永远摆脱不了犬儒主义与自嘲，无法成为清醒有自我束缚力的现代公民。造成"佛系青年"们原子化孤独、犬儒式自嘲、懒人心态的重要原因，是社会向上流动渠道不畅，缺乏公平竞争的机会，进而造成社会公信力的缺失。因此，一方面，我们要正视"佛系"心态的负面影响，在理解与包容的同时，注意社会主流价值的引领；另一方面，我们要倡导"和谐共生"的精神，宏观层面上对佛系青年进行情感疏导，需要在社会政策与制度安排中，充分考虑到他们的现实诉求与不满情绪。只有通过不断为青年一代的成长提供更公平的机会和更宽松的环境，青年群体才会产生获得感与信任感，从而纾解社会焦虑与犬儒式怀疑，最终避免陷入"塔西佗陷阱"。

另外，媒体应避免使用过度情绪化渲染的叙事框架。年轻人的情绪经常受到微信公众号、微博等一些"爆款10万+浏览量"文章的影响。媒体应更多提倡具有文化价值及公共情怀的思考与讨论，尽量避免私人话语公共化以及对社会群体进行标签化、娱乐化、污名化等行为，营造文明理性的舆论环境。

---

① 鲁迅：《热风》，人民文学出版社2006年版，第32页。

而对"佛系青年"而言,需要树立正确的价值观与人生观,能够分清楚哪些是自己需要努力奋斗的方向,哪些可以平和看待,不须过分计较。应该认识到:失去拼搏、奋斗和努力,个人难有更大的提升空间,仅靠自我调侃更难以实现"华丽转身"。

第六节 油腻中年男的网络呈现、认知标签与社会化戏谑

2017年12月20日,教育部网站公布了当年十大网络用语,"油腻"一词赫然在列。"油腻"是对某些中年男子特征的概括描述,这些特征包括不注重身材保养、不修边幅、谈吐粗鲁等。该词语最早来源于微博,后因作家冯唐撰写的《如何避免成为一个油腻的中年猥琐男》一文大火,并引发各种讨论。[①] 冯唐的博文于10月27日发出之后,不到两个月的时间,"油腻"一词传遍大江南北,成为岁末最热议的话题,足见"油腻中年男"作为关键词的社会影响与话语张力。而关于"油腻中年男"的讨论,则出现"油腻化"的趋势,这一现象值得我们关注和探讨。

一 油腻中年男的网络呈现与流行议题

在冯唐的微博中,重点列出了避免成为"油腻猥琐男"的十大原则,如不要成为一个胖子、不要停止学习、不要待着不动、不要当众谈性,等等。油腻指的是无节制的胖和没奈何的秃。油腻不是一个好词,它激发人胃部的不适感。从症候学上来看,油腻代表着一种消化系统失调的症状。在相关的修辞形象上来说,油腻和过剩的脂肪有关,让人直接联想起肥胖而且不知饱

[①] 《汉语盘点:十大网络用语发布》,http://www.moe.gov.cn/jyb_xwfb/gzdt_gzdt/s5987/201712/t20171219_321948.html,2017年12月19日。

足的饕餮形象。① 但在冯唐的用语中并没有直接针对"油腻中年男",而是"油腻的中年猥琐男",油腻于外,猥琐于内。从逻辑的角度,就至少有四种中年男:油腻中年男,猥琐中年男,既油腻又猥琐中年男,既不油腻又不猥琐中年男。如果仅仅是油腻,而没有猥琐,那根本就不属于冯唐以及一众中年文化男人焦虑和担忧的范畴。② 应该看到,人到中年,身体、精力都处在下行线上,可是家庭、单位和社会的责任都沉甸甸地压在肩上,保持一个合理、健康、文明的生活方式大有必要。这不光是对自己负责,也是对家人、他人和社会负责;不光是让自己活得充实、体面、有尊严,也是让四周悦纳自己,保持良好的人际关系。③ 因此,冯唐的建议,对中年男人更好地认识自我、保持身心健康颇有助益。

但是,在网络媒体的报道与传播中,冯唐对"油腻与猥琐"的原义往往被"油腻"所指代。在许多网民看来,油腻便隐含了缺点、污点乃至猥琐的行为。这便使"油腻"的负面意义被刻意放大,从中年男人的形体描述直指人格缺陷。由此可见,油腻不仅仅是对中年男人的形象刻画,而是从"所指"的角度,在整体上对中年男人进行负面描述。仿佛在一夜之间,整个中年男人都患上了"油腻"病,而讨伐"油腻中年男"已成为时尚。

冯唐借用油腻来描述中年男人的一些不健康行为,并非指出所有中年男人均具有油腻猥琐的特征。冯唐提出的"指导原则"有的不失鸡汤式励志,如"不要停止学习""不要给人添麻烦",有的是对中年男人的忠告,如"不要成为一个胖子""不要当众谈性"。冯唐没有明确道出"油腻"的定义,但文章发表后排山倒海的社交媒体讨论,已迫不及待地归结出中国式"油腻中年男"的标准:油腔滑调、肚腩隆起、不修边幅、吹嘘炫耀等。从媒体报道

---

① 张斌璐:《也说"油腻中年男"》,《长江日报》2017年10月31日第22版。
② 唐映红: 《你中危了吗:一千个中年男人有一千种油腻》,http://finance.ifeng.com/a/20171105/15768419_0.shtml。
③ 左中甫:《以开放心态面对"油腻争议"》,《南京日报》2017年11月3日第10版。

的标题看,"油腻中年男"意味着,中年男人只要符合某一条标准,便具有"油腻"的特征。于是"油腻"便成为中年男的象征性符号。

尽管网络上对油腻中年男人的标准存在不少争议,但是,用某个词汇来概括某个年龄层的群体,很难体现群体的总体特征。众所周知,社会分层主要依据个人的收入、职业、教育水平等因素。布尔迪厄提出将经济资本、文化资本作为划分社会阶层的重要标准,一直得到广泛的认同。相对而言,文化资本更能体现社会阶层的审美趣味。罗素·林内斯认为品位、知识和感知力比金钱更能决定人的社会等级。他提出一个三重结构的说法,即把人分为有高度文化素养的人、有一般教养(中产阶级趣味)的人和缺乏文化教养的人。[①] 因此,社会阶层主要依据个人拥有的财富、教养、权力、文化等因素来划分的。值得注意的是,"身份、地位、社会声誉这些东西,并不是可以拥有而后还可以将之展示出来的实体性事物;它是一种恰当的行为模式,具有内在的一致性,不断地被人加以修饰润色,并且具有很强的连贯性"[②]。年龄是判断一个人的生理和心理特征的主要依据,与个体的社会地位和社会身份并无多大的关联。而油腻中年男作为流行词汇,在一定程度上界定了中年男人的总体特征,进而对中年男人与青年、少年、老年进行了区分。这显然是网络媒体在传播过程中制造的新标准,使油腻中年男成为一个普适性的社会阶层。

油腻本身是令人不快的词汇,而油腻中年男则成为令社会不快的消费符号,并发展为网络消费主义文化的新象征。诚如大卫·理斯曼所言:流行文化实际上是消费导师。[③] 今天,我们生活在一个"网络导向型"的时代,宗

[①] 转引自[美]保罗·福塞尔《格调:社会等级与生活品位》,世界图书出版公司2011年版,第25页。
[②] [美]欧文·戈夫曼:《日常生活中的自我呈现》,冯钢译,北京大学出版社2008年版,第61页。
[③] [美]大卫·理斯曼:《孤独的人群》,刘翔平译,南京大学出版社2002年版,第192页。

教礼仪和文化传统的影响在严重弱化。在传统社会，我们的"心理陀螺仪"受到家人、朋友和初级社群的深刻影响，并"沿着既定的道路发展"。① 但是，在网络社会，网络不仅成为我们的"消费导师"，还引导着我们的精神生活，使我们无法摆脱网络信息的诱惑。对于网民而言，"互联网成了我的全能传媒，它是进入我的耳目乃至头脑的绝大部分信息的来源"。② 正是由于网络媒体在引领消费潮流方面的巨大影响力，"油腻中年男"由冯唐的个人话语演变为网络社会的共同话语，并在海外产生强烈反响，连西方学者也对"油腻"一词颇为关注。

但是，网络上关于"油腻中年男"的讨论与传播，是在"油腻"的话语框架下进行的。"油腻"是预设的标准，网民根据"冯氏论调"进行具体化、形象化延伸。"油腻"一词让诸如油腔滑调、自以为是、个性猥琐、喜爱吹牛等行为特征汇聚到一起，成为最不招人待见的中年人负面评价，而中年人的成熟、理性、睿智、负责等正面形象，被"油腻"遮蔽了。"油腻"成为网络上中年人的别称，演变成2017年冬季的话语狂欢。尤其是许多青少年对中年人刻意制造话题，在网络上肆意调侃，使"油腻"成为"油而不腻"的网络流行语，并在社会上广泛地传播。

二 油腻中年男的认知标签与刻板印象

从冯唐防止"油腻"的"十不要"出发，网友不断挖掘油腻中年男的特征，进一步总结了"油腻中年男"的标志如：戴各种串、穿唐装僧袍、保温杯泡红枣加枸杞、身体肥胖、皮带上挂一串钥匙、喝茶就喝茶硬要大讲茶文化、说话急时嘴角泛白沫、脖子上有大金链子、西服配白袜子等等，可谓越描越细微，越描越生动，越描越热烈。这些所谓的特征都是通过中年男人的

---

① ［美］大卫·理斯曼：《孤独的人群》，刘翔平译，南京大学出版社2002年版，第15页。
② ［美］尼古拉斯·卡尔：《浅薄：互联网如何毒化了我们的大脑》，刘纯毅译，中信出版社2010年版，第4页。

外貌和行为习惯界定的，它经由网络社交平台的广泛讨论和传播，成为网友给中年男贴上的标签。如果认真对照，无数中年男人都要被划入"油腻"群体，而一旦被"油腻"，他们便在社会身份上具有一种负面的印记。虽然也有中年网友以"油腻"自嘲，但是中年男人"油腻化"的群体视觉形象，却具有污名的某些特征。现在，"油腻"的中年男人已然成了一个筐，任何人都可以把对中年男人的不满、不屑、不爽、不齿倾倒其间。标签化甚至污名化特定群体的游戏，在网络上乐此不疲。自19世纪以来兴起的个人主义，在新媒体时代越发膨胀，"我看不惯的"即为恶的，"我不喜欢的"即为坏的。①

从网友对"油腻"的定义看，大多与中年人的身体有关。此类以貌取人的态度，将个人偏好视为公共准则，预设了对中年人的厌恶与不屑，具有一定的污名化取向。从"污名"一词的起源看，它指代身体记号，而做这些记号是为了暴露携带人的道德地位有点不寻常和不光彩。……今天，这个词被广泛使用的含义有点接近最初的字面意思，但更适用于耻辱本身，而非象征耻辱的身体证据。②尽管"油腻"一词带有调侃的意味，但其"不光彩"的意味是特别明显的。对于中年人而言，不管是自嘲还是他嘲，"油腻"本身都意味着其自我形象和社会形象在受到损害。而一旦"身份受损"，其社会地位就会被明显贬低。

尽管网络污名现象由来已久，但是，从字面上看，早几年流行的"屌丝"更具有污名的倾向。然而，"屌丝"更多是网民的自污，在社交场合，一般人很少以此来称呼他人。许多网民自称"屌丝"，是对自身生存状态的一种无奈和心理保护，也是对社会表达的自我矮化和丑化的方式，"屌丝"的称呼尽管极为不雅，但被广泛接受之后，反而成为防止"他污"的一种手段，其言外

---

① 颜云霞：《油腻中年男：一场标签式的群嘲》，《新华日报》2017年11月3日第13版。
② ［美］欧文·戈夫曼：《污名——受损身份管理札记》，宋立宏译，商务印书馆2009年版，第1页。

之意是,我已经"屌丝"了,你还能再丑化我吗?所以,许多精英也以"屌丝"自居,他们明知"屌丝"的含义,但是其流行的语义已发展成为"自谦"的别号,而污名的意义反而被消解掉了。然而,"油腻"却与"屌丝"有着很大的区别。一般而言,"屌丝"原本是缺乏文化资本、经济资本的社会底层人物的自称,后来为不同社会阶层所模仿。而"油腻"是特指中年男人,尤其以中年男人的身体特征和行为习惯作为划分标准。在冯唐发起之后,演变成为一种社会定义,是社会对中年男的整体认知,对整个中年男人的形象有着极为负面的影响。

从网络亚文化的角度看,"油腻"一词的广泛传播,迎合了大众的心理需求,特别是没有"油腻"的青少年颇为欢迎。在网络社交高度发达的当下,一方面制造热词成为时尚,另一方面厌倦生活又极为普遍,尤其是许多青年网民面临住房、就业、教育等方面的极大压力。相反,许多中年男事业有成,生活富足,成功的中年大叔往往受人羡慕和嫉妒。但是,许多中年人的不修饰、不检点、不稳重一旦被公之于众,就会引发舆论的讨伐。在很大程度上看,一些网民给中年男贴上"油腻"的标签,是平时对中年男人的"积怨"颇深。在家庭、生活、工作中,许多网民对一些中年男人的不雅行为和负面形象颇有微词,甚至敢怒不敢言。而冯唐作为中年男人既然揭了老底,网民们自然欣喜若狂,热衷于对油腻中年男的嘲弄。而网络舆论的一边倒,大有取悦于尚未"油腻"的青年男女之意,且有"幸灾乐祸"的倾向。中年男人便由成功的大叔变为过街老鼠,成为网上消费与追讨的对象。诚如戈夫曼所言:污名符号(stigma symbols)"所指的标记在于引人关注不光彩的身份差距,在打碎一幅本可以是浑然一体的画面方面特别有效,我们对此人的评价随之降低"。[1]

---

[1] [美]欧文·戈夫曼:《污名——受损身份管理札记》,宋立宏译,商务印书馆2009年版,第61页。

因此，一旦中年男被扣上"油腻"的帽子，其"受损身份"与"常人"之间便有一道鸿沟，其对自身的"印象管理"可能更为困难。由于"油腻"不是基于文化资本、经济资本、权力资本的阶层划分，而是对中年男人的特指。也就是说，无论你多富裕，多有文化，多有权力，但因为你身体肥胖，或者手握保温杯，或者穿了唐装，等等，只要你符合网络上的"油腻"的任何一条，你便成为其中一员。可见，中年男人的身体和行为特征成为社会布景（setting），"社会布景确定了会在那里遇到什么类型的人。在确定的布景中，千篇一律的社会交往使我们无须特别留意或思考，就能应付预料到的人物。因此，一位陌生人一来到面前，其外表给人的第一印象，就有可能让我们预见他的类型和特征，即他的'社会身份'（social identity）"[1]。

可见，油腻中年男意味着是不受社会欢迎的人，具有某些"污点"。任何一个健全而普通的中年男人一旦被鉴定为"油腻"，便会受到轻视，被贴上"丢脸"的标签，尽管网络上对"油腻"的定义有部分戏谑的意味，但油腻中年男呈现出来的是令人不快的形象。虽然也有人自称"油腻"，但更多的是对中年男的群体指代，其对中年男的整体否定的意味较为浓厚。然而，"油腻"侧面反映出的是部分中年男人的深层焦虑，他们大多上有老、下有小，再加上因身处职场心理上出现的自我否定、怀疑不安等情绪，导致生活压力较大。"油腻"或正是中年男性因早出晚归、蓬头垢面、拼命工作赚钱养家，应酬太多，三餐不定，无暇顾及自身形象所致。[2] 尽管之前我们对"90后"有"垮掉的一代"的说法，这仅仅是对他们缺乏奋斗精神而言。而"油腻中年男"并非指中年男人不上进，而是对他们的不足和缺点进行批判，比如肥胖，青少年、老年人中也比比皆是，一般人都懂得在公共场合嘲笑肥胖是一

---

[1] ［美］欧文·戈夫曼：《污名——受损身份管理札记》，宋立宏译，商务印书馆2009年版，第2页。

[2] 《从保温杯到"油腻" 中年男人得罪谁了？》，http://finance.ifeng.com/a/20171106/15771083_0.shtml，2017年12月6日。

种不道德的行为，而一些网民却将这些作为中年人的污点加以界定，扩大了油腻中年男的负面影响。因此，在一定程度上看，丑化中年男人之所以成为"潮流"，既是男权主义视野下成见之变种，更是忽略客观条件而无端苛责的强加之罪。①

三 油腻中年男与社会化戏谑

从受人尊敬的大叔突然变为令人讨厌的油腻中年男，这是网络话语对社会身份所产生的震撼。2017年底的油腻亚文化如此流行，如此受到社会的广泛关注，让许多人大感意外。你"油腻"了吗？成为中年男人见面的新"问候语"。"油腻"成为用来定义中年男人"你是谁""你是否正常"的代言词，其背后存在的话语逻辑和文化逻辑耐人寻味。

从社会心理的角度看，被贴上"油腻"标签的中年男，犹如体检后发现身体有问题一样，会陷入一种莫名其妙的不安。尽管人们可以以此相互调侃，将"油腻"作为社交的话题，但"油腻"毕竟是一种社会性的负面评价，油腻中年男是公众并不待见的群体。一旦中年人发现自己的"油腻"后，就会或多或少地产生焦虑感。许多中年男平时自我感觉良好，但被"油腻"对号入座之后，在心理上会产生落差，似乎一夜之间自己被社会边缘了，因为"油腻"，所以有许多不被人喜欢的缺点。一些原来自以为中产或精英的中年人，却由于"油腻"，发现自己"出局"了。"出局，就意味着一个人变成了老古董、过时了、赶不上时代的人、多余分子。"② 在一定程度上看，"油腻"让中年人的归属感和自尊心受到损害，并对中年人的社会优越感带来了严重的挑战。

网络上对中年男的戏谑和嘲弄，是对中年男人"过度"生活和消费的批

---

① 邓海建：《丑化中年男人的另类"油腻"》，《湘声报》2017年11月4日第7版。
② [美]艾本斯坦：《势利：当代美国上流社会解读》，晓荣、董欣梅译，社会科学文献出版社2002版，第220页。

判，认为此类中年男人欲望过多，趣味不高，自命不凡，华而不实。因为油腻有太多的"沉积"和"不必要"，油腻中年男人没有把握好自身年龄特征，导致"表演崩溃"，成为公众的笑柄。与之对应的是，公众要求中年男人具有优雅、成熟、平和、健康的形象，而非不修边幅。夸夸其谈，这也体现了整个社会对中年男人的期许。但是，网络对"油腻"的调侃和批判，并非是与中年男人的对话，而是对他们进行群体定位。对于许多中年男人而言，"油腻"也许是中年时期难以跨越的坎儿。所以，无论是他人定位还是自我归位，"油腻"的确触动了许多中年男人的神经，成为他们挥之不去的心理阴影。

但是，对于许多参与戏谑"油腻"的网民而言，他们本身对"油腻"的内涵并无深刻的理解，只是大众热议，便跟风大喊口号。他们在网络上发表各种感想，对中年男人的各种"污点"津津乐道，甚至一些中年明星也成为网民调侃的对象。然而，仔细观察网络上各种"油腻"言论，很少触及中年男人的内心世界。他们大多是依据中年男人的外表和言行判断是否"油腻"。其实，一些年轻人炫富、秀恩爱、耍派头，他们"油腻"起来，远远超过中年人。但是，年轻人的"油腻"，可以被宽容甚至纵容，而中年人稍有此类缺陷，便被列入"油腻"的对象。值得注意的是，许多青少年网民对油腻中年男的称谓特别感兴趣，他们热衷于挖掘中年男人的各种缺点和不堪，不断丰富"油腻"的语义和内涵，甚至对长辈也冠以"油腻"的称号，以此发泄内心的愤懑和怨气。

可是，许多青年网民在戏谑油腻中年男的同时，却以"佛系青年"自居。这些青年奉行什么都行、无欲无求、看淡一切的人生格言，他们避免接触能给他们带来危险和强烈情绪冲击的事情。即使他们有热爱的东西，他们避免冲突的同时，也避免自己依赖物质的倾向。但这并不同于禁欲主义，而是抱有一种"可有可无"的态度。也许正是这种态度避免了内心的冲突，因为他们并非在现实中的岗位上缺席,而是带着"无我"的身体继续参与工作。①"佛系青年"抱着不抵抗、不作为、不得罪的态度,以无所谓作为自己的心态写照,是典型的现代犬儒主义者。但是,与"佛系青年"相比,油腻中年男至少与犬儒主义者截然不同,他们的确有些坏习惯,但他们并非逃避社会责任,并非无所作为。但网络舆论对"佛系青年"却相对宽容,甚至抱以各种同情和无奈,而提及油腻中年男,网络上便呈现出戏谑甚至厌恶的情绪。在微信社交平台上,"油腻"是朋友群讨论的"负资产",尤其是对那些有可能对号入座者,大家避免触及对方的"缺点",以免引发误会甚至冲突。

然而,即便是"佛系青年"再怎么不堪,他们对"油腻中年男"也津津乐道。他们对自己抱着无所谓的态度,但对"油腻"的各种缺点却颇为厌恶。他们没有了"成就饥渴",但对中年男人的成就甚为不屑。他们讨厌"油腻"所带来的各种问题,甚至将自身的失败与诸如油腻中年男的上司联想起来。此类厌恶的情绪在网络上颇为流行,且容易引发青年网民的关注,并激发他们参与到对油腻中年男的戏谑和讨伐之中。

总之,网络舆论对"油腻中年男"以负面态度为主。网民对"油腻"颇为不满,认为其与圆滑、肥胖、邋遢、吹嘘甚至猥琐等形象有着天然的联系,且是中年男人的常态表现,具有较为明确的"内群"指向。这就将中年男人的某些缺点和不足作为普遍的标识加以推广,使中年男人很容易被"油腻"。尽管一些戏谑或调侃者可能并无多少恶意,但"油腻化"的叙述使中年男人作为被关注的群体,具有潜在的污名化风险。而网络上对中年男人身体肥胖的讥讽,往往带有歧视的意味。众所周知,公开嘲笑他们的身体缺陷,有违基本的道德规范,也是对他人人格的侮辱。但是,由于有了"油腻"的借口,一个中年胖子被取笑似乎是正常的。这就使"油腻"被作为公开的闲话,在

---

① 余一文:《佛教伦理与资本主义精神:佛系青年是绝对服从的机器?》,http://www.sohu.com/a/211622028_260616。

网民的共同戏谑下，取得了公共话语的权力。没有人对"油腻"负责，"油腻"中年人可以毫无顾忌，因为大家都可以说，也就无所谓了。这就形成了所谓的"油腻"逻辑，中年男人"躺着中枪"却无法反抗，许多被"油腻"者只好听之任之。虽有不快，也只好在被嘲弄的过程中进行自我解嘲。

网络流行语是现实社会的写照。"油腻"作为热词受到网民的广泛关注，自然与中年男人的某些缺点有直接关系。或者说，一些中年男人的社会形象的确具有令人讨厌之处，比如圆滑世故、不修边幅、自以为是，等等。这本是正常的讨论，但是通过网络舆论的不断聚焦和放大，"油腻"的内涵和外延产生了深刻变化，甚至演变为称谓中年男人的普遍性标签，有时还暗含猥琐的意味，这就会导致集体意义上的污名。其实，一个人是否"油腻"，与年龄并无必然的关系。青少年、老年都有可能"油腻"，而冯唐的一篇博文本身也不是指责所有的中年男人。但是，在"油腻"流行的过程中，目标直指中年男人，使中年男人与"油腻"之间产生了某种联系，这显然是对中年男人的误读，也体现出网络言论的偏激之处。

从流行文化的角度看，近年来，网络秽语与污语一旦受到网民的关注，就会成为"热词"，在社会上广为传播。这表明许多网民对"自污"与"他污"都十分热衷。如果说"屌丝"是明显的自污，那么"油腻中年男"则具有较为强烈的"他污"倾向。而此类"他污"的集体化标签与社会化戏谑，与传统亚文化倡导的风格展示、标新立异、抵抗权威有着极大的区别。可以说，"中年油腻男"作为网络流行文化的标识。是以"他者"的形象呈现。这就是说，是网络社会在对油腻中年男进行集体定位与指代，而是否"油腻"则成为社会身份区隔的标识，此类非此即彼的二分法，具有"群体极化"的意味，这与理性、客观、文明的网络公共精神有着较大差距，也是网络亚文化发展过程中值得反思的现象。

第七章 网络价值观与文化导向

第一节 网络社会的价值迷思

与早期的少数科技精英利用互联网学习和学习科技知识不同,当下,网络已是全社会最具影响、最为全面的媒体。网络社会与现实社会高度结合,使网络文化成为社会文化最主流、最直接的表现形态,马克·迪由泽(Mark Deuze)将网络文化视为数码文化。他认为,世界从19世纪的印刷文化过渡到20世纪的电力文化,再到21世纪的数码文化。随着接入互联网的电脑普及,一种新的数码文化正加速和增强。数码文化被认为是一套正在崛起的观念、行为,指导对人们应该如何行动并与当代网络社会互动。数码文化已经在线上线下扎根,并且产生了即时的影响,特别改变了我们对网络环境的意义。[①] 网络化生存已对整个社会的深层变革产生深远的影响。

随着媒介融合趋势的进一步加快,网络对传统媒介的兼容更为明显。由

[①] Mark Deuze, "Participation, Remediation, Bricolage: Considering Principal Components of a Digital Culture", *The Information Society*, Vol. 22, 2006, p. 63.

于网络生产与消费界限的模糊，对于一般网民而言，上网更多地体现为消费行为，网络消费与日常消费的融合趋势非常明显。尤其是随着网络购物、网络游戏的流行，网民更多地通过网络实现自己的消费意愿，网络消费对网民的消费观念、价值取向起到越来越重要的作用。但是，日常生活的网络化势必对网民群体和社会带来多重的影响，尤其是在价值观方面的冲击极为明显。网络社会所引发的诸多矛盾和问题，也主要体现为网络价值观的冲突与困惑。

一 网络主体与客体的矛盾

网络媒体在技术上超越了传统媒体，它是一种先进的技术工具，是人类运用电子技术的集中体现，也是折射现实社会的基本客体。因此，网络文化本质上是当代文化的基本内容和载体。网络本身不能创造文化，网络文化的生成与传播离不开人，人是网络文化的主体。

然而，随着网络对社会生活的深度嵌入，网络化生存已成为网民证实自我的主要方式。人们进入网络空间时，物理上的身体并不需要随之移动，这样一来，人们在可见的物质空间之外，又觉察到一个多维度的心灵空间的存在。心灵摆脱了物质的束缚，找到了想象交互的新天地。[1] 而网络文化则成为后现代文化的基本表征。网络信息泛滥不但没有使许多网民保持应有的理性，却让许多网民在对传统的消解中寻求信息崇拜。我们生活在一个符号与信息组成的无深度的网络世界中，"在破碎的符号与影像的轰炸下，个人的认同感垮掉了，因为这些符号将过去、现在和将来之间的连续感统统抹掉，并打倒了所有相信生活是一项有意义事业的目的论信仰"[2]。应该看到，网络社会中个体与网络的主客观关系具有很大的变异性。尤其是在网民对网络高度迷恋

---

[1] 黄少华、翟本瑞：《网络社会学——学科定位与议题》，中国社会科学出版社2006年版，第139页。
[2] ［英］迈克·费瑟斯通：《消解文化——全球化、后现代主义与认同》，杨渝东译，北京大学出版社2009年版，第62页。

和盲从的情况下,网络符号价值与人的价值之间的矛盾显得尤为突出。

按照麦克卢汉的说法,媒体是人体的延伸,人体则是媒体的生存前提。没有人的主体性存在,任何媒体的作用都无法发挥。在印刷媒体时代,书籍和报刊媒体是被"观看"的对象,人们读书看报以自我导向为目的,并与文字保持着适当的距离。阅读是一种具有逻辑性、连续性、记忆性的过程,阅读本身能够带来身心的愉悦和思辨的火花。因此,对于纸质媒体的翻阅具有回溯与反思的价值。但是,在网络浏览状态下,"我"是一个"流浪者"。在网络世界中,信息共享促进了消费民主,却使"我"的差异性存在遇到了极大困难。作为新型的"生产型消费者","我"生产并消费信息,在输入与输出之间,"我"收集到海量的信息,但是,对于信息的"主人"却无须考究。"我"可以占有媒体的物质形态,却对信息本身无从把握。

正如鲍曼(Zygmunt Bauman)所言,现代性是一个从起点就开始的"液化"(liquefaction)的进程。① 流动性和不确定性也是网络社会的基本特征。网络信息的瞬息万变和漫无边际,使任何个体在信息的汪洋中都难以保持"恒定"。由于上网是一种"心情涣散"的行为,网民很难集中精力对信息进行精读和反思,更谈不上"沉思默想"。因此,网民在网络上的游走与飘移,表现出自我的"无根化"生存的状态,网络信息的轰炸与意义获取的困惑成为持久的矛盾。上网时自我的缺失与现实中自我的焦虑形成鲜明对比。生活在不确定世界中的人,在物质欲望和消费主义盛行的环境中,在都市化、全球化的流浪、归属感的淡化中,在权威的不断消逝、身份感不断模糊中,深陷于"我是谁"的追问。② 网络依存度与个体的围困感有着内在的关联,在网络消费欲望的刺激下,个体的身体被外界的诱惑所迷惑,变得焦虑而困惑。"身体,尤其是它的适应性,正经受着多方的威胁。然而人们却无法安全地加

---

① [英]齐格蒙特·鲍曼:《流动的现代性》,欧阳景根译,上海三联书店 2002 年版,第 3 页。
② 吴玉军:《非确定性与现代人的生存》,人民出版社 2011 年版,第 57—58 页。

强自我以对抗这些威胁。"①

在网络社会，个人价值与网络价值的分裂已成为突出问题。一方面，网民通过网络体现自我和发展自我的诉求非常强烈。在20世纪90年代，网络提供的科技信息查询和学习功能较为强大，许多知识分子通过网络进行写作和研究，网络在知识和文化传递上的功能得到了较充分的发挥。但是，随着Web2.0时代的来临，网络的互动和交流功能不断放大，网络娱乐、游戏、购物等方面的需求也日趋强烈，网络偏向于满足消费欲望和互动交流，这就极大地解放了网民的自我需求。由于网络消费主义的影响，传统礼仪难以发挥文化聚合和社会信仰的作用。对于消费主义者而言，网络购物天堂远比礼仪殿堂重要，人与物的关系远比人与上帝（神）的关系重要。在网络社会，仪式已改变了原初意义，其宗教信仰的功能正在日益缺失。霍尔（John R. Hall）和尼兹（Mary Jo Neitz）指出：从超时空的角度说，仪式定义最重要的内容是，它们是标准化的、重复的行动。在现代世俗社会，远离赋予传统仪式以意义的文化背景，仪式就不仅是标准化的、重复的，而且还是毫无意义的。②尽管网络社会将仪式赋予日常消费活动中，尤其是在商业文化礼赞中，各种网络庆典和消费场景极为壮观。但是，这类带有明显消费导向和功利目的的营销活动，已经远离了仪式的本质内涵，此类仪式难以让参与者得到精神洗礼和价值观的认同。从某种程度上看，这类经过商业包装的"伪仪式"恰恰是消费主义文化传播的重要途径。

在网络世界，由于身体的不在场，这更使得原本就难以"相遇"或"重合"的心灵与身体之间的距离拉得更大了，从而降低了人际间身心近距离交

---

① [英] 齐格蒙特·鲍曼：《生活在碎片之中——论后现代道德》，郁建兴、周俊、周莹译，学林出版社2002年版，第134页。
② [美] 约翰·R. 霍尔、玛丽·乔·尼兹：《文化：社会学的视野》，周晓虹、徐彬译，商务印书馆2004年版，第97页。

流的频率。① 网络上飘移的虚拟自我在脱离了身体控制之后，变得没有主张、没有中心，成为一个情绪的多元体，是本能、欲望、权力、力量、激情、情感的混合。无深度感代替了形而上的追求，碎片化代替了整体性，颠覆代替了建构。② 游走在网络之中的虚拟个体，由于孤单、焦虑和对自我呈现的迫切需求，将网络社交作为体现自我价值的最重要途径。在 Web3.0 时代，网络已经将社会引向大暴露主义时代。网络实现了对人的全天候监控，"已经从一个非个人数据库转变为一个公开播报人类关系、意向和个人品位的全球数字大脑。……今天的网络产品和服务，让我们的朋友能够准确地知道我们在做什么、想什么、读什么以及看什么和买什么，它们正在为我们大暴露主义的超知名度时代提供动力"③。显然，网民在网络上的展演和社交，是力图证实自我价值的重要方式。但是，网络却将每个网民作为可以出售的数字化商品，对网民进行了全景监控。而网络上的虚拟自我与身体的分裂，使"凝视"成为一种稀缺资源，网民对现实交往的疏离加剧了网络社交的"伪装性"。许多时候，网民是在"向网络说话"，每个人都在喋喋不休，但是没有多少人愿意在网络中静心倾听。虚拟的身体离真实的情感越来越远，而虚拟的网络却对网民的控制越来越紧。人机对话已经演变为人机分裂，体现出网络社会主客体关系的悖论，"主体失落于外与主体封闭于内同时并存"④。一方面，网络实现了对人的支配；另一方面，人却在网络化过程中进一步走向内心的孤独和封闭。主体与客体关系的紧张和矛盾已成为网络文化建设中的一大突出问题，从而影响到网络价值的建构。

---

① 唐魁玉：《网络化的后果——日常生活与生产实践的变迁》，社会科学文献出版社 2011 年版，第 64 页。
② 吴玉军：《非确定性与现代人的生存》，人民出版社 2011 年版，第 52 页。
③ ［美］安德鲁·基恩：《数字眩晕》，郑友栋、李冬芳、潘朝辉译，安徽人民出版社 2013 年版，第 40—41 页。
④ 杨国荣：《认识与价值》，华东师范大学出版社 2009 年版，第 1 页。

二 网络空间与时间的裂变

时间与空间是哲学的核心概念，也是哲学家所苦苦探求的意义所在。康德认为：吾人由外感（心之一种性质），表现对象为吾人以外之事物，且一切对象绝无例外，皆在空间中表现。对象之形状、大小及其相互关系皆在空间中规定……故凡属心之内部规定之一切事物，皆在时间关系中表现。[1] 时间规定了先后，表明了过去、现在与未来的关系，是人确定存在的基本形式。海德格尔指出：一切存在论问题的中心提法都植根于正确看出了的和正确解说了的时间现象以及它如何根植于这种时间现象。[2] 我们通常所说的"历史是已经发生的新闻"，便是从时间概念来说明新闻与历史的关系。对于一般媒介而言，都具有时间和空间两个面向。根据网络媒介的属性，它是偏向于空间的，而且是全球性的空间。对于由电脑组成的网络空间而言，"每个机器之间的距离都一样，除了地球本身的范畴之外，电脑空间完全没有物理边界"[3]。梅洛-庞蒂（Maurece Merleau-Ponty）甚至将身体本身视为空间，他指出："我的身体在我看来不但不只是空间的一部分，而且如果我没有身体的话，在我看来就没有空间。"[4] 随着大数据时代的来临，网络对批量信息的空间传播更是难以想象。由于网络传播的全球化和即时性，人们对"地域"的概念已经淡化。网络创造了新的媒介景观，"打破了物理场景和社会场景的传统关系"[5]。因此，网路媒介不仅仅是偏向于空间，而其本质上就是表现为"信息场景"，是以空间上的绝对优势而体现其存在的价值。

网络空间对时间的高度挤压，使时间的价值变得越来越边缘，卡斯特

---

[1] ［德］康德：《纯粹理性批判》，蓝公武译，商务印书馆1960年版，第51页。
[2] ［德］马丁·海德格尔：《存在与时间》，陈嘉映、王庆节合译，生活·读书·新知三联书店2006年版，第22页。
[3] ［美］尼葛洛庞蒂：《数字化生存》，胡泳、范海燕译，海南出版社1996年版，第279页。
[4] ［法］莫里斯·梅洛-庞蒂：《知觉现象学》，姜志辉译，商务印书馆2001年版，第140页。
[5] ［美］约书亚·梅罗维茨：《消失的地域：电子媒介对社会行为的影响》，肖志军译，清华大学出版社2002年版，第7页。

（Manuel Castells）在研究网络社会的特征时指出：在更深的层次上，社会、空间与时间的物质基础正在转化，并环绕着空间和无时间之时间（timeless time）而组织起来。……无时间之时间似乎是在流动空间的网络里否定时间的结果，不论是过去或未来。① 网络空间的无限扩展与时间的高度浓缩形成强烈的反差和矛盾，对于网民而言，在网络空间的自由漫游固然是对身体的极大解放，但是毫无目的的浏览却使时间的价值被严重消解，网络时空的断裂现象较为普遍。

时间的价值在工业社会被高度重视，"时间就是金钱"意味着单位时间具有衡量效率的意义。芒福德（Lewis Mumford）认为，现代工业时代的关键机器不是蒸汽机，而是时钟。在时钟发展史的每一个阶段，它都是机器的出色代表，也是机器的一个典型符号。② 正是有了时钟的记录，我们的工作和生活才能保持正常秩序和纪律。在时钟的作用下，抽象的时间成了新的显示存在的媒体，它调节有机体本身的功能，何时吃饭，不必等肚子饿，而是让钟表告诉我们；何时睡眠，不必等困了，而是由钟表来加以确定。③ 时间规定了序列和先后，对个体的自我管理起到关键性作用。正如海德格尔所言：在"时间中存在"这种意义上，时间充任着区分存在领域的标准。④ 在网络社会，由于网络空间的去边界化和去中心化，时间打破社会实践的序列，过去、现在和将来的顺序可以逆转，"通过打乱事件的序列并促使事件同时发生，流动空间消解了时间概念"⑤。因此，网络空间在一定程度上刻意让个体"忘记"时

---

① ［美］纽曼尔·卡斯特：《网络社会的崛起》，夏铸九、王志弘译，社会科学文献出版社2006年版，第440页。
② ［美］刘易斯·芒福德：《技术与文明》，陈允明、王克仁、李华山译，中国建筑工业出版社2009年版，第15页。
③ 同上书，第17页。
④ ［德］马丁·海德格尔：《存在与时间》，陈嘉映、王庆节合译，生活·读书·新知三联书店2006年版，第21页。
⑤ ［美］纽曼尔·卡斯特主编：《网络社会：跨文化的视角》，社会科学文献出版社2009年版，第42页。

间，网络对时间的占有不仅体现在身体的"缺场"，更多地表现为个体对空间的盲从。在现实生活中，个体对工作、生活乃至娱乐都设定了时间，但在网络世界，个体却有意无意地抛弃时间，对时间的流逝没有"间距"上的关注，上网本身就是"此在"，至于"我"在何时何地，则没有得到应有的重视。

如果说，个体的过程性体现了存在与时间的关系，那么，与他人的共在则体现了存在与空间（社会空间）的关系。① 无论是从时间还是空间的维度看，存在都是基于"生活世界"的"此在"。但是，网络空间将个体幻化为虚拟的自我，将"此在"转变为虚拟的存在。这就导致个体的身心分离，并过度依赖虚拟的"我"来表达存在。由于身体的不在场，网络空间的自我往往与思想分裂，对现实生活需要由时间限定的规则和秩序进行颠覆，虚拟自我过度依赖空间进行展演。尤其是随着社交媒体的普及，许多网民在多个社交媒体拥有不同的身份，以不同的"姿态"与"他者"交流，其交往动机体现出以我为中心的目的。网络空间充满了无穷的"邂逅"，与陌生人的虚拟交往可以抛开现实的道德和规则，个体在无限度的话语游戏中可以忘却现实，可以忽略时间，可以放纵身体。虚拟空间似乎可以容纳个体的一切，尤其是类似"精神走私"现象，体现出网络中个体展演的"伪善"。一些网络"大V"发表的各种言论，往往利用"仪式"的赋权功能对某些事件进行操作，引发网民的关注与参与，从而达到提高自身知名度和进行商业营销的目的。显然，网络空间虚拟自我的高度张扬，与对时间的挤压和身体的放纵有着直接的关系。在一定程度上看，"所谓新自由主义的网络空间，是一个充满脆弱和剥削的高压空间"②。

网络空间对虚拟化生存的高度张扬，使网民往往容易通过脱域（Disem-

---

① 杨国荣：《认识与价值》，华东师范大学出版社2009年版，第4页。
② Kym Thorne, "Cyberpunk – Web 1 'Oegoism' Greets Group – Web 2.0 'Narcissism': Convergence, Consumption, and Surveillance in The Digital Divide", *Administrative Theory & Praxi*, Vol. 30, No. 3, 2008, p. 299.

beding）进行无限穿越。相对于真实的存在，网民更愿意用符号化的象征标志（Symbolictokens）①来证实虚拟的身份。在以个体需求为导向的网络空间，每个人都在创造"真理"，每个人的"真理"都和其他人的"真理"一样正确。Web2.0革命不但没带给我们更多的知识、文化和共同体，反而带来了更多由匿名网友生成的不确凿的内容。它们浪费了我们的时间，欺骗了我们的感情。②网民以对网络空间的强烈欲求来抵制对现实时间的合理分配，网络空间的"任性"与现实生活中的"无聊"形成极为强烈的反差。在网络空间中，网络更多的是"说话"，而不是对话，而对话是捕捉人的心灵和思想的最好方式。但是，网络民主的口号培养了更多的"骂民"，"骂完即走"成为"发帖者"的常见心态。因此，尽管网络提供了广阔的公共空间，但是，由于缺乏广泛的自律和协商精神，网络上很难产生共识，哈贝马斯式的公共领域更是难以建构。而网络空间对现实空间的挤占，使网民面对面交流的时间成为一种稀缺资源，尤其是社交媒体的广泛使用，使许多网民宁愿"向网络说话"也不会对身边的人"开口"。在拥挤的人群中，大家都在赶时间，但是，低头看手机却意味着虚拟空间更为重要。对于"低头党"而言，眼神交流的时间不是没有，而是"不愿"。网络空间与现实时间的断裂已严重影响到网民的身心健康，也极大地消解了网络的社会价值和文化价值。

三 网络技术与伦理的冲突

尼尔·波兹曼（Neil Postman）将文明分为三类：技术运用文明、技术统治文明和技术垄断文明。③而网络则是技术垄断文明时期最重要的标志。网络

---

① 象征标志和专家系统是脱域机制的两种类型，在吉登斯看来，象征标志指的是互相交流的媒介，它能将信息传递开来，用不着考虑任何特定场景下处理这些信息的个人或团体的特殊品质。见吉登斯《现代性的后果》，田禾译，译林出版社2000年版，第19页。

② ［美］安德鲁·基恩：《网民的狂欢：关于互联网弊端的反思》，丁德良译，南海出版公司2010年版，第16页。

③ ［美］波兹曼：《技术垄断：文明向技术投降》，蔡金栋、梁薇译，机械工业出版社2013年版，第19页。

技术以二进制信息处理技术为基础，融数字存储、数字编辑、数字网络和数字表现技术为一体，网络媒体是数字技术应用的最重要载体。中国从1994年引入国际互联网之后，数字技术对新闻传播业产生了一次深刻的变革。20世纪90年代，报刊媒体首先利用网络开拓新闻传播的新平台，传统媒体的网络版改变了读者的阅读方式，引发了阅读革命。而数字技术的商业化促进了商业网站的崛起。互联网技术的发展就基本与全球保持同步，大致经过了互联网1.0阶段（Web1.0）、互联网2.0阶段（Web2.0）和即时网络的互联网3.0（Web3.0）阶段。在Web1.0时代，我们体验的是信息总量剧增之时，人与信息之间的连接。Web2.0时代，我们体验的是网络社会形成的时代，人与人之间的连接推动了社交媒体的发展。Web3.0时代，我们要体验的是物质世界与人类社会的全方位信息交互，感受人与物质世界的连接。尤其是随着微博、微信的广泛使用，传统的人际传播已走向大众传播，自媒体的发展使数字技术无处不在。近年来，移动互联网、智能便携终端、云计算形成千姿百态的信息服务，改变信息交流的结构与模式，从而使新闻传播的提供方式、社会关系的经营方式、社会结构的演进方式发生革命性改变。

随着互联网技术的普及，我国媒介融合的趋势不断加快。传统媒体利用网络、手机平台大力拓展发行渠道，强化内容生产和拓展传播业务，新旧媒体共享数字技术的成果，网络、媒体、通信三者"大融合"趋势日益明显。社会化媒体、移动终端、大数据成为新媒体发展的趋势，全媒体技术强化了新闻传播的即时性、交互性与共享性，从网络新闻到数据新闻的发展，体现了新闻形态、内容和模式的巨大变化。全媒体、人与社会的互构提高了消费者作为"高贵的业余者"的主体地位。正是因为如此，人们对网络技术产生了膜拜的情结，将网络视为无所不能的机器。正如波兹曼所言：技术垄断是一种文明形态，也是一种思维状态。技术垄断在于对技术的崇拜和神化，即文明在技术之中寻找权威，寻求满足感，建立起自身的秩序。这就要求创建新型的社会秩序,并且必然导致与传统信仰相关的事物迅速瓦解。最能适应技术垄断时代的人坚信,技术进步是人类的崇高成就,技术工具能够解决人类所面临的最艰难的困境。这些人还相信,信息是一种纯粹的福祉,生成并传播连续不断、不受管控的信息,能为我们提供更多的自由、创意和心灵上的平静。[1]

由于网络技术的高速发展,人们更加相信网络的全能作用,尤其是新经济形态对大数据、电子商务、移动终端的大力鼓吹,使"互联网思维"作为体现技术文明的新方式得到了普遍的认同。与现实生活的确定性不一样,网络技术容易让人产生"沉浸"感。正如莫斯可(Vincent Mosco)所言:网络空间不仅是迷思上演的地方,它同时也促进今天的迷思性思维方式。因为它体现了一种模糊意识[或者更正式地说,是文化理论家所说的阈限(Liminality)]。它们表达了一种既不在此处也不在彼处的意识,一种将某些事物抛在后面,但又在一定程度上与我们相关的意识,一种获得新事物,但又无法被清晰定义的意识。[2] 然而,正是由于对网络新世界迷思的坚定信仰,许多网民不断寻找网络技术所提供的灵丹妙药,努力使自己在迷思中获得社会认同。因此,网络技术提供了新的"脱域"机制,使人们坚信在网络迷思中能够寻求价值的源泉。

网络技术对信息共享、公平自由理念的灌输,很容易让人们产生技术乌托邦的想象。对于芸芸众生而言,如果能够在网络空间摆脱现实的困惑,重建新的自我,这无疑具有宗教式的救赎作用。但是,资讯本身并没有启蒙的作用,因为在这个媒体主导的社会中,我们很难辨明什么是错误的资讯、反资讯或宣传。只注重资讯的结果是过度累积了意义愈来愈稀薄的资料片段,

---

[1] [美]波兹曼:《技术垄断:文明向技术投降》,蔡金栋、梁薇译,机械工业出版社2013年版,第66页。
[2] [加]文森特·莫斯可:《数字化崇拜:迷思、权力与赛博空间》,黄典林译,北京大学出版社2010年版,第31页。

而不再寻求有意义的知识模式。① 网民对网络技术和信息无所不能的盲目崇拜，使网络进一步监控了网民的身心。凯文·凯利（Kevin Kelly）描述了网络技术盲从者的心态："我们将听从技术，因为我们现代人的耳朵再也听不进别的。再也没有坚定的信仰。"②

显然，使人成为机器并不是人性的体现。当人被技术奴役之后，人的存在价值就无法得到体现。长期在网络环境下工作所导致的眼疲劳、手腕关节疼痛、精神焦虑、反应迟钝等慢性症状，对网民对的身体健康造成了极大危害。而网民对信息自由和信息价值的盲目追求，推动了博名效应的爆炸式增长，尤其是社交网络对一夜成名的宣扬，使许多网民将暴露隐私作为最大的卖点。无论是自己、家人、朋友还是陌生人，隐私已经成为可以公开出售的商品，且技术成本几乎为零。因此，寻求超级知名度便是网民社交的重要目的，网络"声望经济"已发展成为新兴的重要产业，商业网站对用户的需求了如指掌，网民的资料成为网络全景数据库的重要来源。在那些高呼平等自由、倡导公平开放的阵营里，声音最大、气势最强的正如谷歌、微软、百度、腾讯这些超级巨头。然而，往往被曝出侵犯用户隐私、被指责思想保守不愿意公开自身数据、被卷入反垄断调查的，也是它们。③ 网络技术的垄断巨头们将网民作为新兴的商品符号进行交易，但在技术符号层面，形式上的民主、自由、平等却充满了魅力。体现了网络技术进步所带来的"体面"与"装饰"。然而，"其思维体系缺乏卓越的叙述手法，因此既无法提供道德支柱，也缺乏强有力的社会控制，以管制技术产生的'信息洪水'"④。"大暴露时

---

① ［美］理查·伍尔曼：《资讯焦虑》，张美惠译，台北时报出版企业股份有限公司2006年版，第45页。
② ［美］凯文·凯利：《网络经济的十种策略》，肖华敬、任平译，广州出版社2000年版，第225页。
③ 黄升民、刘珊：《"互联网思维"之思维》，《现代传播》2015年第1期。
④ ［美］波兹曼：《技术垄断：文明向技术投降》，蔡金栋、梁薇译，机械工业出版社2013年版，第74页。

代"使每个人都可能成为窥探和被窥探的对象,从而丧失了自我保护能力,也使整个网络社会的伦理秩序产生了颠覆性的变化。但是,"我者"的存在如果连基本的隐私和安全感都没有,网络化生存又有何价值可言。

网络技术的无限制运用还对信息安全问题带来了极大挑战,计算机黑客行为造成的巨大损失和心理恐惧,尤其值得高度关注。由于网络技术的普及,当黑客也越来越容易。黑客们在缺乏道德约束的情况下,可以轻易地闯入计算机系统,肆意破坏系统的运用,窃取和损毁各种数据,造成电脑瘫痪。然而,这些破坏的行径往往是在匿名的情况下进行的。黑客可以随处游走,不断制造入侵行为,却很难被发现,更难以遭到法律的惩罚。

由于许多网络技术的运用缺乏明晰的产权边界,网络产权的保护极为困难。许多网民对传统媒体环境的抄袭和盗版行为有一定认知,但是在网络环境下,复制、抄袭、转发和改编的现象已司空见惯,网民使用简易的技术手段便可以获得意想不到的收益,这在一定程度上加剧了网络作品的粗制滥造。许多"作者"不愿意去思考,也不想查阅原文的来源,随手可得的资料和软件,满足了使用者的私欲和私利。许多网民对各种偷窃和盗版行为津津乐道,却很少从道德层面加以反思,更不愿意对获取的知识进行深度"加工"。盗版、复制和抄袭的目的是满足当下的消费,在快速的获取之中,许多网民强化了对网络信息的"掠夺"心态。

值得指出的是,网络传播技术推动了"全息社会"的发展,全媒体消费社会极大提升了信息经济和传媒产业的作用和地位,媒介融合进一步推动了传媒业的转型升级和管理变革。但是,由于"新闻把关人"的逐步缺位,网络工具理性的高度膨胀,导致了新闻业价值理性的严重缺失。媒体与受众比较容易塑造"意见气候",新闻真实性与客观性难以得到保障。网络消费主义的盛行导致网瘾、网络购物症、孤独症等问题较为突出,网络媒体社会责任的缺失导致社会信任度下降和谣言的泛滥。网络自由主义、拜金主义、个人主义思潮的发展也不利于民族传统文化的传承。网络"伪公共领域"现象对公共价值观培育也极为不利。

可见，网络技术的全球化传播本身是一把"双刃剑"，它一方面促进了媒体文化的共享与互动，促进了传播技术的发展，也为中国新媒体的发展提供了宝贵的经验。另一方面也带来了文化殖民与文化堕距等问题。随着西方传媒帝国主义的不断入侵，中国媒体内容建设面临着巨大的挑战，城乡、地区间的数字鸿沟不断加深，各种网络无政府主义、宗派主义、自由主义观念不断流行，主流新闻价值和文化观念同时面临被各种亚文化"收编"的危险。在市场经济影响下，新闻商品化与产业化的趋势不断加强。西方文化尤其是消费主义文化日益流行，中国传统文化的价值与作用有不断弱化和消解的趋势。国家新闻安全受到西方强权势力和主流媒体的威胁。因此，对于网络技术的进步，我们需要从其价值理性的角度进行全面思考。正如福山所言：技术能否改善人类的生活，关键在于人类道德能否同步进步。没有道德的进步，技术的力量只会成为邪恶的工具，而且人类的处境也会每况愈下。[①] 从这个意义上看，网络技术发展的最终目标是促进人的全面发展、社会进步和国家富强，而网民的道德水准则是实现这一目标的基础和前提。

心理学家荣格（Carl G. Jung）认为，唯有对现代最具有感知的人才是现代人……唯有一个不但超越了属于过去的意识阶段，而且完全履行了世界所指派给他的义务的人，才可能达到充分现代的意识境界。[②] 从这个层面上看，许多网民虽然掌握了上网的技术，但未必能够认识网络社会的基本特征。他们过分沉溺于自我的世界，只关注自己的欲望和需求，将网络视为个人主义、消费主义、拜金主义的展演舞台，对网络谣言、盗版、欺诈、色情等现象习

[①] ［美］弗朗西斯·福山：《历史的终结及最后之人》，黄胜强、许铭原译，中国社会科学出版社2003年版，第7页。
[②] ［瑞士］卡尔·古斯塔夫·荣格：《寻求灵魂的现代人》，黄奇铭译，上海译文出版社2013年版，第208、209页。

以为常,不关心社会公共利益和他人的权益,对社会公平正义和道德伦理置若罔闻。此类网民显然是"伪现代人",与现代公民社会的要求格格不入。面对网络社会的价值迷思,网民应该以理性、科学、文明的态度进行全方位思考,不断提升自身的网络素养,在网络主体与客体、时间与空间、技术与伦理之间寻求价值理性,成为网络社会的真正主人。

第二节 地方空间与网络文化的地方性建构

列斐伏尔(Henri Lefebvre)指出:如果未曾生产一个合适的空间,那么"改变生活方式""改变社会"等都是空话。[1] 同样,如果没有一个合适的网络空间,空谈网络文化也毫无意义。而"合适的空间"应该是一个有特定价值和意义的"地方",而非泛指的全球性空间。因此,网络文化并非是一个模糊的存在,它可以通过网络"场景"来影响我们的日常生活。从地方空间的角度探讨网络文化的"在地化"发展,是值得我们高度重视的一个议题。

一 全球空间与网络地方空间的生成

空间与时间是哲学研究的重要主题,而网络空间则是网络哲学的中心议题之一。网络空间既是抽象的虚拟空间,又与人的主体性存在相关。没有人的参与,网络空间便成为"空洞"的空间,其价值和功能便难以体现。因此,对网络空间的探讨,除了研究其技术、工具层面的意义之外,需要更多地关注其价值、精神层面的作用。

在传播全球化语境下,网络空间是统一、流动、同质的,网络空间没有

---

[1] [法]亨利·列斐伏尔:《空间:社会产物与使用价值》,王志弘译,薛毅主编《西方都市文化研究读本》(第三卷),广西师范大学出版社2008年版,第24页。

边界，信息可以自由流动，自由、共享、互动成为网络信息的基本特征，网络空间成为突破地理限制的无界"银河"。毫无疑问，网络技术极大地推动了信息传播的全球化进程，麦克卢汉所言的地球村无处不在。然而，网络是由无数个节点组成，我们在强调总体上的意义之网的同时，对网络的节点却没有从具体层面认真探讨。也就是说，在复杂的网络世界中，各个节点的"地方性"存在方式，往往被"全球性"所遮蔽。

而网络文化并非完全是全球同一性的文化，虽然全球化可算是当今的主导力量，但是并不意味着地方主义就不重要了。即便我们曾强调非本土化（delocalisation）进程，但该进程尤其与发展新的信息传播网有关，不应该把它看作绝对的趋势，地域和文化的特性永远不能消除，永远不能绝对超越。[1] 由于"地方"的客观存在，我们需要用"他者"的眼光观察其差异性。正如吉尔兹（Clifford Geertz）所言：在别的文化中发现我们自己，作为一种人类生活中生活形式地方化的地方性的例子，作为众多个案中的一个个案，作为众多世界的一个世界来看待，这将会是一个十分难能可贵的成就。[2] 因此，过分地强调传播全球化所导致的时空压缩，而忽略全球各地的文化特色，不符合网络文化发展的客观规律。尤其是在建构具有中国特色的网络文化体系研究中，我们需要从民族、地域、社群等方面关注网络文化的地方性。可以说，不承认地方性网络文化的差异和个性，就难以提炼和归纳网络文化的共性。

网络空间虽然没有专属性，但是网民在虚拟空间的客观存在，却有具体的位置感。梅罗维茨（Joshua Meyrowitz）用消失的地域来描述网络空间，但也强调"场景地理"对我们的影响。他认为，媒介既能创造出共享和归属感，也能给出排斥和隔离感。媒介能加强"他们与我们"的感觉，也能消除这种

---

[1] ［英］戴维·莫利、凯文·罗宾斯：《认同的空间——全球媒介、电子世界景观与文化边界》，司艳译，南京大学出版社2001年版，第157、158页。

[2] ［美］克利福德·吉尔兹：《地方性知识——阐释人类学论文集》，王海龙、张家瑄译，中央编译出版社2004年版，第19页。

感觉。① 对于处于特定空间的网民而言，他在感受到网络空间的全球性文化的同时，更多地会体会到网络空间"场景地理"的存在。因为每个网民都是网络世界中微小的主体，他在有限的时间内，只能感受到"涓涓细流"。虽然海量的网络信息提供了平等的消费机会，但是，上网时间和选择机会限制了信息的可消费范畴。因此，全球空间更多地体现出网络整体消费的意义。对于网民而言，他在特定空间中的上网行为，是在网络节点上的行动过程。具体网站和节点是特定的"地方"和"此在"。

研究网络地方空间的意义在于，我们在承认网络全球化"可得性"的同时，更关注网民消费的"现实性"。一方面，网络虚拟空间可以提供任何公开传播的信息；另一方面，网民对公共信息的获取，是在独特空间中的个体行为。我们需要对于获取的"地点"予以特别的关注。尽管网络上的"地点"可以漂移，是流动空间中的漂浮的节点，但是，它体现了消费主体与信息的共同在场。这种具有特定消费意涵的空间，便是构成网络世界的"地方"，没有特定"地方"的存在，网络空间便是空洞的"白板"。因此，研究网络地方空间，是探讨网络文化"在地化"实践的必然选择。

当然，网络地方空间与地方性网络有着很大的区别。地方性网络一般以一定区域作为传播重心，但由于它在网络空间中具有无数的节点，任何对它感兴趣的网民都可以随意链接，在理论上它可以传播至全球任何地理空间，但它却是网络地方性的重要象征。媒体意义上所谓"当地"，是由地域所决定的"地方社会"，其中媒介景观不可或缺。感受"地方"，便需要通过地方网络提供基本信息。通过链接地方网络，网民的知识仓库中便增加了地方性知识，而此类地方性知识虽然不同于抽象的理解性知识，却对网民增强地方感有着直接的帮助。

---

① ［美］约书亚·梅罗维茨：《消失的地域：电子媒介对社会行为的影响》，肖志军译，清华大学出版社2002年版，第7页。

正如卡斯特（Manuel Casstells）所言，事实上，绝大多数人，不论是在先进或传统社会都生活在地方，他们并且感知的空间是以地方为基础的空间。地方乃是一个形式、功能和意义都自我包容于物理临近性之界线内的地域（locale）。① 然而，地方性和地方感在网络文化研究中被以种种方式忽视或淡化了：即使在部分研究中未被忽视和淡化，它与网络超地方性、去距离效果的关系也需要重新定位审视。不应局限于指出网络既存在着超地域性也存在着地方性的看似全面的辩证法，而应明确地方性始终是网络文化和网络生存不可或缺的基础维度，它和超地方性也并不存在必然的二元论冲突。② 因此，强调网络文化的地方性，就是在普遍性基础上凸显"地方"的特别意义。只有回归地方，对网络文化的地方感觉和人文价值才能落到实处，也只有在地方空间，网络文化的具象性、可感性、消费性才能得到充分体现。

二 网络地方空间的生产与网络文化的地方性呈现

瑞夫（Relph）认为，地方具有物质、功能和意义三重属性，其中地方意义包含象征意义、思想感受和行为价值等，地方具有特殊的身份和特性。③ 网络地方与地方社会既有直接的联系，又可以通过网络产生空间移植。

网络技术发展对地方的观念有着直接影响。在 Web1.0 阶段，网民对网络地方的依赖度较强。网民通过计算机上网的方式，在固定的地点，感受物理意义上的网络位置消费，地方网络媒体提供的信息，直接影响着信息消费的地理空间。因此，各地报刊媒体的网络化和中央网络媒体的地方板块，便为当地网民提供了地方消费空间。对于网民而言，在新闻消费方面最感兴趣的仍然是地方新闻。地方网络提供的各种信息和服务，具有消费上的优先地位。

---

① ［美］曼纽尔·卡斯特：《网络社会的崛起》，夏铸九、王志弘等译，社会科学文献出版社 2006 年版，第 394 页。
② 徐翔：《回到地方：网络文化时代的地方感》，《文艺理论研究》2011 年第 11 期。
③ E. Relph, *Place and Blamelessness*, London: pion, 1976, pp. 25–30.

网民对现实地理的依赖性，决定了地方性网络在地方空间的影响力。商业网站对地方新闻的板块呈现，也为网民的地方性消费提供了指引。网络上的地方，往往为网民提供了某种身份识别。虽然网络上乡土的概念并没有现实生活中那样明晰，但网民对来自何处的新闻仍然有着"地理"上的心理反射。"我从哪里来，到何处去"，不仅是一个哲学层面上的追问，也是网民对自身归属感的本能反应。因此，网络的地方性就为地方社群的形成创造了条件。许多网络社区以属地命名，就是瞄准某个地域的网络群体。而一些网络热帖也往往体现出网民对地方时政和社会问题的关注。

由于网民可以摆脱现实空间的限制，对网络地方进行空间上的构筑，并能通过任意位置回归"地方"。在网络上与"地方"相遇，使"地方"成为自由移动的载体。余光中式的乡愁，在网络空间中则可以得到情感上的印证。网民只要链接某个站点，以前生活的"地方"或者"家乡"便呈现在眼前。在网络上看远在万里之外的故乡，乡愁便成为某种浪漫的温柔。网络摆脱了地理空间的限制，却必须依赖"地方"来表达主体的存在。

在 Web2.0 时代，地方空间是可以自我书写和交互传播的媒介景观，社交媒体的高度发达为网民的"地方"表达提供了广阔的空间。与 Web1.0 时代对地方的阅读体认不同，社交媒体通过交互性来书写新的"地方"。地方既可以是一种乡土地理概念，也可以是族群和亚文化呈现的空间。作为生产型消费者的网民能够摆脱时空的局限，通过网络读写与交往行为，在网络任何"地点"寻找自己所需要的"地方"。这一网络空间，可以是地缘意义上的乡土概念，也可以情缘意义上的同道概念，还可以是趣缘意义上的同好概念。以社交媒体为主导的交往方式，使网民可以发现许多新的"地方"。通过博客和社交网站，网民很容易找到自己的位置，而其在网络上的自我呈现和交往诉求，很快会汇成族群聚集的"地方"。

在一定程度上看，网络族群是网民由于某些共同目标、兴趣、爱好、消费习惯汇聚起来的群体。不同类型的网络族群折射了当下网络生活极为丰富的样貌,也反映了社会生活的复杂多变和价值多元。正如赫伯迪格(Dick Hebdige)对亚文化风格所分析的那样:"就其本身而言,它们表现出了类似于演说的姿态和行动,冒犯了'沉默的大多数',挑战了团结一致的原则,驳斥了共识的神话。"[1] 网络族群是网络地方空间的新生力量,他们不断创造出亚文化的新样态,颠覆了传统地方社会的空间概念,使"地方"具有主观性和聚结性的意涵。网络群体缺乏组织性和紧密性,是流动的网民在无边际空间的群体活动。它打破了现实社会群体传播的时空限制,以聊天、会话、信息分享和新闻传递为主要方式。群体传播主要体现为传染病传播模型和影响力传播模型,传播的信息分为多源信息传播模型、信息竞争力传播模型。围绕着群体共同关注的信息传递、聚集、评论,以核裂变方式快速扩散,形成受关注的"事件"。群体行为的匿名性、群体信息的易感染性、群体活动的变动性,使群体传播表现出较大的地方差异性。

随着网络自媒体的发展,尤其是微信的广泛传播,网络地方空间与社会空间进一步交汇,媒体化社交使信息转发与浏览实现了即时化与随机性。移动终端已经完全摆脱了消费的位置局限,网络的节点可以无限制蔓延,地方的差异性对文本的影响越来越小。手机媒体本身已经成为一个网络上的地方,微信用户也可以轻易建立一个新的地方空间。尤其是用户能通过朋友圈化身为"帮主",在网络上构筑自己的"领地"。从理论上看,每个微信用户都可以拥有无数"地址",通过各种微信群找到社群生活的地方,形成新的"文化部落"。这些"文化部落"成为当代都市人新的精神居所。部落人的积聚是为了消费一种意义、一种象征和一种社群感,他们更少地因为地理和工作相近

---

[1] [美]迪克·赫伯迪格:《亚文化:风格的意义》,陆道夫、胡疆锋译,北京大学出版社2009年版,第20页。

而发生联系，而是因为共同的兴趣爱好连接在一起。① 在 Web3.0 时代，网民通过朋友圈可以任意在网络上"圈"住一个地方，每个网民也可以同时驻扎在不同的群落，在不同的地方发言，并表达作为社群成员的声音。地方与地理的概念已经完全撕裂，微信群文化已成为亚文化的主流方式。用户可以在无数个群中穿越，作为社交角色，他可以临时性表演不同的节目，发出不同的声音，在他的"地方"潇洒自如地进行现场演出。朋友圈是一个逐渐内爆的虚设的圈，流行性社交已经消解了"朋友"的内涵，圈内的地方舞台林立，表演者无处不在。传统的情感领地被信息瀑布冲刷得分崩离析。各种朋友圈也失去了私密性社交的界限。"越微信、越孤独、越无聊"成为常态。在无数的群落中，我们却茫然不知身在何处，心归何处。微信的泛地方化，对网络文化的再地方化提出了挑战。

三 网络文化的地方性建构

网络技术的发展，推动了传播全球化的进程，也对网络地方感产生极为强烈的冲击。然而，我们在谈及网络文化时，却很难用全球文化来统领网络文化。网民对网络文化的认知，既有"普适性"的一面，也有个体认知的一面。网络文化的意义之网，需要在具体的地方和环境中进行阐释。因此，没有"地方"，网络文化就无法生根，没有"地方"，网络文化就难以被体认。网络文化存在民族、国家、宗教、地域、阶层等方面的差异，也意味着其内涵在具体的社会环境中才能得到充分体现。

强调网络文化的在地化，就是要从地方空间中凸显其独特风格，从抽象的全球性概念回到具象的文化实践和符号所指，从总体意义上的文化描述转向地方层面的客观分析。在网络文化建设中，我们通常从民族、国家层面进

---

① 朱军：《略论新媒介文化与空间生产——以空间地方二元关系为视角》，《文艺理论研究》2013 年第 2 期。

行宏观思考，但是，对地方层面的具体举措，却缺乏应有的关照。这就使大众化的网络文化难以体现个性和特色，也在一定程度上消解了地方性文化的特色和主体作用。因此，强调网络文化的地方性建构，从地方空间探求网络文化的多样性、地域性、时代性和社会性，都有重要的价值。

重视网络文化的地方性，首先要关注地理空间上的"在场"。尽管"脱域"是网络文化的重要特征，但是，网络文化的生成必须依赖特定的空间。承认网络文化的差异性，就必须从地方空间中寻找网络文化的"个性"。由于文化堕距、技术鸿沟、社会传统、经济水平等方面的原因，网络文化的地方性差异是客观存在的。因此，尽管城乡、区域之间的网络信息可以任意流动，但是，网民所处的"地方"却对网络文化的生产和消费有着直接的影响，尤其是地方网站对本地社会的报道，势必增加本地网民的亲和力。因此，网络文化的在地化，需要地方网络媒体的形塑。

对于网民而言，全球、国家、地方的概念始终体现在行为和观念之中。尽管与20世纪90年代都市报兴起的背景不同，但是本地民众对地方新闻的关注，并没有因为网络的普及而发生本质上的变化。网民即便在浏览搜狐、新浪等商业网站时，也会对当地新闻特别关注。而地方网站尤其是具有公共服务功能的政府网站，与当地网民的日常生活有着密切的联系。尽管网络空间漫无边际，但对于网民的具体消费需求而言，他的生活空间与网络空间往往存在着密切联系。虽然社交媒体可以极大地拓展交往的空间，但从总体上看，网民会对身边的故事和新闻更感兴趣。而如何争取当地网民的认同，便是网络在地化服务的立足点。因此，网民的地方性感知和消费偏好，会对网络的地理空间产生直接影响。而强化网络地方与地方网民的多元互动，则是网络地方文化建设的重要任务。

随着网络记者证的放开，网络媒体将会获得更多的地方新闻采访权。网络内容生产和供给的模式也会发生较大变化，地方新闻的呈现方式也会更为丰富。回到"地方"就是要让网民感受到地方场景的结构性存在，网站的内容供给不单纯是提供简单的信息指引，而是要活化网络作为地方文化空间的价值，体现网络地方空间的人文价值和社会景观，为网民提供消费、社交、娱乐的综合服务，使网民能够在地方空间感受健康、理性、文明的氛围，焕发网民对地方社会的关注和热爱，并积极为地方发展献计献策，从而构建地方空间的精神家园。

其次，网络文化的地方性建构要适应网民情感上的地方性需求。在网络内容的同质化不断增强、审美趣味不断降低的背景下，如何提升网络文化的品质，满足网民日益多元的精神需求，已成为网络文化建设的重大议题。从这个意义上看，网络上的地方，是一个比较宽泛的概念，它可以是网民经常浏览的网站，也可以是喜欢的网络社区，还可以表现为网络社群和社交圈。从可行性看，网民都能拥有自己喜爱的"地方"。地方空间是具有价值指向的栖居地，它应该满足网民的个性化需求，提供某些特色的服务，具有浓烈的情感归属感，在网络世界中呈现自身的魅力和优势。因此，网络地方空间既要体现大众文化的需求，满足大众休闲娱乐和精神消费的需要，更要进行类型化、专业化、精细化型构，侧重为某些具有相似消费需求的网民服务。所以，网络地方空间的聚结，是网络社群发展的必然趋势。

网络群体传播是网民进行自我归属和网络社会化的需要，网络族群的广泛出现，体现了网络亚文化的普遍存在。网民交往过程中的角色展演、交往报酬、资本竞争、价值导向与权力角逐，通过"在地化"的象征符号得以体现。因此，网络社群文化所形成的地方感，对网络地方文化的发展有着深刻影响。

网络社交媒体出现的群体聚结现象，在地方空间的生产和建设上具有重要意义。网络群体区别于一般社群，其虚拟与现实的交融，个体与"他者"之间的交往，通过在某些"地方"的交流得以实现。网络群体摆脱了传统物理空间的限制，使网民能够围绕各种话题建立群体关系，并进一步表达意见、分享快乐、学习交流、娱乐游戏。网络群体活动在一定的地方空间呈现，网民基于地缘、业缘、学缘、趣缘、情缘等关系而结合的族群，具有自我认同、身份区隔、价值导向等方面的追求，对群体传播的属性、作用、功能和价值进行区分，可以在不同的"地方"形成网络亚文化空间。如小清新亚文化独白式传播和逃兵主义，以及商业收编和标签化特征，展示了网络地方空间的类型化与象征作用。因此，群体传播首先就是以网民为主体的集体传播。网络群体传播是网民寻求社会归属的需要，尤其是微博、微信上的群体活动存在着严重的他人导向。一些网络谣言能够在各种群里广为传播，与群体成员的盲从与偏好有直接关系。社会转型过程中存在的仇官、仇富心态，往往通过群体事件的传播得以强化。而群体极化现象一旦形成，则会演变成社会情绪，激发社会矛盾。网络上群体的非理性意见传播，是导致群体心态失衡的重要原因。加强网络群体情绪和心态调节和引导，净化网络交往环境，提升网络群体生活的精神品质，则是网络社群文化和地方文化建设的重要内容。

最后，网络地方空间应体现网民的价值追求和文化特色。在微时代，许多网民热衷于自我表现，沉迷于各种朋友圈和社交群，对公共价值漠不关心。尤其是微信朋友圈的泛滥，导致了审美疲劳和社交幻化，进一步消解了网民的反思和批判精神。而具有集体文化和公共精神的网络地方空间，则被广为流行的私人空间所压缩。网络上的"地方"，并非是乌合之众的汇集地，而需要网民精神上的"还乡"。在网络社会与消费社会融合的过程中，网民的消费需求被不断放大，而真正具有文化价值的生产，却没有得到充分的重视。在微博、微信中，网民通常是进行日常生活和社会新闻的内容生产，精神层面的思考和批判往往难得一见。我们在承认网络文化商业性、娱乐性的同时，也必须看到其作为社会文化的基本要求和时代特征。强调网络文化的精神品质，需要网民从文化生产的源头，看到网络高品质内容缺失的现实，从个体本位和公共价值的角度，在网络地方空间中明确自己的定位，重新审视地方空间与流动空间，主体价值与客体价值的关系。

回到网络地方空间，指的是网络媒介时代对主体的地方感和深层精神结构的构建，而不是简单地回到地域。① 这要求网民从精神层面上找到"希望的空间"。尽管全球性网络文化充满各种色调和迷乱，但是，我们需要在"希望的空间"中不断找到自信、尊严、自由和创造力。这就需要我们去伪存真，潜心修炼，不为"低俗""网瘾"和"物欲"所惑，净化自己的朋友圈和社交圈。我们难以找到梦寐以求的理想乐园，但总可以保持独立的思辨能力，寻求适合自己生长的网络"地方"。因此，回到网络地方空间，并不意味着我们排斥流动空间，而是需要在精神层面进行自我修炼和提升。对于个体而言，大同世界固然遥远，但地方空间却前景广阔。我们需要净化自己的网络环境，在一个较为晴朗的网络空间展示自身的存在。此类地方空间虽然形态多样，功能不一，但它体现了公共价值和人文精神，可以成为地方共同体的有机组成部分。在这样的地方空间，网民不但可以开阔视野、寻求新知、广交良友，还可以各抒己见、广开言路，成为不断创意和创新的文化园地。可见，网民寻找网络地方感，更多地体现了其对网络精神和个体价值的追求。而网络地方空间的不断成熟、发展，有利于满足网民对现代文明和公共生活的多元需求。

大卫·哈维（David Harvey）认为所有人都可以通过发挥创造意志而成为自己命运的建筑师。但是，没有乌托邦的幻想，就没有办法来确定我们想要驶向哪个港口。② 网络地方空间虽然具有某些乌托邦的色彩，但如果网民没有回到精神圣殿的理想，操作层面的网络文化建设又何以可能？在全球化的网络景观中，我们需要回归地方，在漫无边际的网络世界中寻找自己的文化空

---

① 徐翔：《回到地方：网络文化时代的地方感》，《文艺理论研究》2011年第11期。
② ［美］大卫·哈维：《希望的空间》，胡大平译，南京大学出版社2006年版，第183、227页。

间。这个空间就在网络的某些"地方",它是网络人文价值、公共精神、思想资源的具体指向,也是网络文化建设的落脚点。

第三节 价值观引领与网络文化的时代意涵

价值观是判断客观对象的一种意义和观念系统,任何社会都会有其自身的价值观。十八大报告强调指出:"倡导富强、民主、文明、和谐,倡导自由、平等、公正、法治,倡导爱国、敬业、诚信、友善,积极培育和践行社会主义核心价值观。"这一论述明确了社会主义核心价值观的基本理念和具体内容,指出了社会主义核心价值体系建设的现实着力点,是对社会主义核心价值体系建设的新部署、新要求。正确理解社会主义核心价值观的内涵,深刻把握积极培育和践行社会主义核心价值观的重要性,对于推进社会主义核心价值体系建设,用社会主义核心价值体系引领社会思潮、凝聚社会共识,具有重要的理论意义和实践意义。[1] 在网络社会,网络价值观已成为最流行、最广泛的文化、符号与观念系统。网络价值观既是社会价值观的折射与重要组成部分,又具有自身的特色和规律。在网络价值观的研究中,对社会主义核心价值观的导向和引领作用特别重视,但对网络价值观本身的探讨并没有深入展开。显然,只有将网络价值观和社会主义核心价值观结合起来进行系统研究,才能在观念、手段和方法上引领网络文化建设。

一 网民价值观与网络文化建设

网络技术所带来的巨大变革,对网民的生活方式带来了巨大影响。但是,

---

[1] 教育部中国特色社会主义理论体系研究中心:《深刻理解社会主义核心价值观的内涵和意义》,http://theory.people.com.cn/n/2013/0522/c40531-21565926.html,2013年5月22日。

第七章 网络价值观与文化导向

网络媒体作为"机器"是中立的,"如果想从机器体系中提取任何支撑生命的东西,我们就必须自己去看,去触摸、去感受、去把玩、去歌唱、去舞蹈、去交流。如果我们自己的灵魂是空虚的,那么机器体系只能够使我们更加空虚。如果我们一开始就是消极而无能为力的,那么机器体系将使我们变得更加孱弱"[①]。近年来,许多学者对网络媒体的民主与政治参与的功能大加赞扬,但是,"根据环境和社会情境的不同,网络亦正亦邪"[②]。网络媒体的主体是网民,只有网民理性地运用网络为自己、为社会、为国家创造更多的价值时,网络媒体才能发挥出其正面的功能作用。因此,在网络价值观的引领中,网民始终居于核心的地位,是网络文化的型塑者、传播者,是网络文化建设的目的和归宿。

尽管中国目前网民的数量已超过人口总数的一半以上,但是,网民与公民和民众的概念仍然有着本质的区别。对于许多无法上网的民众而言,他们对网络的认知是十分肤浅的,而网络也很难给他们带来直接的利益。从总体上看,普及网络技术,提高民众的网络消费水平,从而提高网民的比例,是提高网络文化水平的基础和前提。但是,由于现阶段我国经济、文化发展的地区差距仍然较为明显,许多老少边穷地区的网络普及水平仍然很低,民众的网络消费能力仍然有限,社会阶层之间的"数字鸿沟"也在短期内难以消除。没有网络消费的民主,就难以体现网络文明的价值。当我们在讨论网络文化时,首先应该考虑到中国社会仍然有近一半民众并非网民,非网民与网民的诉求有很大差异。对于一个没有接触网络的人而言,所谓的网络文化只不过是天方夜谭而已。让更多的民众享受网络消费权利,是网络文化建设的当务之急。因此,大力普及网络技术,降低网络消费门槛,提高民众的文化

---

① [美]刘易斯·芒福德:《技术与文明》,陈允明、王克仁、李华山译,中国建筑工业出版社2009年版,第305页。
② Jame Leibold, "Blogging Alone: China, the Internet, and the Democratic Illusion?", *The Journal of Asian Studies*, Vol. 70, No. 4, 2011, pp. 1023–1041.

教育水平，是网络文化建设的当务之急。

正是由于大量的民众并非网民，我们在探讨网民的价值观时，不能将之等同于民众的价值观，更不能视为公民价值观。虽然网络公共资源的占有和使用门槛较低，但对于无法接触网络的民众而言，却很难享受网络公共服务的诸多利益。他们无法参与到网络文化生产与消费的行列，更对网络价值理念缺乏基本的认知。但是，随着网络技术的广泛普及，网络文化已成为社会文化尤其是大众文化的主流形态，网络文化的发展对社会的影响日趋明显。网民在整个社会文化建设中的作用和地位也日益凸显。这就意味着，网络价值观一方面从属于社会价值观，另一方面又体现出自身的特色，对现代社会发挥着极为重要的影响。重视网民的主体作用和创造价值，是网络文化建设和社会文化建设的题中之义。

在网络社会，网民作为生成网络文化的主体，不仅仅是一般性的"社会动物"，还具有人的"活动"属性。正如卡西尔（Ernst Cassirer）所言，人只有以社会活动为中介才能发现他自己，才能意识到他的个体性。……人不可能过着他的生活而不表达他的生活。这种不同的表达形式构成了一个新的领域。[1] 在网络空间，正是作为"生产型消费者"的网民的"活动"，网民作为意义生产和消费的符号化主体才得以展现。也正是网民的符号化和虚拟化活动，网络文化与现实文化既有联系又有区别。由于网民从现实空间进入虚拟空间之后，其角色也由此发生改变，甚至面貌、语言、个性也被重新构筑，网民的随意性、自主性、虚幻性表演使网络文化的形成具有"无根性"的某些特征。"它的语境是没有语境，它的差异是没有差异。"[2] 网络的通属性一方面展示了信息消费的可得性优势，另一方面也体现出网民在信息生产方面的主体模糊性。由于没有时间和空间上的差异，任何网民都可以面对"相同"

---

[1] ［德］恩斯特·卡西尔：《人论》，甘阳译，上海译文出版社2004年版，第307页。
[2] ［英］斯各特·拉什：《信息批判》，杨德睿译，北京大学出版社2009年版，第41页。

的网络，体现出"总体性"生产和消费的特征。

由于网民享受广泛的权利和自由，在网络空间遨游时，可以在"脱域"的机制下任意进行文本生产和话语实践，并不断改变"地址"和"身份"。所以，网络媒体面对的是"即逝公众"和"短暂群体"，尤其是匿名和隐身功能的运用，使许多网民"说完就走，不留下一丝云彩"。即便是一些重要的公共事件，一些临时聚合的网民也因为舆情的变化而很快改变"身份"。对于许多网民而言，上网本身就是一种体验。一旦在线，对于信息的浏览是一种极为短暂的"相遇"，无须深度解读，更不需要进行记忆。正如波兹曼（Neil Postman）所言，"我们孜孜以求的，是在我们的生活中不断寻求'获取'信息的途径。而究竟为了什么目的，将有什么限制，则不需要我们关心。实际上，我们也不习惯提问，因为这些问题都是从来没有出现过的。我们生活的世界以前从来没有遭遇到信息爆炸的问题，因而也没有足够的时间去反思这种现象的后果"[①]。无论是自己说了什么，或者是网络上说了什么，对网络生活的本身并不会产生多大影响。而网络化生存本身就成为生活的意义所指。这与印刷媒体时代读者的阅读有着本质的区别。读者读书看报，需要思想的沉入和经验的渗透，目光与纸质媒体的接触，有一个回馈和思考的过程。而已有的经验和情感对文本的再生产起着重要作用。网络媒体的"体验"式浏览与印刷媒体的"经验"式阅读形成强烈反差。这在很大程度上决定了网络文化的即时性、消散性、多元性、随机性特征。

在一定程度上看，网民自身的控制能力，是网络价值是否发挥应有作用的重要标准。尽管网络提供了工作、娱乐、游戏、购物、交流等方面的功能，但只有当网民正确认识网络的价值，利用网络为自己提供所需的服务时，才能体现上网所产生的作用和意义。对于网民而言，合理利用网络，适度控制

[①] ［美］波兹曼：《技术垄断：文明向技术投降》，蔡金栋、梁薇译，机械工业出版社2013年版，第56页。

上网时间，不能由于沉溺于网络而影响自己的工作、学生和生活，这本是网络消费的基本认知。但是许多网民患上网瘾之后，将自己脱离于现实生活，挤压于虚拟的网络游戏与娱乐之中，陷入恶性、盲目的网络依赖式生活，对身心健康产生极为严重的影响。据报道，2015年2月27日凌晨，上海市松江一网吧内，一成年男子连续上网19小时后突然吐血，随后昏迷，最终当场死亡。事发时，该男子面对着电脑屏幕正在打游戏，突然低下头，口中吐出数口鲜血，后在周围人的帮助下，斜躺在沙发上，不久便不省人事。① 此类极端的网络生活方式，已完全扭曲了网络本身的价值和意义。我们占有了网络，但网络不能占有我们。正确认识和使用网络，是树立网络价值观的前提。

心理学家荣格（Carl G. Jung）认为，真正的现代人不模仿他人……他必须是一个见解正确、多才多艺的人。② 从这个层面上看，许多网民虽然掌握了上网的技术，但未必具有"现代意识"。他们过分沉溺于自我的世界，只关注自己的欲望和需求，将网络视为个人主义、消费主义、拜金主义的展演舞台，对网络谣言、盗版、欺诈、色情等现象习以为常，不关心社会公共利益和他人的权益，对社会公平正义和道德伦理置若罔闻。此类网民显然是"伪现代人"，与现代公民社会的要求格格不入。因此，在现代社会，网民首先应该树立公民意识，公民意识是指公民个人对自己在国家中地位的自我认识，也就是公民自觉地以宪法和法律规定的基本权利和义务为核心内容，以自己在国家政治生活和社会生活中的主体地位为思想来源，把国家主人翁的责任感、使命感和权利义务观融为一体的自我认识。它围绕公民的权利与义务关系，反映公民对待个人与国家、个人与社会、个人与他人之间的道德观念、价值取向、行为规范，等等。它强调的是人在社会生活中的责任意识、公德意识、

---

① 《连续上网19小时　上海一男子网吧内吐血身亡》，http://society.people.com.cn/n/2015/0227/c1008-26607617.htm，2015年2月27日。
② ［瑞士］卡尔·古斯塔夫·荣格：《寻求灵魂的现代人》，黄奇铭译，上海译文出版社2013年版，第208、209页。

民主意识等基本道德意识。①

网民要履行公民的基本权利和义务，就要按照三个倡导的基本要求，尤其是注重爱国、敬业、诚信、友善的价值理念。首先，网络要努力适应建设网络公民社会的要求，大力弘扬爱国主义、集体主义精神，清醒地认识到互联网是各种意识形态和价值观争斗的要地，尤其是西方意识形态、冷战思维和霸权政治的数字化拓展，对我国的政治价值观以及民族文化有一定销蚀作用，导致文化认同危机。因此，必须强化文化帝国主义背景下的文化安全意识，自觉维护国家和民族利益，推动网络共同体的建构。其次，网络公民要具备良好的职业精神和责任意识，要厘清工作、学习、娱乐与互联网之间的关系，将网络作为自我实现、自我发展的平台，提高自身的工作能力、思辨能力和学习能力，从而全面提升自身的网络素养和业务能力，在工作岗位上作出更大的贡献。再次，网络公民要注重强化道德修养，要自觉抵制社会不良风气的影响，追求向善的人生和德性的生活。正如康德所言：有两样东西，我们愈经常愈持久地加以思考，它们就愈使心灵充满日新又新、有加无已的景仰和敬畏：在我之上的星空和居我心中的道德法则。② 对于网络公民而言，无论网络的道德门槛如何降低，但自身都应该"仰望星空"，对道德伦理保持敬畏之心。

二　网络核心价值观建构与网络文化建设

在市场经济条件下，网络媒体本身就是文化产业的有机组成部分，同时也是文化事业的有机组成部分。但是网络消费主义过度追求经济利益而忽视内容品质，直接导致传媒价值和功能的错位。网络消费主义片面夸大网络的消费功效，极力追求感官刺激和符号消费，已形成强大的舆论导向和社会引

---

① 李贵成：《论网络社会与网络公民意识的培育》，《湖北行政学院学报》2010 年第 6 期。
② ［德］康德：《实践理性批判》，韩水法译，商务印书馆 2009 年版，第 177 页。

力。网络时代是技术垄断文明的高级发展阶段,正如波兹曼所言:技术垄断的故事没有一个道德中心,而是以效率、利益和经济进步取而代之。……技术垄断废除所有能够带来稳定和秩序的传统故事和符号,而重新讲述另一个关于技能、技术知识和消费美梦的故事。其目的在于赋予人们特殊的使命,以保证技术垄断永远存活下去。[1] 网络消费主义是网络技术文明形成的重要原因和表现方式。两者之间相互影响、相互渗透,形成一种异化的生存方式,并对社会生活和大众文化的发展带来了严重的负面影响。

一些网络媒体在极力夸大网络的产业属性的过程中,对网络消费品的公共产品属性置之不顾。为了获取网民的点击率,一些商业网站不惜丧失道德良知和职业精神,导致网络流言、辟谣、假新闻满天飞,网络信息的可信度不断下降。极少数网民在网上散布各类谣言的情况不时出现,有的拼接图片诽谤他人,还有一些所谓"大 V"账号以"求辟谣""求证"等方式故意扩散谣言,让一些不明真相的网民跟风,损害了网络媒体的公信力,扰乱了正常传播秩序。网络信息真假不分、良莠难辨,使网民深受其害。网络媒体的信息可信度颇受质疑。许多网络不仅没有主动进行自我约束和监管,为消费者进行"信息辨伪",反而利用混浊的信息环境刻意弄虚作假,这就使网络文化生态进一步恶化,这势必提高了网民的辨伪成本和消费风险,降低了信息消费的文化价值和社会价值,对于网络文明的建设也带来了许多负面影响。正如波兹曼所指出的那样:在技术垄断时代,我们被机器各种奇迹般的效果所折服,从而倾向于忽视机器背后所蕴含的思想。就是说,我们逐渐对技术在思想观念上的意义视而不见。[2]

在消费时代,网络媒体拥有更多的自由,网络媒体的商业功能得到了充

---

[1] [美]波兹曼:《技术垄断:文明向技术投降》,蔡金栋、梁薇译,机械工业出版社 2013 年版,第 168 页。
[2] 同上书,第 85 页。

分释放，媒介商品的"可消费性"已经成为媒体的产业属性。但是，绝对的自由则会导致市场秩序的混乱和社会文化的分裂。自由必须与责任相伴而行，媒体社会责任感是其适应市场经济的道德基础。与西方媒体相比，中国网络媒体尤其是主流网站既是独立的经济实体，又是党和国家的喉舌。这就要求媒体首先要服从党和国家的利益，主动承担传播党和政府路线、方针、政策的任务；要坚持正确的舆论导向，引导先进文化发展的方向；要承担公共服务的责任，主动为受众提供高质量的媒介产品；要维护公平正义的社会秩序，为社会进步提供强大的精神动力。对于负责任的网络媒体而言，应该在日常行为和业务活动中主动树立道德自律意识、诚信意识，树立为国家、为民众服务意识，当好"守门人"，树立实事求是、弘扬正气、以义取利、仁爱为怀的德性，主动消除网络不良信息的传播，在公共领域中既要担当"意见领袖"，又要成为"道德典范"，为社会进步和文明进步做出应有的贡献。

网络传媒具有舆论引导、价值引领、文化整合、社会教化等方面的功能。因此，网络媒体既要以社会主义核心价值观为指导，加快传媒产业的发展，加强对传媒业的治理，建设立体、多元、先进而互补的网络传媒体系，提高网络媒体的文化力、思想力和影响力，又必须成为传播社会主义核心价值观的主阵地和主渠道。在"三个倡导"的指引下，网络媒体要以党和国家的利益为最高价值目标，要积极充当先进文化的传播者和社会公德的捍卫者，成为社会主义核心价值观传播的基本载体和重要体系。要防止和反对媒体舆论在弘扬社会主义核心价值观的过程中忽视甚至偏离自己的使命职责，对于那些为了部门经济利益而不惜宣扬传播不健康的甚至错误的作品节目的行为应该予以坚决纠正和惩戒。

正如芒福德所言，我们超越机器的能力取决于我们同化机器的能力，只有我们真正感悟了客观、冷静、中性这些机器世界中的真谛时，我们才能进一步地领会更复杂、更丰富的有机界，以及更深刻的人类。[①] 在网络技术革命态势下，信息的开放与文化的重建不可避免。在主流价值观边缘化危机的背景下，厘清网络媒体传播社会主义价值观的"核心"功能，更好地发挥大众传媒在文化建设中的作用，意义重大。因此，要充分发挥网络媒体的文化传承、价值引领、审美导向、社会整合、休闲娱乐功能。运用新颖、细致、灵活、柔和等多种方式进行有效传播，加强文化品牌栏目建设和节目创新，注意文艺载体与网络技术的有机结合、注重高雅艺术、通俗节目与社会主义核心价值观传播的有机统一，为广大民众提供喜闻乐见并具有教育意义的多层次精神文化产品，充分利用网络新媒体和各种大众文化服务场所，建立开放、公益、通俗而健康的公共文化服务体系。提高公民的公德、公益和服务意识，利用专题教育传播、先进人物传播、仪式传播等方式，培养社会主义集体荣誉感和爱国热情，推动社会主义核心价值观的广泛普及。

值得注意的是，我国网络媒体对西方传媒消费主义文化需从技术和意识形态层面上进行全面考量，坚决抵制其中的黄色文化、霸权文化和腐朽文化，着力挖掘民族文化资源和文化传统，对传统节日文化、民俗文化、礼仪文化等，要从事关民族生存和发展的高度加以关注，提高网络文化的精神激励作用，始终注意维护网络产品的真实性、权威性和品牌价值，坚决抵制俗文化、怪文化、丑文化的传播，杜绝媚俗和迎合，实现网络内容的健康、协调、可持续增长。将促进网民的全面发展作为网络内容建设的最高和最终目标，使网络文化达到真、善、美的和谐统一。

社会正义观，是考量文明进步的一大标志，是网络媒体体现社会价值最重要的方面。作为文明的撒播者，网络媒体通过传播过程来建构自己的行为，这种行为需要服从于基本的道德规范，以维护公众利益，提高在受众中的公

[①] ［美］刘易斯·芒福德：《技术与文明》，陈允明、王克仁、李华山译，中国建筑工业出版社2009年版，第320页。

信力。这就需要网络媒体树立正确的导向意识和大局观念。网络产品始终存在着价值导向功能,网络媒体在面对经济利益和社会利益的冲突时,应从公众的利益出发,维护社会良知。网络、受众和社会系统的良性发展、动态平衡,是传媒追求社会和谐的应有之义。网络媒体作为网络文化生态系统的核心,必须重视信息内容的社会影响力,而不是短期的注意力。如果因为短期的暴利行为遭到受众的反感和排斥,则导致网络文化生态系统日益恶化,网络媒体最终只会作茧自缚,丧失社会公信力,被受众所抛弃。因此,网络媒体应从长远利益出发,加强网络产品制作和传播的自律意识,促进网络文化的良性发展。

因此,网络文化建设要以社会主义价值观作为前提和基础,将网络社会建设作为长远的发展规划。"网络社会是一个多元的社会结构,即不同种类的网络具有不同的价值形成逻辑。对价值组成的定义依赖于网络的具体性以及具体的程序。任何将所有价值都降低为通用标准的努力都会在方法上和现实中碰到难以克服的困难。"[①] 网络文化的多元性影响并重塑了人们的认知模式和思维方式,解构与重构了网民尤其是青少年的人生观和价值观。建设网络文化,必须直面网络传播中文化多元的互动与抵牾,发挥社会主义核心价值观对网络文化的导向作用。这是因为,社会主义核心价值体系是合乎社会主义制度的内在精神和生命之魂,是全民族奋发向上的精神力量和团结和睦的精神纽带,其基本内容包括马克思主义指导思想、中国特色社会主义共同理想、以爱国主义为核心的民族精神和以改革创新为核心的时代精神、社会主义荣辱观。

加强网络文化建设,需要坚持社会主义核心价值观对网络多元话语的舆论引导。加强网络文化建设,需要处理好"一元"与"多元"的关系。尽管

---

① [美] 曼纽尔·卡斯特主编:《网络社会:跨文化的视角》,周凯译,社会科学文献出版社2009年版,第27页。

社会价值观的多样性为创造社会活力提供了丰富的资源，但是多元的价值体系在网络文化中表现出一定的盲目性、逆反性和无序性。加强网络文化建设，运用社会主义核心价值体系引领、统筹和整合多样化的价值观，需要用正面声音占领网络阵地，用正确舆论引导广大网民，以社会主义核心价值体系引领网上多元化的思想意识；需要提高舆论引导水平，建立从舆情发现、舆情研判到舆情应对、舆情引导的一系列工作机制，进一步形成"以宣传部门为主导、实际工作部门相配合、网上报道与网上评论相结合"的网上舆论引导格局；需要引导网络媒体扮演好"上情下达""下情上传"和"把关人"的角色，运用"网言网语"促进社会各阶层的交流互动，促进政府和民众的良性沟通，在潜移默化中通达社会民意，疏导公众情绪；需要引导网络媒体的经营意识，自觉抵制低俗、媚俗、庸俗的内容，依法办网、文明办网。

加强网络文化建设，需要坚持社会主义核心价值观对网络虚拟空间的伦理引导。网络创造了一个众生平等的虚拟世界，为网民构建了一个文化"共同体"。在鲍曼看来，"共同体"是充满诱惑的乌托邦，是一个"温馨"的地方，一个温暖而又舒适的场所。它就像是一个家（roof），在它的下面，可以遮风避雨；它又像是一个壁炉，在严寒的日子里，靠近它，可以暖和我们的手。① 然而，现实中的网络文化"共同体"并没有想象中那么美好。这是因为，网络文化是一种"在线生成文化"。随着网络消费主义的不断发展，各种黑色、黄色、灰色文化日益流行，网络色情、暴力、欺诈、犯罪现象日益突出，网络"伪公共领域现象"日益明显，这些都给我国意识形态与道德建设带来诸多负面影响。加强网络文化建设，需要坚持社会主义核心价值观对网络虚拟空间的伦理引导。网络文化建设要突出价值导向，以满足网民的真正需求，促进网民的身心健康和社会的文明进步为目标；要宣传社会主义主流

---

① ［英］齐格蒙特·鲍曼：《共同体》，欧阳景根译，江苏人民出版社2007年版，第2页。

价值观，提高公民的公德、公益和服务意识，培养社会主义集体荣誉感和爱国主义精神，积极推进社会主义先进文化和伦理道德建设。

加强网络文化建设，需要坚持社会主义核心价值观对多样文化的吸纳与形塑。在流动的现代性中，社会主义核心价值体系是一个与时俱进、不断发展的理论体系，而非僵化的文化保守主义、我族中心主义或狭隘民族主义。加强网络文化建设，需要坚持开放包容、多样共生、和而不同的文化观念，实现社会主义核心价值观对多样文化的吸纳与形塑。一是要坚持社会主义核心价值观对网络亚文化的引领，协商、吸纳、收编"网络共和国"中亚文化与异质文化的精华，实现以人为本的文化传播，在差异和对话中扩大主流话语影响力。二是要坚持社会主义核心价值观对民族传统文化的弘扬。加强网络文化建设，需要全面认识中国传统文化，挖掘民族文化的思想价值，维护民族文化的基本元素，运用网络平台建立民族文化品牌，坚持民族文化在社会主义意识形态领域的主导权、主动权和话语权，实现中华文化的时代创化与精神还乡。三是要坚持社会主义核心价值观对网络文化帝国主义的批判。互联网是各种意识形态和价值观斗争的要地，是西方意识形态、冷战思维和霸权政治的数字化拓展。加强网络文化建设，必须坚守社会主义核心价值观的网络阵地，批判西方文化霸权主义和文化帝国主义，维护传播全球化语境下的网络文化安全。

通过社会主义核心价值观的引领与传播，将国家战略、社会规范和个人要求有机地结合起来，在全社会广泛开展"三个倡导"的实践活动，将13亿人民的智慧聚集到社会主义建设的宏伟大业中，积极协调和解决改革发展过程中的各种矛盾，以科学发展观统领全局，加强制度创新和改革力度，积极协调地区、阶层之间的利益，形成最广泛的社会共识，使中华民族达到空前的团结，凝聚最强大的合力，成为建构中华民族共同体的精神支柱，从而为实现全面小康创造最为有利的条件。

第八章 协同治理与网络文化建设

第一节 协同治理与网络文化管理创新

网络文化建设是一项系统工程,仅靠党、政府和相关部门的规制建设,很难从全面实现网络文化的科学、健康与协调发展。由于网络文化具有虚拟、多元、易变等方面的特征,网民、社会组织和政府部门都高度参与,网络空间与现实空间盘根错节,网络信息生产和消费极为复杂,网络社会心态难以捉摸,网络公共事件变化多端,这就使网络文化建设充满着各种矛盾和困难,需要创新网络管理模式,从公共治理的视角,实现政府、企业、民众和社会组织的多方联动,做到信息透明,体现社会公正,彰显社会正义,实现由善政到善治的转变,创新网络文化管理的手段和方式,在网络文化建设中做到能预防、遏制和消除网络文化对社会的危害和负面作用,确保网络文化和谐、有序发展,促进社会团结和可持续发展。

一 网络文化管理的困境与公共治理的现实诉求

网络文化既是社会文化的重要组成部分,又体现网络社会发展和文化管理的基本特征。Web1.0时代形成了以"内容管理""资质审批"为主的传统管理模式,这种管理模式过度强调政府管理的主体性,显然不适合Web3.0时代"即时化"发展的新需求。因此,网络文化管理创新的中心,就是要根据Web3.0时代"即时性应用"的新特征,研究即时网络传播机制,充分体现即时化的个人媒体、社交媒体在文化发展与管理创新方面的主体作用,关注网络多元市场主体的利益诉求,要从重管理走向重服务,充分调动各方面的积极性,推动多元主体的协同管理。这需要我们深刻认识网络文化管理面临的现实困境,推动从传统管理向现代治理的转变。

当前,我国网络文化管理存在着以下几个突出问题:(1)多头管理、部门联动不足。许多行政部门职权伸到互联网上,这就造成职责交叉现象严重,跨部门协作困难,由于"政出多门",在制度落实上存在着具体的执行难问题。(2)相关管理法律法规不健全,落后于网络文化发展的实践,网络违法违规现象较为突出,网民的权益保护意识不强。而"建立法治网络的前提,是确立网络法益概念,明确由法律所保护的网络生活利益和社会秩序"[①]。然而,我们网络法制建设与网民的现实诉求存在着一定的差距。(3)过于注重内容管理和审批程序,重监管、轻服务的传统观念较为严重,"媒介管理"思维比较明显,网络管理中过度强调政府主导,对多元治理主体的认识不够深入。(4)偏重网络文化信息的整治和安全管理,缺乏对网络内容的价值引导。一些监管部门过多采用行政法律手段集中开展对互联网不良信息、互联网上网服务营业场所、网络文化市场、网络游戏的监管和整治行动,但对如何发展网络文化缺乏长远规划,不利于网络文化价值的充分发挥。

因此,要加强网络文化的建设与管理,从传统的"内容管理""资质管理"转变到社会治理,充分发挥"公共治理"的作用。公共治理是指政府、

---

① 何明升:《中国网络治理的定位及现实路径》,《中国社会科学》2016年第7期。

各种社会组织与公民共同关注社会公共问题，共同参与公共事务协商与管理以谋求公共利益的最大化，并共同承担责任的治理形式。公共治理范式是政治国家与公民社会的合作，也是政府、社会组织（包括媒体）与公民之间的合作。它强调协调、参与、善意与互动，在注重法律、行政手段的同时，充分利用柔性管理手段的运用，通过舆论、习俗、伦理、道德等手段实现对社会成员价值观和行为方式的控制，而公民的满意程度是公共治理成效的最终标准。[1]

网络文化管理过程中，政府必须转变职能，实现相关体制和机制的改革创新，改变传统的政府单一主导模式，充分发挥市场主体的作用，在管理过程中形成政府、市场和网民多主体模式，实现自律机制、他律机制和互律机制的有机统一。这种多中心协同治理理论认为，治理存在多元主体，治理主体之间的协同很大程度上是通过自治性运行机制来实现。在参与治理的过程中，为了获取他人的支持和帮助而放弃自身的部分权利（社会组织和个人放弃自己的部分经济自主权，政府放弃自己的部分强制权），各个治理主体依靠自己的优势和资源，通过对话以增进理解，树立共同目标并相互信任，建立短期、中期和长期的合作以减少机会主义，相互鼓励并共同承担风险，最终建立一种协同治理的联合体。[2] 因此，网络治理的创新，首先要强调多元主体的"共治"，尊重网络社会发展的多元利益诉求，以协同关系和权责统一作为治理的重要内容。

在网络社会，网络治理理念已引起社会的高度关注。网络治理既是现代公共治理的重要内容，又具有自身的规律和特色。网络治理不仅涉及网民、网络企业和监管部门，还与整个社会治理的发展有着密切联系。因此，网络

---

[1] 蒋建国：《消费文化传播与媒体社会责任》，中国社会科学出版社2011年版，第198页。
[2] 熊光清：《中国网络社会多中心协同治理模式探索》，《哈尔滨工业大学学报》（社会科学版）2017年第6期。

治理是在社会治理的框架下,按照现代治理的基本理念和规律进行统筹规划,适应社会治理发展的新需求和新动态,尤其是要借鉴公共治理的新经验和新成就。但是,网络公共治理的关键,仍然是以网民、网络企业和监管部门为核心的协同治理。三者之间在自律和他律的基础上,相互信任、相互支持,形成开放、平等、宽容、共享的网络文化环境,推动网络治理与社会治理的良性互动。因此,网络公共治理本质是协同治理,需要从网络文化系统的角度,综合考虑影响网络治理的各种要素,从网络文化发展的战略高度进行全面规划和系统思考。

二 网络协同治理的具体举措

尽管从网络形态上看,政府既是网络社会的参与者,又是网络文化的设计者和管理者,在参与逻辑与管理逻辑的思维模式下,存在着一定的矛盾。但是,网络社会本身就是全方位的开放社会,政府管理只要符合科学、文明、法治的要求,其本身的参与行为就不存在"法外治权",政府的网络行为也势必在整个网络管理的框架之内进行,而且,政府首先应该是网络文明的典范执行者。因此,政府要从系统、协调和动态的角度,充分认识到网民、企业、社会组织和政府之间的"共治"作用,从协同治理的角度进行管理创新。社会协同治理机制的建立,"必须通过制度强化、制度改革和制度建设来实现,从强化向社会赋权制度、清除落后制度以及建立健全促进社会健康成长的支持培育制度等三个层面同步推进,并形成不同制度间的合力。而当各类社会主体日渐成熟后,它们必将推动政府转移更多职能,发挥社会在社会治理中的主体性作用,最终形成政府与社会间协同关系的良性循环"[1]。

在协同治理的框架下,我国网络管理部门必须高度关注网络多头管理和

---

[1] 郁建兴、任泽涛:《当代中国社会建设中的协同治理——一个分析框架》,《学术月刊》2012年第8期。

管理无序的突出问题，对各部门的权力清单进行严格界定，明确网络管理部门的职责，充分发挥各级网信办在网络管理中的统一协调作用，注重网民、网络企业、社会组织和监管部门的合作与共治，创新网络管理的手段、方式与途径。首先，要创新民众参与社会决策并为解决社会问题建言献策的管理手段和方式，实行亲情化服务、人性化管理，做好社会化管理本位向民本化服务本位的转换。其次，要实现由监控性管理向服务性管理转变，提高综合管理水平，避免多头管理和相互推诿，将网络管理与阳光政务联系在一起，如利用政务微博、微信公众号扩宽服务渠道，提高行政效能。再次，要创新网络管理技术，完善技术支撑体系，发挥技术手段的防范作用，包括网络不良信息登记制度、网络注册审查制度、网络技术专利保护制度等。最后，要充分发挥第三方组织和行业组织作用，把政府监管和行业自律、公众监督结合起来，进一步净化网络环境。

从协同治理的角度看，网络文化具有系统性、长期性和共生性特征，需要网民、网络企业、第三方组织和监管部门的共同努力，形成合力，明确各自的权责和努力方向，在政府主导和协调下，充分发动各方的积极性和主动性，推动健康、科学、理性和文明的社会主义新型网络文化建设。具体而言，要先做好以下几方面工作：

一是要加强网络内容建设，满足网民的真正文化需求。在自媒体时代，网络信息的海量生产，很容易让网民陷入"信息瀑布"之中而无所适从。网络协同治理的重要目的，就是要从源头上遏制网络低俗、恶俗和违法行为。作为文明的撒播者，网络媒体通过内容生产和传播过程来规范自己的行为，这种行为需要服从于基本的道德规范，以维护公众利益，提高在受众中的公信力。这就需要网络媒体树立正确的导向意识和大局观念。正如习近平总书记所言：我们要本着对社会负责、对人民负责的态度，依法加强网络空间治理，加强网络内容建设，做强网上正面宣传，培育积极健康、向上向善的网络文化，用社会主义核心价值观和人类优秀文明成果滋养人心、滋养社会，做到正能量充沛、主旋律高昂，为广大网民特别是青少年网民营造一个风清气正的网络空间。①

二是要加强政府管理能力和主流网站建设，提高网络舆论引导能力。各级党委和政府要转变传统管理思维，强化网络的全方位管理和服务，尤其要加快网络立法的进程，注重网络法律的时效性、权威性。当前我国网络领域的色情、暴力、侵权、售假行为较为突出，违法行为和手段较为复杂，尤其是利用微信、微博进行欺诈和售假较为猖獗，必须尽快有关网络新媒体方面的立法进程，加大对微信、微博违法犯罪行为的打击力度。同时，要从国家战略的高度，加强主流网站的建设，尤其是加强人民网、新华网等主流媒体网站建设，各地政府也要扶持一批具有区域影响力的主流网站，加强意识形态建设，提高主流网站的价值引领作用，重视品牌栏目的舆论导向作用，加强对个人媒体的管理，倡导文明办网、文明上网，净化网络环境，营造文明健康的网络文化氛围。在网络时代，上网是了解民意的重要方式，因此，"各级党政机关和领导干部要学会通过网络走群众路线，经常上网看看，潜潜水，聊聊天，发发声，了解群众所思所愿，收集好想法好建议，积极回应网民关切、解疑释惑。善于运用网络了解民意，开展工作"②。

三是加强网络规制建设，形成"良序"与"良俗"的协调发展。当前，我国互联网立法往往较为滞后，许多违法现象出现"无法可惩"的问题。在国家层面制定具有普遍法律意义的《互联网法》显得尤为必要，从而体现法律解释的准确性、权威性和可操作性。在统一的《互联网法》的框架下，各监管部门可以对各种条例、规定、方法进行全面清理和整顿，根据互联网发展的实际，及时跟踪网络管理中存在的突出问题，强化全面管理和过程管理，

---

① 习近平：《习近平谈治国理政》（第二卷），外文出版社2017年版，第337页。
② 同上书，第336页。

注重各部门之间的合作分工，体现互联网监管的严肃性、规范性和权威性。

网络规制建设要注重全面协调。在传统的网络治理中，主要针对的是"网民行为失范"，相对缺乏对"互联网服务商行为失范"的关注。利益驱动下的互联网服务商参与网络治理，在互联网治理格局存在"机制失衡"时，容易引发"四大乱象"：侵犯公民权益或公共利益，参与非法公关，过度审查网络信息，以及拒绝遵守业务所在国法规。解决互联网治理机制失衡问题需要建立多元治理模式：政府统一引导，企业全面负责，社会广泛参与，优势互补，协同共治。① 因此，网络规制建设的前提是规范网络服务商的行为，从源头上对网络信息生产和消费进行治理，这就需要对网站进行合理区分，进行有效的归属治理。同时，要加大网络文化建设机制、网络舆论监督机制、网络管理机制、网络法律保障机制等方面的建设，确保公平正义、自由平等的网络文化理念有良好的制度保障和法治环境。

四是加强网络行业自律，塑造良好的公共形象。各类网络企业要全面建立自律机制，自觉抵制低俗之风。全面检查监测网络或者手机媒体上的不良信息和危害公众的言论，对有害信息要及时删除或清理；对于新增内容，要把好审核关，在日常管理中优化审核流程，控制住信息发布的源头；对于网友上传的博客、播客、论坛贴图等内容，要行使监督之责，从审核机制上保证向广大网民提供文明健康的内容。运营商不仅要承担技术支持，还要负起公益责任。运营商应首先加强移动通信网络建设，保证公共信息平台的畅通无阻，加强短信、微信监控与过滤。主要对短信、微信流量突然增多、数量超乎寻常的异常手机的相关内容进行抽检，防止其传播有害信息。并把握好尺度，避免侵犯用户隐私和通信自由。

五是全面强化网民素养教育，提高网络文明的社会聚合能力。网络治理

---

① 赵玉林：《构建我国互联网多元治理模式》，《中国行政管理》2015年第1期。

是自律与他律的有机统一。在 Web 3.0 时代，网络内容生产和消费具有即时化、多样化、便捷化和共享性的特征，网民作为"生产型消费者"的主体价值得到了充分的展示。但是，网络自由与责任同在，网络文明的提升，是以网民素养的提高为前提的。因此，在网络共治的过程中，各级政府、网络企业和社会组织"要深入调研网民的网络消费困惑和精神需求的发展趋向，利用新时代网络文化的传播优势，对网民进行人生理想、文化观念、消费理性等方面的教育，为网民的生活、工作排忧解难，尤其要注重网络消费知识、消费观念和消费规范教育，从民族精神、时代精神和人的全面发展的角度指导网民的网络消费，广泛培育视野开阔、懂理守法、健康文明的网民，通过网络媒体与网民之间的良性互动和协调发展，提高媒介文明的社会聚合能力"①。

在媒介素养研究中，过去我们一般只注重两个群体的能动性，一是媒体从业人员，二是广大普通受众，并没有涉及公务员。过去我们一直强调要加强和培养领导素养，但很少提及领导也应该培养、拥有媒介素养。而现实情况下，媒介不仅是媒体从业人员和广大普通受众之间的事情了。公务员、媒体和广大普通受众形成了"三角关系"，三者互相博弈，互相影响，三者的互动也将越来越频繁。各级政府和公务员越来越成为媒体和公众舆论评判和监督的主要对象。在面对舆论监督时，一些公务员常常是"口不择言"，甚至"胡言乱语"，他们一说话就是"最牛"。这些"雷人雷语"每每一出现，都会引起舆论的轩然大波，质疑、诘问、批判，不一而足。最近几年网络舆论沸沸扬扬，难以抑制，除了社会转型期民众正常的诉求表达外，少数公务员的媒体素养低下，也成为点燃公众情绪表达的一根导火索。在网络时代，政府形象建立与公务员媒体素养的提升有着千丝万缕的关系，公务员的媒介素

---

① 蒋建国：《符号景观、传媒消费主义与媒介文化向度》，《新闻与传播研究》2008 年第 4 期。

养应成为干部教育的重要内容。

六是培育具有广泛影响力的网民权益组织。目前我国网络行业组织较为发达，但行业组织往往具有政府背景或者企业背景，很难完全代表网民的权益。而西方国家有关维护网民权益的 NGO 较为发达，我国网民的维权意识还较为淡薄，社会组织对网民权益问题的认知还较为欠缺，互联网治理的"机制失衡"问题也与此相关。"结合我国社会组织发展经验，政府应当积极培育公正权威的网民权利组织，借此推动政府和网民之间互助互信，推动网民权利组织协助政府和服务商开展管理活动。"① 值得注意的是，政府应该合理区分网络公益组织和网络营销企业之间的界限，鼓励各地建立各类网民维权协会，通过这些维权组织，加强与网民的沟通，及时了解网民的合理诉求，通过第三方组织的作用，加强政府与网民之间的联动，这对解决一些群体性事件，提高网民自治能力，促进网民参与政府政策制定，强化对商业网站的监督都具有重要意义。

然而，多边共治并不排斥政府的主导作用。"在协同治理过程中，政府在规范网民和服务商行为方面应发挥引导性的作用，制定国家互联网发展战略，推动互联网立法，执行互联网法规，实施'事前、事中和事后'监管。现代社会，政府角色已经发生了显著变化，政府承担公共责任并不必然需要直接生产公共产品及公共服务。许多时候，政府发挥的作用是监督直接提供公共服务的代理人。因此，政府应积极转变职能角色，从'划桨者'转向'掌舵者'，并积极为互联网产业及服务商的健康发展营造良好的环境。"② 可见，政府既是管理者，又是服务者。在整个网络治理过程中始终居于引导、规范、协调与监督的地位。但这种地位的获得，是以网络企业、网民和社会组织的相互信任、广泛参与、高度配合、互相支持为前提的。

---

① 赵玉林：《构建我国互联网多元治理模式》，《中国行政管理》2015 年第 1 期。
② 同上。

三 网络协同治理的信任基础与社会调适

在网络协同治理过程中,参与各方的信任度非常重要,正如吉登斯所言:寻求信任的首要条件不是缺乏权力而是缺乏完整的信息。① 在网络社会,尽管网民了解信息的途径和方式较为多元,但是,由于信息的海量性和复杂性,网民对于信息了解的难度却不断增加。信息不对称的现象较为普遍。尽管网络空间中陌生人交往的想象力极为丰富,但是,陌生人社会所引发的各种风险已成为一个较为严重的社会问题。尤其随着大量突发事件的扩散和蔓延,各种谣言满天飞,许多网民已经失去了消息辨伪的能力,加上一些政府官员舆情应对能力较差,与网民之间缺乏有效沟通,这直接影响到网络信任关系的建立。而社会信用就是要尽可能地减少复杂性和降低各种风险。正如卢曼(Von Niklass Lumann)所言:信任与复杂性简化联系在一起,具体地讲,是因其他人自由进入世界的复杂性的简化,信任发挥功能以便理解并减少这种复杂性。②

因此,政府和监管部门应该看到当前网络信任缺失的严重性,在强化网络综合整治,积极提高新闻信息的公开性、可信度,保障网民的知情权、表达权和参与权,努力降低网民的信息搜寻和辨伪成本,主动和及时公开一些重要事件的真相,通过信息公开推动社会信任关系的建构。同时,"风险和信任交织在一起,信任通常足以避免特殊的行动方式所可能遇到的风险,或把这些危险降低到最低程度"③。由于网络风险已成为当下社会风险的重要形态,尤其是各种网络色情、暴力、赌博、盗版、售假、造谣现象层出不穷,对许多网民而言,一旦有了受害的经历,就会对网络产生不信任感。尽管信任是一种最为重要的社会资本,但是,"信任未在成员中间普及之前群体必须整个

---

① [法]安东尼·吉登斯:《现代性的后果》,田禾译,译林出版社2000年版,第29页。
② [德]尼古拉斯·卢曼:《信任》,瞿铁鹏、李强译,上海人民出版社2005年版,第40页。
③ [法]安东尼·吉登斯:《现代性的后果》,田禾译,译林出版社2000年版,第31页。

地接受共同的规范"①。因此，各级政府和相关监管部门，要从建构网络文明的高度，惩恶扬善，激浊扬清，强化法制意识、规范意识、责任意识，以社会主义核心价值观引领网络文明的发展，营造绿色、安全、和谐的网络环境，降低各种网络风险，提高网民的安全感和信任度，从而使各方能够在信任的基础上进行协同治理。

在社会转型期，网络成为社会矛盾的展示空间，网络治理既具有社会治理的一般特征，又由于网络虚拟空间的复杂性而呈现自身的特色。当前，社会上普遍存在的仇富仇官现象、奢靡炫耀现象、个人主义和拜金主义现象，在网络上得到了充分的展示，网络不理智行为和不信任情绪不断蔓延。现实社会心态失衡使得道德化政治抗争、网络舆论审判、网络侠客情绪、网络恶搞愈演愈烈，严重扰乱了网络舆论秩序，作为非传统安全的网络安全问题日趋严重。②网络社会矛盾凸显，其中一个重要原因就是当前民众的利益诉求表达机制不够畅通。比如近年来广东连续发生的"海珠桥跳桥事件"的报道，其实跳桥者并非真的打算去死，而是为了寻求舆论关注，进行违反既定社会公共秩序的"身体政治"层面的抗争，以在短时间内引发网络舆论聚焦点，表达自己的利益诉求。

网络心态失衡是社会矛盾的集中体现，在政府的协同治理中，必须高度重视网络问题所呈现的社会因素，要从事关社会安定团结和国家长治久安的高度，重视网络社会心态的培育和网络公共事件的妥善处理，在协同治理的框架下，畅通政府、社会组织与网民的对话渠道。政府要态度诚恳、语气平和，关注网民的现实诉求，注重问题的解决，及时疏导网络不满情绪，建立网络问政的机制，为网民排忧解难，使网友从"网上"走到"网下"，从

---

① ［美］弗朗西斯·福山：《信任：社会美德与创造经济繁荣》，彭志华译，海南出版社2001年版，第31页。
② 谢金林：《网络舆论社会管理新课题——培育良好的网络社会心态》，《中国青年研究》2012年第3期。

"虚拟"参政走上"现实"参政。政府以开放的心态来面对网络，并积极搭建平台，发挥网民智慧，让他们为经济和社会的发展建言献策，实现虚拟社会和现实社会的无缝对接，可以拓宽民众的言论渠道，有助于拉近政府与民众之间的距离，提升现代政府的服务能力。政府只有尊重网络，善于利用网络的力量，并把网络当作建设公民社会的重要力量、了解民意的一个阵地、政府与民众进行对话的意见交换场，政府所期望的网络社会的理性、责任、建设性的一面才会显现，才能从长远上维护社会的稳定和发展。

针对网络群体性事件和突发事件的治理，在充分发挥政府相关部门、新闻媒体作用的同时，要发挥科研机构、社会公益组织和网民的参与作用，建立多元治理体系，主动回应社会需求，及时公开发布事件真相，动态反映事件进展，建立通畅的事件处理和反馈机制，提高应急管理能力，扩宽合作渠道，积极发挥网民的建设性作用。强调多中心的治理模式，让民间力量主动参与到事件处理的全过程。

在灾难事件和网络突发事件的后续处理过程中，社会秩序的恢复和稳定，是一项长期的工作，实现社会的长治久安需要建立一整套的社会抚慰机制。可以允许并适度鼓励社区、农村的民间力量建立心理、情感的抚慰、救济场所。心理医师的门槛不要一刀切，要有分级，社区和农村搞那么高级没有意义。以比较固定的志愿者工作站的形式建立心理咨询机构，也是值得实验的。发挥民间社会团体在联络社会成员方面的渠道作用，能够在一定程度上减少网民的疏离情绪，增加网民的情绪归宿感。这也是协同治理的重要内容。

显然，网络协同治理是建立在多元主体相互信任、相互支持的基础上。这与政策网络理论的要求是一致的。政策网络强调政策制定过程中的多元主体参与、互动与共享，尤其能够提高非政府组织和其他参与者的积极性。因此，政策网络"能够动员与汇集广泛分布于公私部门的资源，能够通过平等协商而形成政策共识，能够通过集体协力的行动去解决问题"①。

四 协同治理与网络文化建设的时代诉求

强化网络协同治理，不仅要针对网络本身存在的问题，更需要从战略上注重网络文化发展与国家现代化之间的关系。既要从全球治理的角度，充分借鉴西方发达国家在网络治理中的成功经验，又要避免陷入西方主义的泥潭，照搬照抄西方模式，片面理解和运用网络自由主义、个人主义，导致网络空间的文化异化问题。因此，要立足中国网络文化发展的实际，正视中国经济和社会发展的现状，以多元思维、开放视野和科学精神进行网络协同治理和长远规划。

网络文化建设要从我国网络社会的现状出发，促进网络社会与市民社会的融合。中国互联网发展的 20 多年，经历中国市场经济改革的不同阶段，也分享了市场化改革的巨大红利。目前中国已拥有 7 亿多网民，成为全球网民数量最多的国家。中国互联网技术在很多方面已达到西方发达国家的水准，网络文化的开放性、丰富性、多元性也较为明显。但是，中国网络发展过程中的地区、阶层差异性仍然较为突出，网络"数字鸿沟"也没有得到有效解决，网络黄色、黑色、灰色消费现象还较为严重，这直接影响到网络文明的可持续发展。值得注意的是，网络社会是现实社会的折射，网络治理与社会治理不可分离。因此，从网络文明的本源角度看，必须将市民社会的基本理念融合到网络社会之中，促进网络文明与社会文明的协调发展。

市民社会是西方政治学、社会学、传播学等诸多学科都非常关注的理论资源，其内涵和意义不断变化，从古罗马时期到现代社会，西方学者都将市民社会作为民主政治的重要标志。现代市民社会有两个传统：古希腊罗马时期的城邦或以城市为文明中心的政治国家，以及人们关于它的观念和思想；

---

① 张康之、程倩：《网络治理理论及其实践》，《新视野》2010 年第 6 期。

中世纪末叶以来在西欧涌现出的自治的城市公社,它在后来的发展,以及人们关于它的观念和思想。17、18世纪以来在一些西欧国家产生的现代市民社会实际上可以看作这两种传统的汇合,它既是一个"私人利益关系的总和",又是一个"国家公民"的社会,这一社会在西方特有的政治经济文化背景下经历了漫长的发展演化过程。① 现代市民社会的运转是在政治国家和市民社会相分离的基础上进行的,这就意味着市民社会自身可以从内部建立起必要的秩序,而不必仰仗国家运用强制性力量从外部去建立它。然而,这一点只有在市民社会的成员都能够尊重他人和社会的利益,并自觉自愿地遵守有关规则的情况下才能做到。这就要求市民社会的成员摒弃极端的利己主义思想,理智地认识到只有尊重他人的利益和权利才能赢得他人对自己的利益和权利的尊重,认识到只有人人遵守活动规则(包括法律规范)才能保证各项活动的正常进行,从而使每个人的利益都得以实现。② 因此,市民社会既要强调公民的"私利",又要服从国家和社会的"总体利益"。这就说明,市民社会与国家之间有一个合理的边界。市民社会的现代公民既要"争利"又要"合德",推动个人、社会与国家之间的良性互动与和谐发展。同时,中国所需要构建的市民社会不仅应当具有经济自由的能力,而且应当具有影响国家决策的积极参与权利。③

尽管中国拥有世界上人数最多的网民,形成了具有巨大影响的网民社会,但是,当下中国的网民社会与市民社会有着极大的差距。尽管中国经济总量已跃居世界第二位,但是中国的市民社会培育却明显滞后,尽管知识分子与企业家对公共参与的意愿比较强烈,但是大部分的农民和社会下层人员的"参政议政"意识却较为淡薄。而随着互联网的广泛普及,网民中农民和社会

---

① 方朝晖:《市民社会的两个传统及其在现代的汇合》,《中国社会科学》1994年第5期。
② 何增科:《市民社会概念的历史演变》,《中国社会科学》1994年第5期。
③ 邓正来:《国家与社会:中国市民社会研究》,北京大学出版社2008年版,第18页。

下层人员的比例逐渐提高，尤其是中学以下文化程度的网民人数较多。尽管从社会公共事件的角度看，中国网络公共领域比较热闹，但网民参与公共领域的总体比例并不高。"而由网络公共领域'自其事'所带来的'自赋困境'与所在虚拟社区交互关系下的'他赋困境'共同带来了中国网络公共领域的表达悖论。由于私人领域与公共领域没有形成明晰分界，'集市模式'的存在又使得市民社会在网络时代面临着'同质相异'和'异质趋同'的矛盾选择，群体极化现象因为中国市民社会的先天不足和后天营养不良带来了文明之外的话语暴力。文化堕距导致了制度的主流话语与网络公共领域的流行话语成为对立的语言系统。"[1] 因此，尽管网络公共领域呈现比较"繁华"的景象，但网民的整体参与度并不高；尽管有许多公共议题，但理性的公共讨论较少；尽管有许多热点事件，但建设性的解决方案较少。这与市民社会所倡导的公共政治参与有着极大的差距。

因此，网络协同治理应该从系统的角度协调政府、企业、社会组织与网民的关系。网络治理要从强国家—强社会的角度，强调在国家与社会这两者之间进行沟通与协作，从而实现一种"非零和博弈"。也就是说，没有必要把国家的所得视为社会的所失，或者相反。实际上，无论从理论还是实践的方面来看，都存在这样的可能性，即求得社会与国家、个人与整体的利益的协调发展。[2] 政府一方面要大力发展互联网产业，强化对网络的综合治理；另一方面要积极培育网民的市民社会精神，拓展网民公共参与的途径、手段和方式，提高网民的政治参与热情和建言献策能力，促进网民社会与市民社会的互动与融合，构建政府、网络企业与网民的合作与共赢的关系，推动网络治理现代化与网络文明的协调发展。

---

[1] 胡晓：《马克思市民社会理论视阈下网络公共领域治理》，博士学位论文，中南大学，2013年，摘要第3页。

[2] 唐士其：《"市民社会"、现代国家以及中国的国家与社会的关系》，《北京大学学报》（哲学社会科学版）1996年第6期。

第二节 网络文化建设的现实路径

今天,网络作为最具影响力的媒体已成为不争的事实。但是,无论我们多么依赖网络,它仍然是一种媒介,是我们面对的一种工具。作为一种新的技术,互联网的确极大地改变了我们的生活,延伸了我们的器官功能。正如汉斯·沙克塞(Sachsse Hans)所言:不管是史前的原始工具还是现代的重要技术,都是用来提高器官的作用,这些新的技术器官所以能够得到承认,因为它们能够更快地工作。选择总是喜欢更快的事物,与在亚人类的自然中一样,选择在这里按照同样的标准行事。[①] 因此,无论网络技术多么发达,他仍然是由人所发明并控制的。网络技术与人类任何发明一样,都首先是一种工具,而人类如何认识并运用技术,是人类面对的核心议题。从西方到东方,无数先哲都对技术的工具和价值理性展开了深入批判和思考。而网络文化更是作为新兴的学科方向,受到许多跨学科领域学者的高度关注。网络文化的"网络性"和"文化性"的结合,为研究者提供了广阔的想象空间,对于网络文化,任何具有上网经验的网民都有自身的感受。但是,网络文化不仅仅是一种感官和感知意义的文化,它更多地体现为思维和思想层面的精神文化。因此,网络文化建设的最终目标是促进人的全面发展、社会的全面进步和国家软实力的全面提高。从网络技术、网络产业、网络安全等方面提升网络文化的竞争力和影响力,从个人、社会和国家三个层面去认识网络文化的时代价值,是网络文化建设的应有之义。

---

① [德]汉斯·沙克塞:《生态哲学》,文韬、佩云译,东方出版社1991年版,第35—36页。

一 网络技术与网络文化发展

经过20多年的发展，我国已成为网络大国。但是，从网络技术的层面看，我国网络技术水平与西方强国之间的差距还很明显。2008年中国每千人互联网用户数为61.72户，世界平均数为232.73户；2013年中国每千人互联网用户数为136.34户，世界平均数为381.32户。[①] 我国信息化水平远未达到世界平均水平，这与我国作为世界第二经济大国的地位是很不相称的。尤其是广大农村地区，互联网的普及率还很低，一些民众对网络技术一无所知。面对互联网技术的不断革新，如果没有较高的技术普及率，网络信息化就很难达到预想的效果。

值得注意的是，我国信息化程度在世界排名中也不理想。2010年世界排名第36位，2013年下降为第62位。[②] 在世界信息革命浪潮下，各国都将发展信息技术作为提升综合国力的重要举措。网络技术的普及和进步，也成为国家现代化的一个重要指标。因此，加快网络技术的创新，提升网络技术的核心竞争力，促进互联网的广泛运用和普及，是国家发展战略的重要组成部分。

网络技术与网络文化相互影响，相互促进。一方面，网络文化是由网络技术决定并界定的，这是其技术特质；另一方面，网络文化又超出这种技术的规定，使技术成为人类的一种全新的生存方式，充分体现着文化的精神内涵。网络文化就是技术与文化的联姻，并由此达到文化的自我超越。[③] 网络技术是网络文化的载体和平台，是网络文化发展和传播的基础和前提。要推动网络文化的大众化，必须大力普及互联网知识，提高网络的使用率。目前，我国移动互联网应用率不高，上网费用居高不下，网速偏低，网络用户对技

---

① 《世界各国和地区信息化综合指标数据》，《中国信息年鉴2014》，中国信息年鉴期刊社2015年版，第746、752页。
② 《2012—2013年世界各经济体信息化程度排名》，《中国信息年鉴2014》，中国信息年鉴期刊社2015年版，第614页。
③ 刘同舫：《网络文化：技术与文化的联姻》，《自然辩证法研究》2004年第7期。

术运营商的服务有诸多意见。从基础层面上解决网络技术服务问题，需要从国家决策层面进行具体谋划，将大力发展网络技术作为一项长期的任务来实施，从制度上确保网络技术的可持续发展，将网络技术发展作为国家信息化战略的重要内容。

网络的技术属性与文化属性是有机统一的，网络技术的发展要体现网络文化的本质要求。这就需要网络技术发展要遵循科学、理性、道德、健康的基本要求，既要融入现代科技的基本理念，又要体现现代文明的基本需要。网络技术创新的目的是满足网络社会发展的需要，不断提供先进的核心技术，在关键设备和设计理念上体现独创性、先进性和科学性。近20年来，我国网络技术基本上是以引进为主，尤其是在计算机核心技术上，创新程度不够，对西方网络技术存在着严重依赖。在建设创新型国家的进程中，网络技术创新必须打破对西方技术的过度依赖局面，在关键技术上实现突破，提高网络技术原创性研发水平，尤其在云计算、大数据关键技术的研发方面，要走在世界前列，形成若干具有国际先进水平的网络新技术。

正如习近平总书记所指出的那样：信息技术和产业发展程度决定着信息化发展水平，要加强核心技术自主创新和基础设施建设，提升信息采集、处理、传播、利用、安全能力，更好惠及民生。[①] 建设网络强国的前提和基础是强化信息技术的自主创新。在全球信息技术发展日新月异的背景下，我国的网络技术创新，要在网络关键设备和关键技术上突破，在网络结点、宽带网络系统、资源管理和任务调度工具、应用层的可视化工具等方面实现跨越式发展，尤其是利用"互联网＋"的技术创新模式，加强传统产业与网络产业的融合与发展，将网络技术创新成果深度融合于文化、经济、社会各领域，大力提升全社会的创新力和生产力，以网络技术发展推动社会的整体发展，

---

① 习近平：《习近平谈治国理政》（第一卷），外文出版社2014年版，第198页。

为网络文化注入更多的创新元素和符号价值。

网络技术管理体制创新,是计算机网络技术发展的重点策略之一。在全球网络技术竞争日趋激烈的背景下,我国网络技术的发展,势必借鉴西方先进的技术管理模式,充分发挥网络企业的创新能力,保护网络技术发明者的合法权益,提高网络企业的技术推广能力。网络技术水平是国家综合能力的重要体现,网络技术管理也必须适应现代管理的需要。当前,我国网络企业数量众多,但在核心技术的研发和应用上,却很难有大的突破。这与多头管理、无序竞争、观念落后等因素有着密切关系。因此,要从体制上理顺网络技术管理的各种要素,加强政府层面的统一协调,制定网络技术发展的行业标准,培育重点骨干网络企业的技术创新水平,强化网络企业的技术应用能力。将技术创新、文化创新与体制创新有机地结合起来,推动网络技术的核心竞争力,以先进的网络技术推动先进的网络文化建设。

二 网络产业振兴与网络文化发展

网络文化产业是技术层面的高新科技与文化层面的高新文化的和谐统一。以数字化方式存在的网络文化产业不仅实现了网络信息内容的大容量集聚与快速传播,还将网络文化产品表现在信息环境中,使网络信息内容的传播更加形象、生动,实现了文化内涵与技术的高度融合。[①] 网络文化产业既具有一般产业的经济属性,又与西方文化、中国传统文化、商业文化有着极为紧密的联系,同时,它始终以互联网为平台。互联网是技术平台、零售平台、娱乐平台、资源整合平台、营销平台的结合,体现了互联网是适应技术与文化发展需要的新兴产业。其产品具有明显的数字化、符号化、虚拟性的特征,对网络社会的生产与消费方式有着深远的影响。尤其是网络购物、网络游戏、网络视频等产业的发展,使网络文化产业对生活方式的影响更为深入。在网

---

① 解学芳:《论网络文化产业的特征》,《学术论坛》2010年第6期。

络化营销的影响下，传统文化产业搬到互联网上，包括电影票、工艺美术，能够标准化的产品或者定制的东西全部都弄到互联网上。传统的文化产品的营销和城市形象的宣传，换句话说广告很大的份额都投向互联网。网络文化产业超越传统文化产业已成为必然的趋势。据文化部部长雒树刚预测，文化产业在国家GDP中的比重从2014年的3.76%，将增长到2020年的5%以上。① 网络文化产业将大有可为。

然而，在市场化的过程中，我国网络文化产业的发展，也面临诸多问题。尤其是在产业环境、管理体制、内容经营、产业融合、消费服务等方面。以网络游戏为例，主要表现为：一是认识有偏差，对网络游戏市场中存在的问题有夸大化或者忽略化等两种极端认识。二是网络游戏产品中存在色情、赌博、暴力、愚昧、迷信以及危害国家安全等不健康内容。三是未经内容审查的境外网络游戏产品充斥我国网络游戏市场，缺少拥有自主知识产权的原创网络游戏产品。四是"私服""外挂"等非法经营行为比较突出，影响了网络游戏的健康发展。五是容易影响缺乏自制能力的未成年人的身心健康，有的深陷其中、不能自拔并诱发一系列社会问题。② 可见，网络文化产业的发展，需要调动各种积极因素，从综合、协调、可持续发展的角度，夯实其对网络文化的基础作用。

发展网络文化产业，首先要优化网络文化环境。在传播全球化的背景下，互联网的发展，将进一步加剧欧美强势文化对中国民族文化的冲击，如何应对正在发生和未来将要发生的竞争是中国网络文化发展战略中必须思考和前瞻的问题。因此，把网络文化建设作为一项基础工程抓好抓紧是确保网络文化产业的发展环境的重要前提，网络文化产业的发展环境包括良好的政策环

---

① 《文化部部长雒树刚：2020年文化产业预计占国家GDP5%以上》，http://finance.people.com.cn/n1/2016/0313/c1004-28195100.html，2016年3月13日。

② 宋奇慧：《网络文化产业——新的文化经济增长点》，《北京邮电大学学报》（社会科学版）2004年第3期。

境、法制环境、市场环境、文化创新环境、技术创新环境等，包括建立网络诚信、网络道德、网络保护和监督机制等。① 随着网络经济、文化的发展，网络环境也会出现新的变化。优化网络环境应该按照"清朗文明"的要求，始终体现社会主义物质文明、精神文明的要求，为网络文化产业的发展提供诚信、公正、公平、法治、创新的良好氛围，使产业与文化实现协同发展。

其次，要大力发展网络内容产业，提升网络文化的内涵。网络内容产业包括互联网服务、数字动画、无线内容服务、电子出版、网络游戏、在线教育、数字图书馆等多种形式。随着移动终端和大数据云计算的广泛运用，网络内容产业与商业、金融、旅游等行业的关系进一步密切，并渗透到传统产业的各个领域。在"互联网+"时代，网络已成为产业融合的平台，实现了跨时空的产业聚集和发展。正如腾讯CEO马化腾所言，我们认为未来的"互联网+"模式是去中心化，而不像过去是一个集市。腾讯只做两件事：连接器和内容产业。我们是去中心化的，场景化的，跟地理位置有关的，千人千面，每个人需求都能实现。这样的话，才能最大限度地连接各行各业中能够在自身垂直领域做出成绩的合作伙伴进行整合，这样生态的力量才是最强大的。② 网络社交媒体、移动终端和大数据的发展，使网络成为新兴和传统产业融合的平台，直接推动了传统产业网络化的进程。网络文化产业已摆脱了传统的网络生产和消费模式，成为满足网络社会全方位需求的融合产业。因此，它对网络文化的发展模式也起着基础和先导作用。随着网络内容产业的不断融入和扩展，网络文化将会呈现更为丰富多彩的内容。

最后，强化网络文化产业的治理能力，提升网络文化传播力。网络文化产业发展演化历程类似于生态学上的"间断均衡"，稳定"长波"与突变

---

① 刘绪义：《论中国网络文化产业发展的几个问题》，《北京理工大学学报》（社会科学版）2005年第1期。

② 《马化腾说，腾讯只做两件事：连接器和内容产业》，http://www.huxiu.com/article/113931/1.html。

"短波"的耦合构成了网络文化产业发展的动态演化曲线：一是业态演化，包括网络文化产业的非居间化、再居间化与技术主导的动态演变机理；二是集聚演化，包括建筑于地域空间系统上的主体集聚、由内生制度与外生制度聚合的制度集聚以及创新与创造性融合共生的创意集聚；三是生态演化，包含自组织机制、自我复制机制、变异机制的生态位演化，生态链演化与自衍生机理的融合。鉴于此，在国家文化治理的背景下，要加快构建基于三维动态演化机理的网络文化产业新治理体系，提高治理的回应力、制度创新的前瞻性与优化网络文化大生态体系，实现网络文化生产力、影响力与综合竞争力的稳健跃迁。[1] 因此，网络文化产业治理体系的建构，既要体现网络文化产业发展的规律和趋势，又要创新网络文化管理的方式方法，提高政策和法规的引导和保障作用。

三 网络安全与网络文化发展

习近平总书记指出：网络安全和信息化是一体之两翼，驱动之双轮，必须统一谋划、统一部署、统一实施。做好网络安全和信息化工作，要处理好安全与发展的关系，做到协调一致、齐头并进，以安全保发展，以发展促安全，努力建久安之势、成长治之业。[2] 可见，网络安全是网络发展的前提和基础，没有网络安全，网络文化的安全便无从谈起。

斯诺登曝光"棱镜门"事件后，各国对网络空间的安全问题有了深刻认识。今天，网络安全已成为国家安全战略的核心内容，尤其是随着美国等西方发达国家组织网络战部队之后，网络威胁已成为未来最主要的威胁，网络空间的争夺更日趋激烈。

从文化消费的角度看，网络安全是确保网民权益的基础。在网络化生存

---

[1] 解学芳、臧志彭：《网络文化产业动态演化机理与新治理体系构建》，《东南学术》2015年第4期。
[2] 习近平：《习近平谈治国理政》（第一卷），外文出版社2014年版，第197、198页。

状态下，每位网民的上网行为都存在安全问题，比如软件安全、内容安全、传播安全等，它涉及安全策略、移动代码、指令保护、密码学、操作系统、软件工程和网络安全管理等内容。可以说，没有一个安全的网络系统和网络环境，网络消费便始终存在巨大的风险，对国家、集体、个人都可能造成不可估量的损失。

从网络文化建设的角度看，网络安全是网络文化安全的前提。随着互联网的普及，网络空间的超空间性为传播全球化提供了便利的条件，网络意识形态和文化的争夺也日趋激烈，从"互联网总统"到"颜色革命"，网络舆论已对政治、经济、文化实现全面渗透。网络文化安全也成为国家软实力的重要体现，维护网络安全也成为国家主权的重要内容。因此，必须从国家战略的高度重视网络安全，确保网络文化的健康发展。互联网时代，虽然军事安全仍然占有十分重要的地位，但文化安全、意识形态安全将更加复杂、更具迷惑性，为了赢得这场文化战争的胜利，我们除了要进一步探究文化自身发展的规律外，还要重视研究互联网技术对文化发展和传播的影响，探索在网络空间如何赢得文化主动权的策略和方法。[①] 因此，加强网络文化安全建设，一方面要防范西方网络军事、网络间谍、网络黑客的入侵；另一方面要重视网络文化与民族文化、现代文化的融合创新。强化社会主义核心价值观对网络文化的引导作用，注重民族文化的网络推广与传播，加强网络文化产品的创新，注重网络高雅文化与大众文化的协调发展，充分把握网民在文化消费上的特点与规律，注重提升大众文化的品质和内涵。同时，要在坚持网络安全的基础上，制定网络文化走出去的战略，向全球输出中国优秀的网络文化资源和文化产品，在建设网络强国的基础上，推动网络安全与网络文化的一体化发展。

---

① 张显龙：《筹划网络空间战略 促进网络文化发展》，《中国信息安全》2013年第8期。

要确保网络长治久安,就必须加强网络安全立法。大多数网民都有过网络被病毒或木马攻击、账号或密码被盗的经历。但是,面对网络安全的种种威胁,许多网民投诉无门,对资产、声誉的损失感到无可奈何。解决网络安全问题,不仅需要政府、运营商、服务商和网民共同努力,加强网络与信息安全管理。更需要在网络安全立法方面加以规范。过去几年,一些政府部门在信息安全管理方面出台了不少规定、规章,但是,网络安全管理涉及多方面的责权关系,需要从国家层面统一立法,整体管理。目前,全国人大常委会正在草拟网络安全法,这必将对我国网络安全和网络文化建设产生深远影响。网络安全法既要保护网络主权,维护国家安定团结,又要保护公民的网络权益,推动网络文化的健康发展,通过法治的途径,大力清除网络黑色、黄色、灰色文化的负面影响,促进网络文化的健康发展。

网络安全的主体是网民,网络安全人才培养和网民的安全素养对网络文明的发展有着直接影响。据了解,目前,我国具备 3 年以上信息安全工作经验、拥有本科以上学历的信息安全高端人才严重缺乏,而其中懂技术、懂管理和懂业务的从事信息安全管理、信息安全技术架构和信息安全检查评估等的人才更是稀缺,高级的战略人才和专业技术人才尤其匮乏。[①] 根据网络安全发展的需要,培养更多的业务型、技术型、复合型人才,是建设网络强国的一项重要任务。对于一般网民而言,提高网络安全意识、明确网络行为规则、自觉遵守网络安全法规,维护国家安全和公众利益,主动抵制网络谣言、网络暴力、网络欺诈行为,坚持安全上网、文明上网,主动学习网络安全知识,提高网络应用能力,熟悉网络社交媒体的交往规范,不转发有损国家利益和他人利益的信息,不轻信网络中奖、网络赌博、网络迷信信息。始终坚持文明上网、安全上网的原则,不断提升自身的网络素养,为网络清朗文明的发

---

① 范玉凤:《网络安全危机,谁来化解》,《中国教育报》2011 年 5 月 18 日第 006 版。

展做出应有的贡献

四 网民素养与网络文化发展

网络生产与消费的主体是网民，网络文化建设的主体也是网民，促进网民的发展则是网络文化价值的基本体现。因此，网络文化建设应该高度重视网民的身心健康、网络素养和可持续发展，使网络成为网民学习、生活、工作的理想工具。显然，这里所提出的网络文化，是融合了物质文明、精神文明的优秀成果，具有正确价值导向的先进文化。

网络技术本身就是一种器官，汉斯·沙克塞对人与技术的关系做出了客观评价。他指出，如同天然的器官一样，技术在这里和以后都被视为工具。虽然每个工具对其使用者都有反作用，他创造出新的可能性，同时也带来新的诱惑。……一切技术都是人所制造的，作为人的辅助手段，人对他所创造、所运用的技术负有责任。说技术具有一种独立的、对人常常是有害的势力，这种哲学我们认为是用人的欲望来解释技术，是对责任的逃避。[①] 可见，网络技术带来的诸多负面影响，是由于网民对网络的不恰当使用所造成的，与网络技术本身并没有多大关系。因此，网络文化建设首先应该关注网民的合理需求，而不是满足非必要的欲望，从源头上解决网络消费与文化价值问题。

网络媒体已触手可及，并在很大程度上已成为身体的附属器官，这就意味着网络文化的品质对网民的生存有着"嵌入式"影响。从文化输入与接受的角度看，网络文化的"接入端"应该具有"清朗文明"的特质，也就是说，网络空间虽然充满了各种杂质，但网络文化应该追求健康、理性、科学，要体现真、善、美的价值目标。一些学者用"伊托邦"来表达网络文明的理想境界，寄托了对网络世界的美好期待。但是，网络消费的趋低性非常明显，这一方面有利于网络自由、民主空间的形塑，另一方面也意味着各种假、黑、

---

① ［德］汉斯·沙克塞：《生态哲学》，文韬、佩云译，东方出版社1991年版，第36页。

黄、丑现象夹杂其中，网络文化的供应链也充斥各种商业化、娱乐化与色情化的问题。如何净化网络文化环境，促进网络清朗文明的传播，是网络文化建设的先决条件。

网络素养教育应充分吸收民族传统文化的合理内核，中国传统文化中的仁义、和合、节俭等核心思想，对促进民族团结、提高公民道德修养和维系国家稳定有着极为重要的作用。我国网络文化的发展，不应在现代化的话语转换中，沉溺于后现代主义文化所笼罩的"景观社会"。在社会转型过程中，网络媒体更应发挥"胶水"和"信息管家"作用，在迷乱的消费主义潮流中保持价值理性，充分利用网络媒体的社会整合功能，以文以载道、忧国忧民、普度众生的人文关怀精神，深入调研网民的网络消费困惑和精神需求的发展趋向，利用网络文化的传播优势，对网民进行人生理想、文化观念、消费理性等方面的教育，为网民的生活、工作排忧解难，尤其要注重网络消费知识、消费观念和消费规范教育，从民族精神、时代精神和人的全面发展的角度指导网民的网络消费，广泛培育视野开阔、懂理守法、健康文明的网民，通过网络媒体与网民之间的良性互动和协调发展，提高媒介文明的社会聚合能力。

五　国家软实力与网络文化竞争力

我们要培养高度的网络文化自觉和文化自信，努力探索中国传统文化、现代文化的融合方式和创新途径，加强网络文化品牌栏目建设，注意文艺载体与现代网络技术的有机结合，为网民提供喜闻乐见并具有教育意义的多层次精神文化产品，全面提高民族文化的传播力。要按照"求同存异，和而不同"的原则，以"海纳百川，有容乃大"的胸怀，积极推动中华民族优秀文化的国际传播，努力遏制西方文化的殖民化与传媒帝国主义势头，利用网络传播系统推动民间文化的国际交流，推动中国民族文化传播的全球化进程。

西方国家运用其高度发达的网络传播系统，制造"中国威胁论"，大力鼓吹政治多元化、经济私有化、军队国家化、价值多元化等，对我国网络舆论、文化安全和国家形象都产生不利影响。在网络文化建设过程中，要运用国家营销的理念，高度重视国家形象的传播；要讲究媒体公关艺术，创造平等、友好、互信的交流氛围，广泛开展文化外交和对外宣传；要研究国际受众心理，增强权威网站在世界范围的传播力和影响力；要及时掌握国际国内突发事件的舆论主动权，把握议程和时机，多角度、综合性塑造我国"开放、负责任"的国家形象。

国家富强、社会和谐与人民幸福是社会主义核心价值观的实现目标和实践基础，也是增强制度自信、文化自信、价值自觉和精神追求的重要前提。在"三个倡导"的引领和传播过程中，国家战略、社会规范和个人要求体现了系统性、层次性、科学性和开放性的高度统一。三个层面的协同发展是提升国家软实力的核心内容，是提高国家竞争力、创造力、影响力的重要举措。在全面建设小康社会的进程中，"三个倡导"所提出的二十四字方针，高度体现了国家软实力的时代内涵，是推动经济、政治、文化和社会协调发展的内在动力和精神支柱。

网络文化建设要强化社会主义核心价值观的引领与传播，将国家战略、社会规范和个人要求有机地结合起来，在全社会广泛开展"三个倡导"的实践活动，将13亿人民的智慧聚集到社会主义建设的宏伟大业中，积极协调和解决改革发展过程中的各种矛盾，以科学发展观统领全局，加强制度创新和改革力度，积极协调地区、阶层之间的利益，形成最广泛的社会共识，使中华民族达到空前的团结，凝聚最强大的合力，成为建构中华民族共同体的精神支柱，从而为实现全面小康创造最为有利的条件。

"三个倡导"从国家、社会、个体三个层面提出的目标，与"中国梦"的核心内涵"法治国家、诚信社会、文明公民"高度契合，是"中国梦"的价值内核。"中国梦"是国家梦、民族梦，是中华民族复兴的伟大构想，反映了社会主义的根本性质和共同愿景，其根本是人民梦，以广大人民的幸福为落脚点。因此，要在网络上广泛引领和传播社会主义核心价值观，不断增强各族人民的民族自信心、自豪感和自尊心，使社会主义核心价值观入脑入耳入心，在复杂多变的国际环境中，不断增强全体国民和海外华人华侨的民族认同感和文化归属感，使社会主义核心价值观成为中华民族的灵魂，为全面建设小康社会提供强大动力，从而实现国家富强、民族振兴、人民幸福的"中国梦"。

网络是形塑与展示国家软实力的重要平台，网络文化建设是提升国家软实力的重要途径和手段。要充分发挥好网络作为文化传播媒介的主体作用，发挥网络媒体在传播民族文化方面的优势，提升中华传统文化的辐射力和影响力；要适应传播全球化的需要，注重国家文化安全，打破西方媒体的垄断地位，建设具有中国特色的国际知名网络媒体。根据国际受众的需求特点，运用多语种网络展示中国现代化建设的成就，增强对外新闻报道的吸引力和影响力；利用网络传播技术和现代传媒体系增强民间文化的国际交流，形成辐射全球的多层次网络的先进文化传播渠道。

参考文献

一 中文著作

1. ［美］刘易斯·芒福德:《技术与文明》,陈允明等译,中国建筑工业出版社2009年版。

2. ［美］尼葛洛庞蒂:《数字化生存》,胡泳等译,海南出版社1996年版。

3. ［美］马克·波斯特:《第二媒介时代》,范静哗译,南京大学出版社2000年版。

4. ［加］马歇尔·麦克卢汉:《麦克卢汉如是说》,何道宽译,中国人民大学出版社2006年版。

5. ［法］路易斯·亨利·摩尔根:《古代社会》,杨东莼等译,商务印书馆1977年版。

6. ［德］马克思、恩格斯:《马克思恩格斯全集》,中央编译局译,人民出版社1979年版。

7. ［美］保罗·莱文森:《莱文森精粹》,何道宽译,中国人民大学出版社2007年版。

8. ［加］哈罗德·伊尼斯:《帝国与传播》,何道宽译,中国人民大学出版社2003年版。

9. ［美］詹姆斯·W. 凯瑞：《作为文化的传播》，丁未译，华夏出版社 2005 年版。

10. ［美］赫伯特·马尔库塞：《单向度的人——发达工业社会意识形态研究》，刘继译，上海译文出版社 1989 年版。

11. ［美］约翰·费斯克：《理解大众文化》，王晓钰、宋伟杰译，中央编译出版社 2001 年版。

12. ［美］戴安娜·克兰：《文化生产：媒体与都市艺术》，赵国新译，译林出版社 2001 年版。

13. ［英］斯各特·拉什：《信息批判》，杨德睿译，北京大学出版社 2009 年版。

14. ［加］文森特·莫斯可：《数字化崇拜》，黄典林译，北京大学出版社 2010 年版。

15. ［美］伊锡尔·德·索拉·普尔主编：《电话的社会影响》，中国人民大学出版社 2008 年

16. ［法］加布里埃尔·塔尔德：《传播与社会影响》，何道宽译，中国人民大学出版社 2005 年版。

17. ［德］马克斯·韦伯：《经济与社会》，林荣远译，商务印书馆 1997 年版。

18. ［法］古斯塔夫·勒庞：《乌合之众》，冯克利译，中央编译出版社 2005 年版。

19. ［美］詹明信：《晚期资本主义的文化逻辑》，陈清侨等译，生活·读书·新知三联书店 1997 年版。

20. ［美］安德鲁·基恩：《数字晕眩》，郑友栋等译，安徽人民出版社 2013 年版。

21. ［日］佐藤卓己：《现代传媒史》，诸葛蔚东译，北京大学出版社

2004年版。

22. ［美］柯文：《在传统与现代性之间——王韬与晚清改革》，雷颐、罗检秋译，江苏人民出版社2003年版。

23. ［美］本尼迪克特·安德森：《想象的共同体：民族主义的起源与散布》，吴叡人译，上海人民出版社2011年版。

24. ［美］唐·泰普斯科特：《数字化成长：网络世代的崛起》，陈晓开、袁世佩译，东北财经大学出版社1999年版。

25. ［美］戴维·冈特利特主编：《网络研究：数字化时代媒介研究的重新定向》，彭兰译，新华出版社2004年版。

26. ［法］米歇尔·福柯：《规训与惩罚》，刘北成、杨远婴译，生活·读书·新知三联书店2007年版。

27. ［英］詹姆斯·柯兰、娜塔莉·芬顿、德斯·弗里德曼：《互联网的误读》，何道宽译，中国人民大学出版社2014年版。

28. ［德］斐迪南·滕尼斯：《共同体与社会》，林荣远译，北京大学出版社2010年版。

29. ［美］彼得·M. 布劳：《社会生活中的交换与权力》，李国武译，商务印书馆2008年版。

30. ［美］大卫·理斯曼：《孤独的人群》，王崑、朱虹译，南京大学出版社2002年版。

31. ［美］保罗·福塞尔：《格调：社会等级与生活品位》，世界图书出版公司2011年版。

32. ［美］尼古拉斯·卡尔：《浅薄——互联网如何毒化了我们的大脑》，刘纯毅译，中信出版社2010年版。

33. ［英］T. S. 艾略特：《基督教与文化》，杨民生、陈常锦译，四川人民出版社1989年版。

34. ［美］阿尔文·托夫勒：《第三次浪潮》，黄明坚译，中信出版社2006年版。

35. ［英］阿兰·德波顿：《身份的焦虑》，陈广兴、南治国译，上海译文出版社2007年版。

36. ［英］爱德华·泰勒：《原始文化：神话、哲学、宗教、语言、艺术和习俗发展之研究》，连树声译，广西师范大学出版社2005年版。

37. ［美］欧文·戈夫曼：《污名——受损身份管理札记》，宋立宏译，商务印书馆2009年版。

38. ［英］安迪·班尼特、基思·哈恩－哈里斯编：《亚文化之后：对于当代青年文化的批判研究》，中国青年政治学院青年文化译介小组译，中国青年出版社2012年版。

39. ［德］瓦尔特·本雅明：《发达资本主义时代的抒情诗人：论波德莱尔》，张旭东、魏文生译，生活·读书·新知三联书店1989年版。

40. ［美］大卫·布鲁克斯：《布波族：一个社会新阶层的崛起》，徐子超译，中国对外翻译出版公司2002年版。

41. ［美］道格拉斯·凯尔纳：《媒体文化》，丁宁译，中国书籍出版社2004年版。

42. ［英］迪克·赫伯迪格：《亚文化：风格的意义》，陆道夫、胡疆锋译，北京大学出版社2009年版。

43. ［德］赫伯特·马尔库塞：《单向度的人》，刘继译，上海译文出版社1989年版。

44. ［美］霍华德·贝克尔：《局外人：越轨的社会学研究》，张默雪译，南京大学出版社2011年版。

45. ［德］马克斯·霍克海默、西奥多·阿多诺：《启蒙辩证法》，渠敬东、曹卫东译，上海世纪出版社2006年版。

46. ［英］克里斯·巴克：《文化研究：理论与实践》，孔敏译，北京大学出版社 2013 年版。

47. ［美］曼纽尔·卡斯特：《网络社会的崛起》，夏铸九、王志弘译，社会科学文献出版社 2001 年版。

48. ［美］尼古拉斯·尼葛洛庞蒂：《数字化生存》，胡泳、范海燕译，海南出版社 1997 年版。

49. ［英］齐格蒙特·鲍曼：《工作、消费、新穷人》，仇子明、李兰译，吉林出版集团有限责任公司 2010 年版。

50. ［英］齐格蒙特·鲍曼：《自由》，杨光、蒋焕新译，吉林人民出版社 2005 年版。

51. ［英］约翰·费斯克等编：《关键概念：传播与文化研究辞典》，李彬译注，新华出版社 2004 年版。

52. ［美］包亚明：《城市文化》，上海教育出版社 2006 年版。

53. ［美］雪莉·特克尔：《群体性孤独》，周逵、刘菁荆译，浙江人民出版社 2014 年版。

54. ［美］劳伦斯·怀特德－弗莱：《假装的艺术》，南方出版社 2010 年版。

55. ［美］弗雷德里克·詹姆逊：《时间的种子》，王逢振译，江苏教育出版社 2006 年版。

56. ［英］戴维·莫利、凯文·罗宾斯：《认同的空间——全球媒介、电子世界景观与文化边界》，司艳译，南京大学出版社 2001 年版。

57. ［美］克利福德·吉尔兹：《地方性知识——阐释人类学论文集》，王海龙、张家瑄译，中央编译出版社 2004 年版。

58. ［澳］Nelle Symington：《自恋：一个新理论》，吴艳茹译，中国轻工业出版社 2016 年版。

59. ［美］大卫·哈维：《希望的空间》，胡大平译，南京大学出版社2006年版。

60. ［美］罗格·梅：《人的自我寻求》，郭本禹、方红译，中国人民大学出版社2008年版。

61. ［美］兰德尔·柯林斯：《互动仪式链》，林聚任等译，商务印书馆2009年版。

62. ［美］约书亚·梅罗维茨：《消失的地域：电子媒介对社会行为的影响》，肖志军译，清华大学出版社2002年版。

63. ［美］欧文·戈夫曼：《日常生活中的自我呈现》，冯钢译，北京大学出版社2008年版。

64. ［美］弗朗西斯·福山：《信任：社会美德与创造经济繁荣》，彭志华译，海南出版社2001年版。

65. ［法］居伊·德波：《景观社会》，王昭凤译，南京大学出版社2007年版。

66. ［澳］迈克尔·A.豪格、［英］多米尼亚·阿布拉姆斯：《社会认同过程》，高明华译，中国人民大学出版社2011年版。

67. ［美］克里斯托弗·拉什：《自恋主义文化：心理危机时代的美国生活》，陈红雯、吕明译，上海译文出版社2013年版。

68. ［德］弗兰克·施尔玛赫：《网络至死》，邱袁炜译，龙门书局2011年版。

69. ［荷兰］约斯·博·穆尔：《赛博空间的奥德赛》，麦永雄译，广西师范大学出版社2007年版。

70. ［法］让·波德里亚：《消费社会》，刘成富、全志刚译，南京大学出版社2001年版。

71. ［美］理查德·桑内特：《公共人的衰落》，李继宏译，上海译文出版社 2014 年版。

72. ［法］皮埃尔·布尔迪厄：《区分：判断力的社会批判》，刘晖译，商务印书馆 2015 年版。

73. ［德］沃尔夫冈·弗里茨·豪格：《商品美学批判》，董璐译，北京大学出版社 2013 年版。

74. ［英］Don Slater：《消费文化与后现代性》，林佑圣、叶欣怡译，（台北）弘智文化传播有限公司 2003 年版。

75. 彭兰：《中国网络媒体的第一个十年》，清华大学出版社 2005 年版。

76. 闵大洪：《数字传播概要》，复旦大学出版社 2003 年版。

77. 上官子木：《网络交往与社会变迁》，社会科学文献出版社 2010 年版。

78. 郭玉锦、王欢：《网络社会学》，中国人民大学出版社 2010 年版。

79. 王正平：《信息网络与文化新发展》，上海三联书店 2009 年版。

80. 宋宝安：《社会稳定与社会管理机制研究》，中国社会科学出版社 2011 年版。

81. 田海舰、邹卫：《社会主义核心价值观论纲》，人民出版社 2010 年版。

82. 宁先圣、石新宇：《社会主义核心价值体系与当代社会思潮》，社会科学文献出版社 2011 年版。

83. 宋元林：《网络文化与人的发展》，人民出版社 2009 年版。

84. 郭济：《政府应急管理实务》，中共中央党校出版社 2004 年版。

85. 蔡骐：《大众传播时代的青少年亚文化》，岳麓书社 2011 年版。

86. 曾一果：《恶搞：反叛与颠覆》，苏州大学出版社 2012 年版。

87. 胡疆锋：《伯明翰学派青年亚文化理论研究》，中国社会科学出版社 2012 年版。

88. 黄卓越：《英国文化研究：事件与问题》，生活·读书·新知三联书店 2011 年版。

89. 陶东风、胡疆锋编：《亚文化读本》，北京大学出版社 2005 年版。

90. 韩震：《社会主义核心价值观五讲》，人民出版社 2012 年版。

91. 董朝霞：《社会主义核心价值体系大众化教育研究》，中国社会科学出版社 2011 年版。

92. 石刚主编：《核心价值面面观》，社会科学文献出版社 2009 年版。

93. 周中之：《社会主义核心价值体系教育》，上海人民出版社 2007 年版。

94. 韩喜平：《国家核心价值与公民文化研究》，吉林大学出版社 2010 年版。

95. 戴木才：《中国特色核心价值观的传统、现实与前景》，人民出版社 2011 年版。

96. 田海舰、邹卫：《社会主义核心价值观论纲》，人民出版社 2011 年版。

97. 玄兆凯：《中国社会价值观现状及演变趋势》，人民出版社 2011 年版。

98. 宋宝安：《社会稳定与社会管理机制研究》，中国社会科学出版社 2011 年版。

99. 王频：《共和国文化建设之旅》，当代中国出版社 2007 年版。

100. 刘建武：《科学发展观：中国特色社会主义理论体系的最新成果》，人民出版社 2008 年版。

101. 赵子平主编：《文化建设与和谐社会》，浙江人民出版社 2007 年版。

102. 邓安庆、邓名瑛：《文化建设论：中国当代的文化理念及其系统构建》，湖南人民出版社 1998 年版。

103. 魏恩政主编：《中国特色社会主义文化建设》，中共中央党校出版社 2006 年版。

104. 冯天瑜编：《中国特色社会主义文化建设研究》，武汉大学出版社 2008 年版。

105. 邹徐文：《论中国特色社会主义文化建设》，江苏人民出版社 2010 年版。

106. 解永会主编：《战略机遇期的文化建设》，河北人民出版社 2004 年版。

107. 李洪峰：《大国崛起的文化准备》，文化艺术出版社 2011 年版。

108. 童世骏：《文化软实力》，重庆出版社 2008 年版。

109. 张国祚：《中国文化软实力研究报告》（2010 年），社会科学文献出版社 2011 年。

110. 谢金文：《中国传媒产业概论》，上海交通大学出版社 2007 年

111. 杨谷：《网络文化建设与管理概论》，国家行政学院出版社 2008 年版。

112. 周劲：《传媒治理：理论与模式的中国式建构》，人民出版社 2008 年版。

113. 朱春阳：《现代传媒集团成长理论与策略》，上海人民出版社 2008 年版。

114. 胡正荣主编：《21 世纪初我国大众传媒发展战略研究》，中国广播电视出版社 2007 年版。

115. 孙立平：《现代化与社会转型》，北京大学出版社 2005 年版。

116. 何群：《文化生产及产品分析》，高等教育出版社 2006 年版。

117. 岳璐：《当代中国大众传媒的明星生产与消费》，岳麓书社 2009 年版。

118. 邵培仁：《媒介生态学》，中国传媒大学出版社 2008 年版。

119. 刘燕：《媒介认同论》，中国传媒大学出版社 2010 年版。

120. 孟繁华：《传媒与文化领导权：当代中国的文化生产与文化认同》，山东教育出版社 2003 年版。

121. 孟繁华：《众神狂欢：当代中国的文化冲突问题》，今日中国出版社 1997 年版。

122. 王晓明编：《在新意识形态的笼罩下：90 年代的文化和文学分析》，江苏人民出版社 2000 年版。

123. 王岳川：《中国镜像：90 年代文化研究》，中央编译出版社 2001 年版。

124. 汪晖、陈燕谷主编：《文化与公共性》，生活·读书·新知三联书店 1998 年版。

125. 陆扬、王毅：《大众文化与传媒》，上海三联书店 2000 年版。

126. 黄会林主编：《当代中国大众文化研究》，北京师范大学出版社 1998 年版。

127. 李岩：《传播与文化》，浙江大学出版社 2009 年版。

128. 陈龙：《传媒文化研究》，中国人民大学出版社 2009 年版。

129. 周宪、刘康主编：《中国当代传媒文化研究》，北京大学出版社 2011 年版。

130. 蒋原伦：《媒体文化与消费时代》，中央编译出版社 2004 年版。

131. 罗钢、刘象愚主编：《文化研究读本》，中国社会科学出版社 2000 年版。

132. 蒋晓丽等：《奇观与全景：传媒文化新论》，中国社会科学出版社 2010 年版。

133. 殷晓蓉：《网络传播文化历史与未来》，清华大学出版社 2005 年版。

134. 鲍海波：《新闻传播的文化批评》，中国社会科学出版社 2002 年版。

135. 陈旭光：《当代中国影视文化研究》，北京大学出版社 2004 年版。

136. 金元浦、陶东风：《阐释中国的焦虑：转型时代的文化解读》，中国国际广播出版社 1999 年版。

137. 向春玲：《转型中的社会与文化》，民族出版社 2001 年版。

138. 王述祖：《经济全球化与文化全球化：历史的思考与求证》，中国财政经济出版社 2006 年版。

139. 王岳川：《文化输出》，北京大学出版社 2011 年版。

140. 吴瑛编著：《文化对外传播：理论与战略》，上海交通大学出版社 2009 年版。

141. 卢汉龙、吴书松编：《社会转型与社会建设》，上海社会科学院出版社 2009 年版。

142. 强月新、张明新：《转型社会的媒介景观》，武汉大学出版社 2007 年版。

143. 王庚年主编：《全媒体技术发展研究》，中国国际广播出版社 2013 年版。

144. 项家祥、王正平主编：《网络文化的跨学科研究》，上海三联书店 2007 年版。

145. 刘文富等著：《网络社会》，贵州人民出版社 2001 年版。

146. 薛毅主编：《西方都市文化研究读本》，广西师范大学出版社 2008 年版。

二　论文

1. 孟建、董军：《新媒体环境下我国电视新闻的嬗变与发展》，《国际新闻界》2013 年第 2 期。

2. 崔保国：《技术革新与媒介变革》，《当代传播》1999 年第 6 期。

3. 雷跃捷、金梦玉、吴风：《互联网媒体的概念、传播特性、现状及其发展前景》，《现代传播》2001 年第 1 期。

4. 丁子：《"第四传媒"与大众传播的新趋势》，《国际新闻界》1997 年第 4 期。

5. 卜卫：《互联网络对大众传播的影响》，《国际新闻界》1998 年第 3 期。

6. 黄瑚、李俊：《"议题融合论"：传播理论的一个新架设》，《新闻大学》2001 年第 2 期。

7. 杜骏飞：《Internet：被解放的新闻价值观》，《现代传播》2002 年第 1 期。

8. 彭兰：《中国网络新闻的六大发展》，《杭州师范学院学报》2004 年第 5 期。

9. 孔伟杰、周逸梅、王晓峰：《网络媒体经营战略分析》，《中国出版》2004 年第 12 期。

10. 闵大洪：《网络媒体赢利模式探析》，《现代电视技术》2003 年第 7 期。

11. 吴廷俊、薛飞：《多媒体网络传播对传播学术研究的影响（之十三)》，《当代传播》1999 年第 6 期。

12. 柳泽花、吴廷俊：《从多维视角看网络传媒的负面效果》，《华中科技大学学报》（社会科学版）2003 年第 6 期。

13. 喻国明、李莹：《"Web 圈桌"的演进及其社会效应》，《新闻与写作》2008 年第 10 期。

14. 彭兰：《个性化与社会化：Web 2.0 时代信息消费的双重旋律》，《国际新闻界》2008 年第 3 期。

15. 高钢：《多网融合趋势下信息集散模式的改变》，《国际新闻界》2011 年第 10 期。

16. 彭兰：《社会化媒体、移动终端、大数据：影响新闻生产的新技术因素》，《新闻界》2012年第16期。

17. 高钢：《物联网和Web 3.0：技术革命与社会变革的交叠演进》，《国际新闻界》2010年第2期。

18. 何威：《"互联网总统"的迷思》，《国际新闻界》2009年第1期。

19. 徐徐：《试析"网络问政"所折射的政府、媒体、公众关系》，《新闻记者》2009年第10期。

20. 蔡骐：《网络虚拟社区中的小清新亚文化》，《湖南师范大学社会科学学报》2013年第6期。

21. 陈霖：《论新媒介技术的青年亚文化价值取向》，《文化研究》2013年第14辑。

22. 邓天颖：《想象的共同体：网络游戏虚拟社区与高校亚文化群体的建构》，《湖北社会科学》，2010年第2期。

23. 管屹星：《文化语言学视角下的"小清新"》，《时代文学》（上半月）2012年第6期。

24. 行超：《"逃兵"主义的现实困境——小清新文化分析》，《南方文坛》2013年第3期。

25. 胡疆锋、陆道夫：《抵抗·风格·收编——英国伯明翰学派亚文化理论关键词解读》，《南京社会科学》2006年第4期。

26. 刘乃菁：《浅析小清新风格歌词》，《文学教育》（上）2012年第2期。

27. 马中红：《西方后亚文化研究的理论走向》，《国外社会科学》2010年第1期。

28. 马中红：《新媒介与青年亚文化转向》，《文艺研究》2010年第12期。

29. 孟登迎：《"亚文化"概念形成史浅析》，《外国文学》2008年第

6 期。

30. 张柠、霍艳：《小清新的审美趣味和生活姿态》，《文化研究》2013 年第 14 辑。

31. 孟登迎：《"亚文化"概念形成史浅析》，《外国文学》2008 年第 6 期。

32. 孟建、董军：《新媒体环境下我国电视新闻的嬗变与发展》，《国际新闻界》2013 年第 2 期。

33. 闵大洪：《网络媒体赢利模式探析》，《现代电视技术》2003 年第 7 期。

34. 农小龙：《I－crowd 时代"沉默的螺旋"倒置的成因及影响——以"PX 项目事件"的舆论引导为例》，《新闻与传播研究》2014 年第 2 期。

35. 彭兰：《中国网络新闻的六大发展》，《杭州师范学院学报》2004 年第 5 期。

36. 彭兰：《Web2.0 在中国的发展及其社会意义》，《国际新闻界》2007 年第 10 期。

37. 隋岩、曹飞：《论群体传播中的第三人效果》，《新闻大学》2015 年第 5 期。

38. 王明会、丁焰、白良：《社会化媒体发展现状及其趋势分析》，《信息通信技术》2011 年第 5 期。

39. 吴廷俊、薛飞：《多媒体网络传播对传播学术研究的影响（之十三）》，《当代传播》1999 年第 6 期。

40. 行超：《"逃兵"主义的现实困境——小清新文化分析》，《南方文坛》2013 年第 3 期。

41. 杨银娟：《社会化媒体、框架整合与集体行动的动员：广东茂名 PX 事件研究》，《国际新闻界》2015 年第 2 期。

42. 曾繁旭、戴佳、吴小琪：《逾越界限的行动——社会化媒体与环境群体性事件的激进化研究》，《当代传播》2014 年第 4 期。

43. 邹立清：《论社会化媒体发展趋势下的营销变革》，《科学·经济·社会》2012 年第 1 期。

44. 徐翔：《回到地方：网络文化时代的地方感》，《文艺理论研究》2011 年第 11 期。

45. 朱军：《略论新媒介文化与空间生产——以空间地方二元关系为视角》，《文艺理论研究》2013 年第 2 期。

46. 汪民安：《机器身体：微时代的物质根基与文化逻辑》，《探索与争鸣》2014 年第 7 期。

47. 周志强：《微客、微话语与"复杂思想"的消解》，《探索与争鸣》2014 年第 7 期。

48. 许宁：《微时代的审美趣味新变》，《社会科学辑刊》2014 年第 6 期。

三 英文文献

1. S. E. Asch, "Effects of Group Pressure Upon The Modification and Distortion of Judgment", Guetzkow (ed.), *Groups, Leadership and Men*, Pittsburgh, PA: Carnegie Press, 1951.

2. S. E. Asch, "Opinions and Social Pressure", *Scientific American*, 1955.

3. Lewin K., *Resolving Social Conflicts*, New York: Harper and Row Publishers, 1948.

4. Wright C., *Mass Communication: A Sociological Perspective*, New York: Random House, 1959.

5. P. F. Lazarsfeld, Bernard Berelson & Hazel Gaudet, *The People's Choice. How the Voter Makes up His Mind in a Presidential Campaign*, Columbia University Press, 1968.

6. M. E. McCombs, D. L. Shaw, "The Agenda - setting Function of Mass Media", Public Opin Q, Vol. 36, No. 2, 1972.

7. T. Gaye, *Making News: A Study in the Construction of Reality*, New York: Free Press, 1978.

8. H. A. Innis, *The Bias of Communication*, University of Toronto Press, 1951.

9. H. A. Innis, *The Bias of Communication*, Toronto, Canada: University of Toronto Press, 1951.

10. H. McLuhan, Marshall, *Understanding Media: The Extensions of Man*, New York, NY: McGraw - Hill, 1964.

11. Postman, Neil, *The Disappearance of Childhood*, New York, NY: Delacorte Press, 1982.

12. Neil Postman, *Technopoly: The Surrender of Culture to Technology*, New York, NY: Vintage Books, 1992.

13. Joshua Meyrowitz, *No Sense of Place: The Impact of Electronic Media on Social Behavior*, New York, NY: Oxford University Press, 1985.

14. S. E. Asch, "Studies of Independence and Conformity: A Minority of One Against An Unanimous Majority", *Psychological Monographs*, 1956.

15. H. D. Lasswell, "The Structure And Function of Communication in Society", *The Communication of Ideas*, 1948.

16. M. Sherif, "Superordinate Goals in the Reduction of Intergroup Conflict", *American Journal of Sociology*, 63, 1958.

17. V. Price, "Linking Levels of Analysis in Public Opinion Research", *Communication Research*, Vol. 15, No. 6, 1988.

18. . Bao Z - H, "An Ethical Discussion on the Network Economy", *Journal*

of Business Ethics, Vol. 10, No. 2, 2001.

19. R. Capurro, "Ethical Challenges of the Information Society in the 21st Century", *International Information and Library Review*, Vol. 32, No. 3/4, 2000.

20. Stuart Hannabuss, "Information Ethics: A Contemporary Challenge for Professionals and the Community", *Library Review*, Vol. 47, No. 2, 1998.

21. Jan van Dijk, *The Network Society*, London: SAGE Publications Ltd, 1999.

22. Mark Poster, "Cyber democracy: The Internet and the Public Sphere", *Virtual Politics: Identity & Community in Cyberspace*, Sage Publication, 1997.

23. Marshall McLuhan, *Understanding Media: The Extensions Of Man*, New York: GeGraw – Hill, 1964.

24. Bao Z – H., "An Ethical Discussion on the Network Economy", *Journal of Business Ethics*, Vol. 10, No. 2, 2001.

25. Capurro R., "Ethical Challenges of the Information Society in the 21st Century", *International Information and Library Review*, Vol. 32, No. 3/4, 2000.

26. Stuart Hannabuss, "Information Ethics: A Contemporary Challenge for Professionals and the Community", *Library Review*, Vol. 47, No. 2, 1998.

27. Albert Cohen, *Delinquent Boys: The Culture of the Gang*, New York: Free Press, 1955.

28. David Muggleton, Rupert Weinzierl (eds), *The Post – subcultures Reader*, Oxford: Berg, 2003.

29. David Muggleton, *Inside Subculture: The Postmodern Meaning of Style*, Oxford: Berg, 2000.

30. Dick Hebdige, *Subculture, the Meaning of Style*, London: Routedge, 1979.

31. Ken Gelder (eds), *The Subcultures Reader* (second edition), New York:

Routledge, 2005.

32. Kenneth Thompson, *Moral Panic*, London& New York: Routledge, 1998.

33. Portereds. , *Internet Culture*, London: Routledge, 1990.

34. Sarah Thornton, *Club Cultures: Music, Media and Subcultural Capital*, London: Polity Press, 1995.

35. Simon Frith, *Performing Rites: On the Value of Popular Music*, Oxford: Oxford University Press, 1996.

36. Stanley Cohen, *Folk Devils and Moral Panics*, London: Routledge, 2002.

37. Stuart Hall, Paddy Whannel, *The Popular Arts*, New York: Pantheon Books, 1965.

38. Stuart Hall, Tony Jefferson (eds), *Resistance through Rituals*, London: Routledge, 1976.

39. Williams Patrick, *Subcultural Theory*, MA, Malden: Polity Press, 2011.

40. Brayan Turner, "The Possibility of Primitiveness: Towards a Sociology of Body Marks in Cool Societies", *Body& Society*, 1999.

41. Pete Ward, "Renewal and Soul Survivor as Distinction and Subcultural Capital", *Journal of Beliefs & Values*, 2003.

42. Ryan Moore, "Alternative to What? Subcultural Capital and the Commercialization of a Music Scene", *Deviant Behavior*, 2005.

43. Williams Patrick, "Authentic Identities: Straightedge Subculture, Music, and the Internet", *Journal of Contemporary Ethnography*, 2006.

后 记

我是历史学出身,自 2005 年开始转入新闻传播学领域,一方面坚持从事新闻史研究,另一方面转向媒介文化尤其是网络文化研究。2012 年,我申报的国家社科基金重大项目"网络文化建设研究"进入最终答辩环节而告败。2013 年,以"传播全球化背景下我国网络文化建设与发展战略"为题申报国家社科基金重点项目,成功获批。经过四年的努力,最终结项出版,算是收煞。

我对网络技术较为陌生,至 2014 年 4 月才开始使用微信,而网络文化的研究涉及面极为广泛,加上我对统计学、经济学的知识较为缺乏,很难进行系统而全面的研究。因此,我主要从"小问题"出发,结合之前的消费文化研究心得,对网络消费、社交问题进行深入思考,撰写了系列论文,先后发表在《现代传播》《南京社会科学》《探索与争鸣》《贵州社会科学》等刊物上,大约有 16 篇,其中被《新华文摘》《人大报刊复印资料》等全文转载 6 篇,前期成果相对丰富。其中第六章第二节与研究生化麦子合作完成,第六章第三、五节与研究生李颖合作完成,由我最后修改定稿,特加以说明。

在主持这项课题的四年间,我在日记中对写作与日常生活都有详细记述。尽管在工作和生活中有诸多不如意,但我始终坚持阅读和思考,视学术为生命。我在完成本书的同时,一直进行多卷本《中国报刊阅读史》的研究,并

后　记

于 2016 年获批国家社科基金重大项目，所以我经常在历史与现实之间穿越，这显然会影响思维的连贯性，但也可以经常"回头看"，积淀一些观点。

在网络社会，工具理性的过度膨胀，势必对人的身心产生诸多负面影响。因此，需要从反思与批判的角度，揭示网络文化演变中的问题和不足。尽管我在研究中运用了心理学、社会学、哲学、传播学等学科的一些理论进行分析，但自己对网络文化的总体性问题难以把握。所以，本书只能算是我对网络文化问题的"局部"思考。

蒋建国

2018 年 3 月 28 日